ジュリーがいた

沢田研二、56年の光芒

島﨑今日子

文藝春秋

ジュリーがいた

沢田研二、56年の光芒

目次

装幀　番洋樹
カバーイラスト　山口はるみ
原案写真　鋤田正義

第1章

沢田研二を愛した男たち

久世光彦の一途

東アジア発のBLが、今やすさまじい勢いで世界を席捲している。

BL、ボーイズラブとは男同士の愛を描く女性向けの商品を指し、日本では、二〇一六年暮れにテレビ朝日で放送された「おっさんずラブ」がブームの契機となった。一九年には、テレビ東京がよしながふみの漫画「きのう何食べた？」を、二〇年には豊田悠の漫画「30歳まで童貞だと魔法使いになれるらしい」をドラマ化してヒットさせている。いずれも深夜枠だったが、二一年の正月、NHKはゴールデン枠で、「ライジング若冲～天才かく覚醒せり～」を放送。江戸時代の天才画家、伊藤若冲と、彼の代表作「動植綵絵《さいえ》」が寄進された相国寺《しょうこくじ》の大典和尚との愛を中心に描いた。映画でも若手人気俳優たちが男同士の恋を演じ、YouTubeではタイのBL人気が沸騰した。K-POPも嵐も、メンバー同士の親密さがファンの妄想をかきたてるという点なくして、その人気は語れない。

BLを好む女性を、腐女子と呼ぶ。大河ドラマ「麒麟がくる」も、腐女子なら、光秀が愛ゆえに信長を殺す物語として解するのだ。

腐女子を自認し、BL研究の入門書『BLの教科書』の執筆者の一人である石田美紀《みのり》・新潟大学経済科学部教授のもとには、タイのBLを研究したいという学生がやってくるようになった。

「ある時まで、腐女子専用の楽しみで、隠花植物のようだったBLがここに来て一気に商品化された感があります。ゲイ・カルチャーとは違う、男性同士の愛情表現のエンターテインメントがウケているのは欧米でも南アフリカでも同じで、世界的な傾向です。中国からの男子留学生は、中国十三億人のうち一億人は腐女子だと言っていましたから」

ＢＬは一九七〇年代の日本で、終焉を迎えた全共闘運動と入れ代わるように登場し、自分たちの表現を求めた天才少女漫画家たちによって誕生した。萩尾望都、竹宮惠子、山岸凉子ら昭和二十四年前後に生まれた「花の二十四年組」の描く男同士の愛や絆は少年愛と呼ばれて、少女たちに熱狂的に迎え入れられていく。そして同じ時期に、テレビの世界でも記念碑的作品が生まれていた。

国連が国際婦人年を宣言した年、一九七五年六月からＴＢＳで放送された沢田研二主演の「悪魔のようなあいつ」である。それは、「日蝕は起こるだろうか」というタイトルがつけられた長い企画書から始まった。数々の先駆的なドラマでテレビの黄金期を担い、エッセイや評論、小説の分野でも活躍した久世《くぜ》光彦《てるひこ》が、沢田と、彼が所属する渡辺プロダクションの社長、渡辺晋を説得するために書いたものだった。その頃、歌手である沢田と彼の周辺は映像への露出には極めて慎重であった。

久世がプロデュースと演出を手がけ、原作は作詞家の阿久悠と漫画家の上村一夫、脚本は、後に沢田主演で「太陽を盗んだ男」を撮ることになる映画監督の長谷川和彦。当代一流のクリエイターたちが集結した作品はドラマに先行して漫画が連載された、いわゆるメディアミックスの先駆けでもあり、腐女子や研究者の間ではＢＬドラマの嚆矢とされる伝説のドラマとなっている。

作品のモチーフとなったのは、放送年の十二月に時効を迎えた昭和最大の未解決事件、三億円事件。沢田演じる三億円事件の犯人、可門良はバーで歌い、男娼でもあって、不治の病に冒されている。時のトップスターが上半身裸でベッドシーンを演じるなど、今のアイドル・ドラマでは到底考えられないシーンが展開される。エンディングには、良がギターを弾きながら歌う「時の過ぎゆくままに」が流れ、阿久悠作詞／大野克夫作曲のこの曲は沢田研二最大のヒット曲となった。

若山富三郎、篠ヒロコ（現・篠ひろ子）、安田道代（現・大楠道代）、荒木一郎、悠木千帆を名乗っていた樹木希林など錚々たる俳優陣で、画面にはエロスと暴力と頽廃が充満し、女たちだけではなく、周囲の男たちをも狂わせながら破滅へと向かっていく良は壮絶なまでに美しい。良と、藤竜也が演じたバーのオーナー野々村の危険な関係は、視聴者の胸をざわつかせた。

まだ小さな女の子だった頃にこの作品に魅《ひ》き寄せられた、と小泉今日子が久世の著作に収載された鼎談で語っている。

〈わたしは子供でしたけど、もう寝なければならない時間なのに、どうしても観たくてたまらないドラマでした。当時、ジュリーはキラキラしている素敵なスターで、その人がこんな大人のしっとりした歌を歌う姿に、子供ながら何か感じていたんでしょうね〉（『ベスト・オブ・マイ・ラスト・ソング』）

四八年六月生まれの沢田は、「花の二十四年組」と同じ団塊の世代で、この時、二十六歳だった。六七年、十八歳でザ・タイガースのリードヴォーカルとしてデビューしてグループサウンズ（GS）ブームの先頭を走り、タイガース解散後は、萩原健一とツインヴォーカルだったロックバンドPYGを経て、ソロになった。それからは「危険なふたり」で日本歌謡大賞を受賞し、新曲を出せばその斬新なファッションも含めて話題になる時代のアイコンだった。七一年のソロデビューから十五年間の国内シングル盤総売り上げはトップ、沢田はポップスターとして覇権を握り続け、日本中の女たちが「ジュリー！」と叫んでいた。

七〇年代後半にブームを巻き起こしたピンク・レディーを世に出すなど、ヒットメーカーとして歌謡界に君臨していた阿久は、自著『夢を食った男たち』の中で沢田の魅力を語っている。

〈何十というグループサウンズのソロ歌手の中で、沢田研二の魅力は群をぬいていた。華やかさだけではなく、艶やかさもあり、危険をはらんだ毒性もあった。少女たちは花を見、はるか年長のプロの男たちは、毒を感じて評価していた〉

向田邦子と組んだドラマ「時間ですよ」や「寺内貫太郎一家」で高視聴率を弾き出していた久世は、沢田を「女優だ」と語った。人気絶頂の若手アイドル、郷ひろみも西城秀樹も、さらには美貌で知られた美輪明宏さえ沢田の代わりにはなれない、と久世は後述する耽美雑誌のインタビューで断言した。

〈底がまるでわからないくらい深いからね〉

新潟大学の石田は、二〇一一年に明治大学で開催された「耽美の誕生　ボーイズラブ前史」展での講演で、「悪魔のようなあいつ」の一部を上映したことがあった。「ギャーッ」「これが地上波で、ゴールデンタイムに流れていたとは〜」と声が上がり、会場はヒートアップしたという。

「一、二分見ただけで腐女子にはBLとわかるんですよ」

この作品は過激な設定のせいか視聴率は伸び悩み、当初、事件の時効直前に最終回を迎える予定が、九月に十七話で終わってしまう。だが、熱狂的なマニアを生んだ。その中には、六〇年代に『恋人たちの森』で少年と大人の男の愛を書いた作家、森茉莉がいて、もう一人、森茉莉の後継者を任じ、BL小説のパイオニアとなる中島梓がいたのである。

「グイン・サーガ」など多数の人気小説を書いた小説家であり、評論家でもあった中島が「悪魔のようなあいつ」を観たのは早稲田大学を卒業した年、まだ商業誌にデビューする前だった。放送が終わった後、昂《たかぶ》った気持ちを抑えられずに遊びのように物語を書き出した。それが、一九七九年に出版されたこのジャンルの草分けとされる栗本薫名義の『真夜中の天使』である。『真夜中の天使』こと「まよてん」三部作の一つに、「悪魔のようなあいつ」の撮影時を物語の背景にした『翼あるもの』がある。後書きで、中島は、沢田をモデルにして長編四本、書きかけのものを含めればほとんど十本近くを考えたり書いたりした、と記す。〈といってむろん、それは沢田研二という現実の存在について書いたのではないのだ〉

二〇〇一年に発売された「悪魔のようなあいつ」のDVD最終巻に収録されたインタビューで、長谷川和彦も、沢田自身とジュリーの間には距離があると語っている。

「実際に会って喋ったり飲んだりするようになって、まあ、『ジュリー』というより『沢田』なんだよね。周りもみんな『沢田』と呼ぶし」

「彼自身はむしろジュリーであることを嫌がっているとこもあってね。嫌がるとは一言では言いづらいんだろうが、『ジュリーと沢田研二は違うのや』というふうに思っているところもあって」

沢田が、解散したばかりの人気デュオ、ザ・ピーナッツの伊藤エミと結婚したのは、ドラマ放送直前であった。七月には、全国ツアーの初日となる比叡山の野外ライブで、瞼を青く塗ったジュリーは、白いベールをかぶり、鉄砲ユリを胸に抱いた名シンガーを「僕の妻です」とファンに紹介している。その三ヶ月前に行われたドラマの発表記者会見でも記者から結婚について質問が飛ぶほどで、誰もが、もちろん中島も人気者の結婚は知っていたはずだ。だが、そんな私生活など超えてファンを夢想させ、妄想させ、熱狂させる力を沢田は持っていた。そして、それこそがスーパースターの条件だった。

七八年に、中島梓が企画段階から参加した「男同士の愛」をテーマに掲げた専門誌「JUNE《ジユネ》」が、竹宮惠子のイラストを表紙にして発刊される。七六年に栗本薫名義で発表した筒井康隆論で商業誌デビューを果たし、翌七七年に「文学の輪郭」で群像新人文学賞・評論部門を受賞した中島は、この時期、栗本薫名義でのミステリ小説『ぼくらの時代』で江戸川乱歩賞を受賞して、新進作家、評論家として一身に注目を浴びていた。

中島と竹宮を精神的支柱とした「JUNE」は耽美雑誌とも呼ばれて多くの少女を魅了し、漫画家や小説家を輩出、後進の女性たちに大きな影響を与えることになる。「JIN－仁－」「おんな城主直虎」、男女逆転した世界を描いたよしながふみの名作「大奥」のドラマ脚本で知られる脚本家の森下佳子は、七一年生まれ。子どもの頃から少女漫画に夢中で、高校時代には栗本薫が書くBL小説にハマり、「JUNE」に自作を投稿するほど夢中になった一人だ。

「あの頃にその言葉はまだなかったですけど、今で言う腐女子でしたよね。BLは女である自分が入る余地のないジャンルだからこそ入り込めた。その時代のBLには、愛の本質を突き詰めよう、人間の本質を描いてやるみたいな迫力がありました。これは今となってからの感想ですが、BLって意外と二人の出口が読みにくいジャンルだと思うんですよ。気持ちがあっても肉体関係を結ぶかどうかもわからない、恋愛が成就したとて結婚をするわけではないですから。そんな二人がどんな出口に出るのか、そんな二人をもってして何を描くのかって、まさに作家の哲学が垣間見える部分じゃないですか。そこがやっぱり、凄く魅力的だったんじゃないでしょうか。ジュリーはもちろん好きでしたよ。今も企画の度にキャスティングに名前を挙げて、プロデューサーにもいいねと言ってもらえるんですが、どうせ出てもらえないだろうとそのまま立ち消えになってしまいます」

「JUNE」には、中島のミューズである沢田の記事や広告が多数掲載されていた。美少年ランキングでも、彼は映画「ベニスに死す」のビョルン・アンドレセンやデヴィッド・ボウイに対抗できる、日本の雄だった。読者のページでは、映画「魔界転生」での沢田と真田広之のキスシーンをめぐって、BLドラマに萌えるファンのSNS上のそれと同じような熱いやりとりが交わされていた。

八〇年に創刊されたもう一冊の専門誌「ALLAN《アラン》」では、八二年発売の号で阿久悠や、久世光彦が登場して、放送から五年以上たつ「悪魔のようなあいつ」と沢田を語っている。阿久のインタビューのタイトルは、なんと「悪魔のようにすてきなジュリー」。

久世のインタビューが載った号には、彼自身がラブレターだと言う企画書も掲載されていた。久世の沢田を語る言葉は熱を帯び、男同士のラブシーンは長谷川和彦ではなく自分が書いた、とも告白している。

〈ともかく色っぽいんだよ。どんな女優をもってきても沢田のほうが色っぽい〉

〈目の色変わってるって言われるけれど、実際ドキドキして（演出を）やってるからね。もう、最高の至福の状態になれるわけ〉

〈オレは沢田研二とならばいつでも一緒に死んでもいい、と思っているわけよ〉

長谷川は、DVD収録のインタビューで「久世さんはともかくジュリーをどうカッコよく主人公にするか、ジュリーの魅力を生かしたいと思ってるわけだよ」と苦笑した。

「久世自身、そうだったんです」と亡き夫を語るのは、妻の久世朋子だ。朋子は、七九年夏に名古屋で行われた沢田のライブに久世と共に出かけ、終演後に大野克夫らバンドのメンバーに混じって沢田と一緒にすき焼きを食べた。その時のことをよく覚えている。

「沢田さんは、『太る体質だから、このところにんにく醤油をかけた茄子のおひたしばかり食べている。肉は久しぶりだ』と言われていて。少し残ったご飯にお茶をかけるのが久世のいつもの締めなんですが、すき焼きの汁で汚れたご飯をお茶かけにするのをちょっとためらっていたら、沢田さんが『あ、それ、僕いただきます』とおっしゃったんです。久世はもちろん、周りも一瞬箸が止まりました。久世は耳元で『好きだよ』と言われたみたいな顔をしてました。フフフ、男の子たらしですね、ジュリーは」

久世は、「悪魔のようなあいつ」放送の翌年も新しい試みに挑戦している。七六年二月から七週にわたってTBSで放送された「セブンスターショー」は、日曜日十九時半から二十一時までの枠で、一人の歌手が司会もMCもなく一時間半ぶっ通しで歌い続けるという贅沢な企画だった。七人のスターは、沢田研二、森進一、西城秀樹、布施明、荒井由実&かまやつひろし、五木ひろし、吉田拓郎というラインナップで、今ならNHKの「SONGS」に近いか。

朋子の手許にある久世の企画書には〈同じ曲を、同じ顔と同じアクションで、まるで機械のように歌い続け、歌謡番組は十人内外の歌手たちの決まった歌を網羅するだけ〉と当時乱立していた歌謡番組への批判があり、旬のスターをもっと多面的に見せたいという意図があったようだ。ニューミュージック系のアーティストの登場で音楽界も変わりつつあった時期だったが、プロデューサーである久世が選んだトップバッターは自分の思いを具現化するに最も相応しい沢田研二であった。

沢田の回は、二〇一八年、四十二年ぶりにCS放送のTBSチャンネルで放送されている。肌を褐色に染め、銀ラメのベスト姿で「ジーザス・クライスト・スーパースター」を歌って登場した沢田は、「僕のマリー」「モナリザの微笑《ほほえみ》」「銀河のロマンス」などタイガース時代のヒット曲から「月光価千金《あたいせんきん》」「フランチェスカの鐘」「ざんげの値打ちもない」といった普段歌うことのない曲も選び、河島英五の「いくつかの場面」を涙を流しながら歌って締めた。スパンコールが光るテラテラした生地のピンクのトップスや白いバギーパンツ、ストライプの黒のパンタロンスーツの胸には白い薔薇、肌が見えるように上半身を編み上げたレザースーツ。他の誰でもないジュリーにしか似合わない衣裳を着けた沢田の歌声はどこまでも伸びていく。スタジオには札が飛び、雪が舞い、雨が降って、縄を手にしたジュリーが、ずぶ濡れのジュリーが画面いっぱいに迫り、その姿は両性具有の半神の如くだ。

構成／阿久悠、音楽監督／大野克夫、演奏／井上堯之バンド。ドラマ部制作のため、演出は極めてドラマチックだった。演出家は他にいるのだが、この過剰な、どこまでも沢田を追いつめてオーラを放射させる世界は久世の美学と言っていいだろう。だが、番組の視聴率は、わずか三・七％だった。

久世は、七七年に出た石原信一著『ザ・スター　沢田研二』で、その時の無念を語っている。〈ぼくらは一億人の前にまだ無力に近かった。同情的に、裏番組が強力すぎたとか、日本の価値観がそこまでいってなかったという人もいるが、そんなことは関係ない。ぼくらはノーエクスキューズの商売をしているのだから〉

シリーズの視聴率は総じて低く、普段テレビに出演することがなく、シリーズ最高の数字をとった吉田拓郎の回でさえ六・三％であった。あの頃、家庭にビデオデッキはなく、家族で見る日曜夜の時間帯に番組はそぐわなかったのかもしれない。ただ「悪魔のようなあいつ」の視聴率も伸びなかったことを考えれば、一九三五年生まれ、元祖腐男子の久世は早すぎた。

五十歳を過ぎて山本周五郎賞をはじめ数々の文学賞を受賞した久世は、執筆に時間をとられるようになってからも沢田を演出し続けている。二〇〇五年夏、恒例となった沢田主演のシアターコクーンの舞台で「センセイの鞄」を演出していた久世は、「これが最後になるのかもしれないなぁ」と呟いた。

翌〇六年三月二日、久世光彦、急逝。沢田は、久世ドラマの主役を託され続けた妻の田中裕子と共に彼の自宅に駆けつけた。夫妻は、誰にも気づかれないようにして長い時間を演出家の書斎で過ごしたという。

内田裕也の純情

一九六四年東京オリンピックを契機にカラーテレビが普及し、六七年には国民総人口が一億人に達したニッポン。テレビというメディアが大きな力を持っていく高度成長期に、若き久世光彦はＴＢＳで人気ドラマ「七人の孫」や「時間ですよ」の演出を手がけていた。「読み人知らず」と題したエッセイには、その多忙の中、オールナイトの映画館で、翌朝デモに出かけるヘルメットの学生に混じって東映の任俠映画ばかりを観ていたことが綴られている。

久世が繰り返し観たのは、「昭和残俠伝・唐獅子牡丹」で、テーマソングの「唐獅子牡丹」が流れる中を高倉健と池部良が相合い傘で殴り込みに行くシーンに、見とれた。

〈健さんと池部さんの二人は、この上なく色っぽい、名コンビだった。日本映画史の中で最も美学的な配役だった。（中略）封印したドスを包んだ唐草模様の風呂敷を、パッと夜空に投げ捨てると、重々しいイントロが鳴り響き、粉雪が舞う中を二人はゆっくり歩み去る。殴り込みというよりは、艶《あで》やかな〈道行《みちゆき》〉だった〉

全共闘の男たちが機動隊に向かっていく自分たちを重ねて「待ってました！」と声をかけた高倉＆池部の殴り込みのシーンは、腐女子にとってはＢＬとしか見えない。久世も同じだった。

高倉健主演で任俠ドラマを撮る夢は叶えられなかった久世だが、沢田研二と彼の兄貴分、内田裕也で男同士の道行を撮ることはできた。

久世は、沢田のソロデビュー曲「君をのせて」を聴いた瞬間、ここで歌われる「君」とは男だと直感したという。演出家が、『ぼくらの時代』で江戸川乱歩賞を受賞したばかりの栗本薫こと中島梓に脚本を依頼したのは七八年のことだった。作家が二十五歳の時に書いた「哀しきチェイサー」は、「七人の刑事」の第二十八話で放送され、同時に「小説現代」でシナリオが発表された。

ドラマ界を牽引する元祖腐男子とBL文学の先導者の共同作業により生まれたのは、人気の刑事ドラマの中にあっては異色の作品だった。町の探偵、武司・内田裕也とその弟分で無垢な美少年、ジロー・沢田というキャスティング。すべてセットで、町の探偵事務所には「カサブランカ」のハンフリー・ボガートのポスターが貼られ、沢田のヒット曲「君をのせて」「探偵——哀しきチェイサー」「LOVE（抱きしめたい）」や「As Time Goes By」が流れ、レギュラー以外のキャストは安岡力也に田川譲二と、みな沢田と内田の仲間たちである。すべては久世のテイストで作られていた。

ストーリーは、武司とジロー二人の濃密な関係を中心に展開する。武司の揉め事からジローはヤクザに刺され、助けに来た武司に「武司さん、どこへも行っちゃ嫌だよ、そばにいて」とすがりつき、やがて絶命する。武司は、ジローの亡骸に「俺はお前を置いていったりしない」「心配すんな。いつも一緒なんだから」と語りかけ、ヤクザに殴り込みをかけた後に自分の撃った銃が暴発し、ジローの傍に倒れ込んで息絶えてしまう。物語の最初と間と最後に、木枯らしの高原で風に吹かれながら二人がリンゴを齧り合い、洋モクを回し喫みしながらじゃれ合うように歩いて行くシーンが流れた。

実は、後に久世の妻となる朋子も、のぐちともこの名前でこのドラマにジローと武司の仲間、ネコとして出演していたが、撮影時のことはまるで覚えていない。妻子ある久世との恋愛がのっぴきならないところまできていたためだ。久世は、朋子とのことがスキャンダルになって、翌七九年に十九年勤めたTBSを退社することになる。

「収録が十一月で、その時、私は妊娠六ヶ月だったのです。そんな状態ですから、自分のことで精一杯でまわりの状況はほとんど記憶にありません。久世は、このテーマでは今しか撮れないと思っていたのでしょう。年が明けて子どもが生まれ、世界は変わりどうなるのか、私たちは互いに口には出さないものの不安を抱えていましたから。ただ、久世はあのドラマの裕也さんに自分を重ねていたのだと思います」

久世は、内田について綴ったエッセイ「十階のモスキート」に、〈沢田研二は裕也が五十年来、誰よりも愛する男なのである〉と書いている。久世の目には、腐女子がそう見るように沢田と内田は「カップリング」と映っていたわけでもないにしろ、少なくとも二人の近さをよきものとして見ていたのだろう。内田自身、「沢田と会うと、いつだってドキドキしちゃうんだ」と、周囲に話している。

久世が沢田の信奉者、今風に言えば久世の「推し」が沢田だということ、内田裕也が、ザ・タイガースの前身、京都出身のファニーズを見出した発見者であり、沢田と親密なことはファンの間ではよく知られていた。

八三年に発売された耽美雑誌「ALLAN」の読者欄には、沢田が内田のために作詞した「きめてやる今夜」を二人で一緒に歌った番組のレポートが載っている。そこには〈ジュリーは裕也さんのものよ、（中略）久世さんだって裕也さんに嫉妬してるんだから〉とあって、沢田研二と内田裕也は、腐女子のファンには公認の「仲」だったとわかる。このあたりは、K‐POPのグループ内の「わちゃわちゃ感」に沸くファン心理と完全にダブっている。

出会って十五年がたった頃に沢田と内田が「ミュージックフェア」で共演した時、司会の長門裕之は「ロックンロールだけではなく、人生的にも結ばれた二人」と紹介した。番組中、痩軀の二人がデザイン違いの、金や銀のドットで飾られた白いスーツ姿で目と目を交わしながら昂揚して歌う姿は、格別のセクシーさだ。

内田は、沢田より九歳年上で一九三九年に兵庫県西宮市で生まれた。戦後日本に入ってきたポップスを聴いて育ち、高校中退後に音楽生活を始めて数々のバンドを渡り歩いていた。そんな彼が沢田と邂逅するのは、ビートルズ来日の年として日本音楽史に刻まれる六六年六月半ばのこと。ロカビリー・ブームやエレキ・ブームがあって、ザ・スパイダースとブルー・コメッツがいて、GSブーム前夜という時期だった。

当時、内田はエレキの神様と呼ばれた寺内タケシが抜けたあとのブルージーンズをヴォーカルとして率いていて、ファニーズがレギュラー出演していた大阪のジャズ喫茶「ナンバ一番」にゲスト出演した。実は、一月ほど前に、沢田はメンバーの森本太郎と二人でスパイダースのリーダー、田辺昭知《しょうち》に会いに「銀座ACB《アシベ》」の楽屋へ押しかけて内田とすれ違っているのだが、その時もこの時も、二人が親しく言葉を交わすことはなかった。それからおよそ二週間後、三十日の武道館では、内田がザ・ドリフターズやブルー・コメッツと共に前座を務めたビートルズのステージを、ファニーズの仲間と夜行列車に乗って上京した沢田が客席から眺めていた。

内田がファニーズに「一緒にやらないか」と誘うのは、九月の初旬にブルージーンズと再び「ナンバ一番」にやってきた時だった。

なぜ内田はファニーズに目を止めたのか。長身のベースギター岸部修三（現・一徳）とリズムギター森本太郎を両側において、真ん中にドラムス瞳みのる、リードギター加橋かつみ、ヴォーカル沢田研二という五人のフォーメーションと、ビートルズやローリング・ストーンズ、キンクスなどイギリスのバンドの曲をやっていることが気にいったのだ。自分のバックバンドにしようと声をかけた。

沢田が、八五年に出した半自叙伝『我が名は、ジュリー』で、内田に出会った当時を語っている。その頃のファニーズは三百人を擁するファンクラブができるほど関西では人気で、いくつかのスカウトが来ていた。だがメンバーは、自分たちなど内田には相手にされないだろうと思っていた。

〈ところが、ブルージーンズが「ナンバ一番」に再びやって来た時、僕らがステージを終わって、階段をトントントンと降りてきたら、廊下でバッタリ裕也さんに会って、君たち、俺と一緒にやんねぇか〉

内田の奔走で十月初旬に「ナンバ一番」で彼の所属する渡辺プロダクションのオーディションが行われ、十月下旬には内田の知らないところでファニーズと渡辺プロの間で契約が交わされた。

内田が近田春夫を聞き手に人生を語り下ろし、末井昭が構成と編集を手がけた二〇〇九年刊行の『俺は最低な奴さ』は、すこぶる面白い読物である。ここで内田が沢田を語る言葉は、愛に溢れている。デビューが決まった時に、沢田は一家で内田を銀閣寺そばにある自宅に招き、すき焼きをふる舞った。その時のこと。

〈そしたら、一升瓶の特級酒をバーンと一本、俺はすき焼きが好きだからと、肉をパッと見たらだいたいわかるじゃない、「こんな無理しなくていいのにな」みたいなよお、わかる？　並の肉

じゃなくて上の上みたいな、いまでも覚えてるよ、これ以上の歓待はないような歓待だよね〉

十一月九日に上京したファニーズをその夜、内田は飯倉片町のイタリアンレストラン「キャンティ」に連れて行った。海外生活が長く、芸術に造詣が深い川添浩史&梶子夫妻が六〇年にオープンした「キャンティ」は、サンローランやイブ・モンタンなど世界のセレブが顔を見せ、常連客には三島由紀夫や川端康成、黒澤明、岡本太郎、安井かずみ、加賀まりこがおり、著名人が集う時の社交場であった。スター候補生に華やかな場所を見せてやりたいという親心から、内田は京都から来た若者たちを東京カルチャーの震源地に誘ったのである。

〈「なんでも好きなもん食べろ」って言ったら、加橋かつみはステーキだよ。沢田だけは「僕はパスタで結構です」って、バジリコのパスタ。ここで性格がよく出るんだよ、人間　食べ物でね〉

たとえ沢田がステーキを食べたとしても、内田は感心したに違いない。後にタイガースの衣裳をデザインすることになるキャンティ・クイーン梶子は、メンバーを見た時、内田に「この子たち絶対スターになるわよ」と囁いた。

〈『俺は最低な奴さ』〉

十二月、「内田裕也とザ・タイガース」は、ジャズ喫茶「新宿ACB」で初めて東京のステージに立ち、ビートルズの「ノーホエア・マン」を歌ってスタートを切った。この時、メンバーは内田に言われてそれぞれ芸名とニックネームを決めるのだが、沢田は、内田が考えた沢ノ井謙という芸名を「名前はひとつでいい」と拒んで本名を名乗ることになる。後々、沢田は「沢ノ井謙だったらどうなっていたでしょうね」と内田に言っていた。

ちなみにニックネームのほうは、沢田が自分でつけている。好きだったジェリー藤尾から「ジェリー」と考えたものの失礼かと思い、やっぱり好きだったジュリー・アンドリュースからいただいた。背の高い岸部がリトル・リチャードの曲「のっぽのサリー」からとって女性名を使っていたし、英語の女性名には抵抗がなかったのだ。そしてファンにとっては、沢田が歌えばジュリーが女性の名前であることすら意識にのぼることはなかったのである。

　翌六七年一月、タイガースは日劇ウエスタンカーニバルに新人としては異例のトリから二番目で出演した。百回以上リハーサルを積んだ上で、千歳烏山にあった内田御用達の美容院「たぶろう」で髪をマッシュルームカットにし、内田が青山の洋服屋で作ってくれた黒いベルベットのタキシードに蝶ネクタイという衣裳を着けて、奈落から派手に登場するのだ。歌ったのはその頃人気だったアメリカのグループ、ザ・モンキーズの「モンキーズのテーマ」を模した「タイガースのテーマ」一曲だけだった。この時だったか、ジャニー喜多川は、タイガースを見て、「どこから見つけてきたのよ」と内田に悔しそうな顔を見せたという。

　それ以降、「ＡＣＢ」に詰めかけるファンは急増し、タイガースの爆発的人気へとつながっていく。ウエスタンカーニバル出演も、初めてのテレビ出演も内田の働きかけによるものだった。

　都知事選出馬や不倫騒動など、ロックンローラー内田には、常にスキャンダラスでエキセントリックなイメージがつきまとっていた。だが、写真家の神蔵美子が見た内田は違う。二〇一一年、夫の末井昭と共に、山本政志監督の「スリー☆ポイント」公開記念トークのゲストとして登壇した内田をユーロスペースの楽屋に訪ねて、驚いたのだ。

「すごくチャーミングでした。例の愛人宅に押しかけて逮捕されたすぐ後でしたが、留置場での自分の番号は69（ロック）だったんだと言って、ジョークにして悪びれず、極めて上品で。本を出してからは、亡くなるまで毎年欠かさず末井にお歳暮が届いてました。ハロッズの紅茶ととても美味しいクッキーのセットで、『謝　内田裕也』と直筆で書いた熨斗《のし》が貼ってありました。礼節の人です」

『我が名は、ジュリー』にもこうある。

〈いい意味での運動部のキャプテンみたいな、頑張ろうよな、練習しておけよ、みたいな、そんな感じで、思ってたよりずっと優しくてね。優しくきちんと見ていてくれる。だから、ほんとに、いろんな意味で、裕也さんに、一流のというか、そういう教育をされたように思う、着るものの趣味にしたってね。本当にいろいろ教わりました〉


しかし、渡辺プロの描く青写真には、新しく売り出すGSに、借金問題を抱える一世代年長の内田は入っていなかった。ザ・タイガースという名前も、当時フジテレビのディレクターだったすぎやまこういちが「大阪から来たからタイガースでいいじゃないか」とつけたもので、内田の頭にあった「TR・フォーとかスティングレーとかのシャープな名前」とは違っていた。橋本淳作詞／すぎやまこういち作曲によるデビュー曲「僕のマリー」もメルヘンチックで、ロックな内田の趣味ではなかった。ファニーズは「こんなの、嫌だ」と落胆しながらも受け入れるしかなかった。


後に会社の選択を「あれでよかった」と思うに至ったという内田は、その時も、マネージャーたちに文句を言いながら、ファニーズを思って引き下がっている。

〈メンバーは関係ないんだから、未成年だし。とにかくもう「東京にはいたくねぇや」って思ったんだ〉（『俺は最低な奴さ』）

六七年の春、内田はタイガースと神宮外苑で野球試合をした後、メンバーに見送られて羽田からヨーロッパへ旅立った。沢田が最初の結婚をした時、内田は「週刊明星」に「親友ジュリー」へ長いコメントを寄せており、そこでこの日のことも回想していた。自分に代わってマウンドに立った沢田が速球で三振をとり始めるのを見て、サードを守る自分はテレとジェラシーを感じたと心情を吐露している。沢田は岡崎中学時代は野球部のキャプテンにしてファーストを守り、人生唯一の夢が立教大学へ進んでプロ野球選手になることだった。野球がうまいのは当然なのだが。〈そこには若いロック・シンガーのういういしさと、パワーに押されがちなテメエ自身を感じた。（中略）現在のオレを支える大きなコンプレックスとガッツを生んでくれたと感謝している〉（「週刊明星」七五年六月十五日号）

ヨーロッパでの放浪生活でクリームやジミ・ヘンドリックス、ジャニス・ジョプリンなどのニューロックを吸収した内田は、一年後に帰国。世界に通用するフラワー・トラベリン・バンドで、音楽シーンに斬り込んでいく。七四年に郡山市で開かれた「ワン・ステップ・フェスティバル」は、キャロルやサディスティック・ミカ・バンド、沢田も井上尭之バンドと登場して、ラストはオノ・ヨーコが飾った。この日本初のロックフェスティバルは、内田の共同プロデュースによるものだった。ロカビリーから始まる日本のポップスの現場を走り続ける彼は、八〇年代に入ると俳優としても存在感を発揮していくことになる。

内田と沢田の交流が途切れることはなかった。七三年に内田が悠木千帆を名乗っていた樹木希林と結婚した時は、新婦側の立会人は久世光彦で、新郎側の立会人が沢田、総括立会人はかまやつひろしという顔ぶれ。久世は、内田と樹木希林が警察が駆けつけるほどの夫婦喧嘩を繰り返す度に自分が呼ばれて沢田が呼ばれないのは不公平ではないか、とぼやいた。

八三年に公開された大島渚監督の大作「戦場のメリークリスマス」は、第二次世界大戦時の日本占領下にあったジャワ島の日本軍捕虜収容所を描き、男同士の関係がフィーチャーされた映画である。内田は大島に頼まれて沢田を引き合わせたが、坂本龍一が演じた大尉の役を彼は断った。

一年前から決まっているライブを映画のためにとりやめると五百人のスタッフが生活に困る、なんとか撮影スケジュールを変えてもらえないかという沢田の頼みを、大島が言下に蹴ったからだ。

『俺は最低な奴さ』で、内田は沢田を礼賛する。

〈沢田は偉いやつだよ。「戦場のメリークリスマス」ね、あいつ断ったんだよ。あのときのデヴィッド・ボウイと沢田研二って、あれ以外ないキャスティングなのよ、わかんだろ。両方ともキラキラして、キラキラ星だよ、わかる？　あの当時、沢田はいまのキムタクの十倍くらい人気あるんだからね〉

「芸能界史上最大の不倫」と騒がれた沢田と田中裕子が、八九年に出雲大社で結婚式を挙げた時、披露宴に出席した内田は、殺到する百五十人の取材陣に向かって「いい式でした」と丁寧にコメントしている。沢田のこととなると、自ずと内田の最も純粋で、良質な部分が迸《ほとばし》るのだ。樹木希林は、九一年にＮＨＫ衛星放送で放送された「沢田研二スペシャル」で、「沢田は神に選ばれた人間なんだ、と内田裕也がよく言っていました」と、語った。

韓国の映画やドラマには、男同士の愛や絆を描いた作品が多い。そこでは、男にしか使えないヒョン（兄貴）という呼び方が飛び交う。「愛の不時着」のヒョンビンは亡き兄を「愛する人」と呼び、兄を思って「ヒョン」と泣いたけれど、血縁関係にない年下の男性が年上の男性をヒョンと呼ぶ時、二人の間には揺るぎない信頼と愛情が生まれている。それはヤクザ映画に限ったことではない。

友情に篤い沢田にとって、自分を見つけてくれ、常に愛情をかけてくれた内田は、かけがえのないヒョンだった。二〇〇九年に渋谷で開かれた二人のライブ「きめてやる今夜　内田裕也 VS 沢田研二」のアンコールで、沢田は内田に向かって、「あなたがいなかったら、今の僕はいません。奇跡です！」と叫んだ。
タイガース解散後、ソロになったばかりの頃に出た沢田のアルバム「ＪＵＬＩＥⅣ〜今　僕は倖せです」に収録された十三曲は、すべて彼の作詞・作曲によるものである。その中の一曲、内田に捧げた「湯屋さん」に、こんな歌詞があった。
♪ロックンロールなゆうやちゃん
短気は損気ゆうやちゃん
僕は好きだよ
怒っちゃだめだ
ゆうやちゃん♪
後年、二人の間には断絶の時間があったと言われている。しかし、一八年十月、沢田がさいたまスーパーアリーナの公演をドタキャンしてメディアに叩かれた時、内田裕也はツイッターで「ファンの皆さん、応援よろしく！　沢田、ガンバレ！」と呟いた。これが、内田最後のツイートとなった。
一九年三月、内田裕也、永眠。青山葬儀所で開かれたお別れの会に、沢田の姿はなかった。誰に参列を求められても、「僕は僕のやり方がありますから」と拒んだ沢田は、その年の十一月、東京国際フォーラムでのコンサートで何も語らずに「君をのせて」と「哀しきチェイサー」を歌った。

加瀬邦彦の献身

沢田研二は、ジェンダーをやすやすと越境したインディペンデントなスーパースターである。

一九八〇年生まれの文筆家にして腐女子、岡田育の初恋の芸能人は沢田だった。三つの時に、紅白歌合戦で煙幕とサーチライトに包まれ「晴れのちBLUE BOY」を歌う軍服姿のジュリーを観て、その後のフェティシズムを決定づけられた。

「おかげで私は、女らしくあるためにお化粧に関心を持つ前に化粧とは美しい男がさらに妖艶に化けるためにするものと刷り込まれ、自分がきれいになるより自分ではないきれいなものを崇める方向に走りました。ひらがなも読めない幼児にさえ、ジュリーを通してある概念がビジュアルで伝わった。性にまつわるステレオタイプを押しつけられようとも強く撥ねつけられたのも、テレビ越しに美しいジュリーを観ていたから。別のアイドルやロックシンガーなら今の自分はないでしょう」

二〇二〇年秋から二一年二月まで東京都現代美術館で開催された石岡瑛子の回顧展「血が、汗が、涙がデザインできるか」の一角には、沢田のヌード写真が飾られてあった。上半身裸の沢田が目をとじて、両手を挙げる一枚には「男たちについて語りあう日がやってきた」のコピーが、同じく上半身裸で、唇を赤く塗った沢田が胸の前で両手を交差している一枚には「時代の心臓を鳴らすのは誰だ」のコピー。どちらもパルコ一九七九年メディアキャンペーンポスターである。右の壁面には、翌八〇年に発売された写真集『水の皮膚』のカバーと、コバルト色の海に仰向けに浮かんだ沢田の全裸写真が並ぶ。観客の誰もが、ここで足を止めた。

沢田は、この頃、三十歳を過ぎたばかり。パナマ帽にジーンズのジッパーを下ろした姿で「カサブランカ　ダンディ」を歌いながらウイスキーを霧のように吹き、電飾のスーツでパラシュートを背負った「TOKIO」で世間を挑発していた。時代のアイコン、ジュリーをヌードにしたのは、一連の広告のアートディレクター、石岡瑛子だった。前田美波里を起用した資生堂のポスターやパルコのCMで一世を風靡した後、八〇年代初頭に拠点をニューヨークに移して映像の世界でグラミー賞やアカデミー賞を受賞、時代を動かし続けたデザイナーである。

石岡の作品集『風姿花伝　EIKO by EIKO』には、黒澤明や五木寛之と並んで沢田も寄稿している。それによれば、流行の発信地だったパルコのキャンペーンへの登場は、沢田自身が望んだもので、石岡を訪ねて「一緒に仕事をしたい」と口説いたのだ。

〈新曲を出すごとに変る僕のメーキャップは、誉められたり、貶されたり、ファンはもとより、この世界に興味のない人達からも注目されてきた。しかし僕は、いつも不満でいっぱいだった。もっと美しく、もっときわだった自分を創りたかった〉

「もっと美しく」とある文章を、硬派の沢田が書いたとは思えない。けれど、アーティストとしてどこまでも行ってみたいという、この時期の沢田のアグレッシブな姿勢は伝わってくる。

石岡は作品解説で記す。

〈日本人男性の男はこうでなければならぬとするカチカチのこだわりに、沢田研二はたったひとりでなぐりこみをかけた〉

女性モデルはにっこり微笑んでポーズをとるのが当たり前だった時代に、石岡は笑わない女を登場させて広告表現を百八十度変えた。この時は、沢田というトップスターを使うことによって、これまでのマッチョをよしとした日本の男性像に異議を申し立てたのである。男性シンガーが裸になるのは初めてのことだった。

石岡も、久世光彦も中島梓も、多くの表現者が沢田に激しく創作意欲をかきたてられてきた。陰も毒もある美貌と佇まいがあったからだが、もうひとつ、沢田には早くから他者の視線に自分を委ねることへの覚悟があった。

八二年八月に放送されたTBSの情報番組「そこが知りたい」で、沢田は宇崎竜童を相手に、「芸とか見世物とか、人格と一緒にされる怖さがある」とした上で語っている。

「『あれは見世物、見世物として面白いでっせ』って、言っていればね。だから上から見てればいいと思うわけ。下から見上げることはないと思うんですよ。所詮、僕らのやってることは見世物やと思うんやけども」

新潟大学教授の石田美紀は、ジュリーがBL文化の源流にいる理由をこう分析する。

「BLでは、見るのが女で、見られるのが男です。主体と客体がそれまでの立場と逆転するので、日本の男たちの多くは見られることを侮辱だと感じてしまう。だから男性にとって腐女子は、プライドの根源に切り込んでくる我慢ならない存在です。でも、ジュリーはファンやクリエイターに身を差し出すことに躊躇がなかった。素材になる歓びを知っていたのでしょう。公のテレビで普通でないオーラを出していました」

岡崎中学時代は野球部、鴨沂《おうき》高校時代は空手部だった沢田には「京都一ケンカの強い男」という伝説がある。彼の身近にいた人は、「女のような」美しい外見と「男らしい」内面を魅力にあげた。沢田自身は、外見はともかく自分が「男らしい」ことは十分に自覚していただろう。彼は表現の限界まで挑戦して高みを目指そうとする野心はあっても、見られることで崩れてしまうようなプライドなど最初から必要としなかった。

子どもの頃から寡黙で人見知り、内向的な性格だったという。ファニーズ時代も、地元の幼なじみだった他の四人の中に最後に入ったという遠慮もあってほとんど喋らず、みんなが麻雀をしている時も一人外れてお茶をいれていた。それで淋しくもなく、退屈もしないのだ。彼がさまざまなインタビューで語ったのは、「仕事だから頑張る」「まな板の鯉でいるほうがいい」ということだった。

〈ぼくは理屈をこねるよりも、与えられた状況のなかでやっていくほうが好きですから〉（「週刊朝日」九一年五月二十四日号）

八八年の渡辺淳一との対談では、この世界に入ったのは高校生の時で、きっかけは「おまえ、男前やないか」と女性客を引き寄せるための客寄せパンダとしてバンドボーイにしてもらったことだと、語っている。親友の姉のボーイフレンドが、沢田がはじめてステージに立った京都のダンス喫茶「田園」のバンドマスターだったのだ。

〈どうせヘタなんやから寝転がって歌えとか、いろんなことをいわれた。そういう熱演をすることで自分のヘタさを補え、ということを教えられたりもしましたね〉（「月刊現代」八八年十二月号）

敷かれたレールの上で全力を尽くすスタイルは本来の性格に加えて、ここが原点ではないか。だからこそ過激に走れたのだ。そんな沢田をソロになってからプロデュースし、スーパースターへと駆け上っていく道程を伴走した盟友が加瀬邦彦だった。

ＧＳ時代の先輩グループ、ザ・ワイルドワンズを率いた加瀬も、沢田にとってはヒョン（兄貴）である。四一年生まれの加瀬はビートルズに憧れ、自分で曲を作ったミュージシャンの嚆矢とも言える存在だ。慶應の高校生だった頃に加山雄三と昵懇になってギタリストとして音楽活動をスタートさせ、大学生になるとプロの道へ入った。かまやつひろしと一緒にザ・スパイダースに参加し、寺内タケシとブルージーンズで内田裕也と一緒にやっていたこともある。沢田と出会ったのは、ワイルドワンズを結成し、自作の曲「想い出の渚」をヒットさせていた六六年の秋であった。

私は、二〇一〇年、「ジュリー with ザ・ワイルドワンズ」の全国ツアー終盤に、安井かずみについての取材のため加瀬の事務所を訪ねている。陽気で、人懐っこい加瀬は安井を語っても沢田を語っても温かく、また語ることが楽しいという風でどんどんエピソードが出てきた。沢田に関しては、初対面の時はメンバーに隠れるようにして一言も話さず印象が薄かったのに、はじめてステージで歌うのを見た時の衝撃は忘れられない、と話した。当人には「沢田」と呼びかける加瀬が、外に向けては「ジュリー」と呼んだ。

〈こいつは凄い、こんなに豹変するのかと驚いた。独特のオーラがあって、客席全体に彼のエネルギーが行き渡るような感じがして、絶対売れると思ったよね。あれは持って生まれた華だね〉（『安井かずみがいた時代』）

同じ事務所に所属していたこともあって、タイガースとワイルドワンズは夏休みを同じ時期にとるほど、仲がよかった。ことに加瀬と沢田はうまが合って、休みの日になると沢田は加瀬の麻布の家にやってきては、ご飯を食べた。飲めなかった沢田に酒を教えたのも、引っ越し先を探したのも加瀬の母親だった。加瀬が海に誘えば、海が好きでもないのに沢田は「行きます」とついてきて、したこともない釣りをしてボートに酔った。

一九六八年七月にリリースされた安井かずみ作詞／加瀬邦彦作曲の「シー・シー・シー」は、ザ・タイガース六曲目のシングルで、レコードには加瀬の声も入っている。この頃にはタイガース人気は最高潮に達し、ザ・テンプターズ、オックスなど三百以上のGSが生まれた。ザ・モップスやザ・ゴールデン・カップスなど音楽的評価の高いグループもあったが、タイガース以降に売り出されたGSの多くはルックスやパフォーマンス重視で、長髪にユニセックスなコスチュームとスタイルも曲調も、タイガースの模倣の域を出なかった。全共闘運動の広がりの中でメッセージ性の強いフォークソングが台頭し、六九年にアメリカでロックフェスティバル「ウッドストック」が開かれると、GSは急速に勢いを失っていく。ブームは三年で終わった。

七一年一月タイガース解散後、タイガースから沢田と岸部修三、スパイダースから井上堯之と大野克夫、テンプターズから萩原健一と大口広司という六人のメンバーで結成されたPYGが渡辺プロダクションからデビューする。後に、タイガース解散に何の発言権もなかったと話した沢田は、この時、加瀬に相談に行ったという。加瀬を取材した時の証言から（以下、加瀬の「　」の言葉はその時のもの）。

「俺は絶対うまくいくわけがないと思うけど、やることがないんだから、とりあえずやってみたらいいって、そう言ったの。今までと感覚も変わるし、考え方も変わると思うよって。でも、僕は絶対すぐにダメになると思ったから、やめた後に僕が彼のプロデューサーをしようと思ってたの」

加瀬の予想通り、大手プロダクションに所属してニューロックを目指したPYGはロックファンから商業主義と反発され、ブーイングの嵐で実質一年もたなかった。加瀬の出番だった。日本の音楽シーンをポップなものにしていくはずのGSが歌謡曲みたいになってしまったのが不満で、沢田で巻き返したいと考えた加瀬には構想があった。

「僕は、GSの頃からジュリーは絶対、将来ソロでいくと思ってたよね。でも日本のロックとか、そこに行く人間じゃないと思ったわけ。やっぱり歌謡界で、ポップで、それでステージではロックっぽいものをやる、今までにない歌謡界の歌手にしようと思った。そのためには衣裳も普通のスーツやタキシードでは面白くないから、イラストレーターだった早川タケジに『服やんない?』って声かけたの」

加瀬には、海の向こうにモデルとしたいスターがいたのだ。タイガースと前後するようにワイルドワンズが解散した後、安井とかまやつと三人でロンドンに出かけ、ロッド・スチュワートのライブを観て、レコーディングにもぐり込んだ。

〈ロッドはセンスがよくて、ステージもお洒落だった。ああ、ジュリーもこんな風に危なくカッコよくしたいなぁと思ったよね。化粧をしたり、ビジュアル面でも、次のシングルではどんな格好をするんだろうと期待される存在にしたかった。それはジュリーにしかできないことだった〉(同前)

当時、欧米で地位が上がっていたプロデューサーという仕事は、日本ではまだ職業として認知されていなかった。加瀬は自ら申し出て渡辺プロの契約社員となり、沢田のために曲を書き、共に走っていく。

ソロになった沢田は、七三年、安井かずみ作詞/加瀬邦彦作曲「危険なふたり」で日本歌謡大賞を受賞し、念願の「一等賞」を手にした。受賞した瞬間、沢田は涙を流し、海外にいた加瀬に歓びを伝えている。その後、「胸いっぱいの悲しみ」「恋は邪魔もの」「追憶」と安井&加瀬作品が、阿久悠&大野克夫作品の「時の過ぎゆくままに」が登場するまで続いて、ポップスター・ジュリーの地位を揺るぎないものにした。

「彼はそれだけの素質はあるし、真面目だし、何しろ与えられた仕事は全力投球する。僕が『こういうのを着てくれ』とか『落下傘背負ってこんな感じで』と言うでしょ。普通なら『えー、そこまでやるんですか』となるけれど、彼はいっさい文句言わなかった。与えられたものに対して期待以上のことをやってくれるから、こちらもよし次はもっと面白いことをやろうと意欲が湧いてくるわけ」

加瀬が沢田をプロデュースした時間は十三年に及ぶ。石岡との仕事を主導したのは加瀬であり、沢田が化粧をし、裸になることに反対する渡辺プロの総帥、渡辺晋を説き伏せたのも加瀬だった。彼はヨーロッパ・デビューを果たした沢田がパリやロンドンでレコーディングする時もプロモーションの時も傍らにいて、熱を出せば額を冷やし続け、食事にも気を配るなど心身両面でスターを守り、支えた。

「僕がプロデュースをやってる間は絶対太らせなかった。二人でヨーロッパに行った時も、俺も付き合うからって一人前頼んで二人で半分ずつ食べてた。僕だけ食べて、あいつに食べるなって言うのも可哀想だもん」

当時の沢田は、加瀬の姿が見えないとたちまち「加瀬さんは？」と口にするほどであった。二〇一五年、加瀬が自死を選んだ時、沢田は、彼の作った曲を歌い続けたライブでファンに向かって「加瀬さんは死にたくなかったんだと思うけど、しゃーないね」「僕には大きな存在でした」と胸の内を明かしている。フィリピンの小島で「脱げるか」と石岡瑛子に迫られて裸になる沢田の横で、加瀬が必要もないのに脱いでいたと思い出を披露し、「加瀬さんが一緒に脱いでも仕方ないけど、その心意気が嬉しかった」と語った。

加瀬がプロデューサーを降りたのは、沢田が渡辺プロから独立しようかという頃だった。

「一緒にやっている後半になると、『わかりました、わかりました』とやってるジュリーに疲れも見え始めてね。もう自由にした方がいいなって、『俺はそろそろ手を引くから、当面は自分で自分をプロデュースしてみたらいい。また別のプロデューサーとやってもいいんだから』と言ってやめることにしたんだ。だから僕がプロデュースをやめた後、太ったの。酒も食べることも好きだからね。それまで太りやすい体質でずっといろんなことを我慢していたから、僕は『もういいんじゃない、一時代築いたし、太って声が出て歌はどんどんうまくなってきてる。太ったから嫌だとか、ファンやめるとか、それはそれでいいじゃない。これからはルックスより歌で勝負すればいいじゃないか』って言ったの」

それから二十数年がたって、加瀬は再び沢田と組むことを考える。二〇〇八年に、還暦記念として沢田が行った「人間60年・ジュリー祭り」を東京ドームで観て、六時間半でフルコーラス八十曲を歌ったステージに圧倒されたのだ。

「やっぱり、すげえと思ってね。だんだんつまんなくなっている日本の音楽業界の刺激になるんじゃないかと思って、『ジュリー、ちょっとオリコンで一位とってみない?』と、ワイルドワンズとのコラボでCD出そうよと声かけたの。『え〜、そんなことできるんですか』と言ってたジュリーも、『面白いかもわかんないですね』って言って、一年だけツアーもやろうということになったの」

〇九年、「ジュリー with ザ・ワイルドワンズ」が結成され、シングル「渚でシャララ」とアルバム「JULIE WITH THE WILD ONES」がリリースされ、全国ツアーが行われた。沢田に「すみません、やらせてばっかりで」と恐縮されながら、プロモーションは加瀬が引き受けた。私が加瀬に会ったのはこのツアーの最中で、彼は沢田とのコラボを心底楽しんでいた。

「聴いてもらって観てもらったらわかると思うけど、ただ懐かしさだけじゃないからね。同世代に元気を与えてると思うよね。みんなが僕に、『加瀬さん、今回のツアーでジュリーを痩せさせてください』って言うんだよ。嫌だよ。俺、食わせてるもん、『お前、よく食うな』って言いながら。昨日も僕が『鯨は食べたことがない』と言ってたから、大阪でハリハリ鍋に連れて行ってくれ、食べて飲んで、大騒ぎした。アッハハハ」

コロナ禍でツアーを一年中止した沢田は、二一年四月二日、「八十歳まで歌う」というファンとの約束を守るかのように、事務所のホームページで、「ソロ活動50周年ライブ『BALLADE』」のスケジュールを発表した。

〈号外！　遂に動きます。不安と恐怖の中ではありますが、緊張を保持して、みなさんと静かに熱く楽しめたらと思います〉

その四十六年前の夏。二十七歳のジュリーはギターの弾き語りで♪みんなにしてあげることはひとつも見つからないけれど　歌なら唄える♪と歌い、はだけた胸のパールを揺らしながら繰り返しシャウトした。

♪歌いたい　自分の為に　歌いたい　声がかれるまでも
死にたい　いつか舞台で　死にたい　歌を枕にして♪

一九七五年七月二十日の比叡山ライブのアンコールで歌われた、作詞作曲／沢田研二の「叫び」。ライブアルバム「比叡山フリーコンサート　時の過ぎゆくままに」と「沢田研二大全集」のレコードで聴けるのみで、スタジオ録音はされていない。

表現者たちが愛したスーパースターと共に作り上げてきた時代の遺伝子は、今も着実に息づいている。我々にはジュリーがいた。そして、ジュリーがいる。

第2章

熱狂のザ・タイガース

プリンスはチョコレートと共に

明日に光を放つ、圧巻のライブだった。

二〇二一年五月二十八日の東京国際フォーラムホールA。緊急事態宣言が再び延長になろうという時期、五千人の観客が入るコンサートに「家族に懇願されて行けなくなった」と泣いてプラチナチケットを手放す人もいた。だが、開場の十六時半には建物を取り囲む長い列ができ、二十五分押しての開演となった客席は満席だった。「沢田研二　2021　ソロ活動50周年LIVE『BALLADE』」。

青い照明の中、大きな赤い旗が立っていた。客席には興奮を抑えられない観客の思いが充満している。ギターの柴山和彦を従えた沢田がステージに登場すると、小さな小さな声の「ジュリ〜!」が聞こえた。「30th Anniversary Club Soda」「時の過ぎゆくままに」の二曲を歌い終えた沢田は、「こんな時に駆けつけてくださって本当に嬉しいです」と挨拶。立ち上がりたいのに席に座ったままでいるファンに向かって右膝をつき、手を胸にあてて頭を下げた。

「最後までどうかごゆっくり」

それから彼は、「君をのせて」「追憶」と懐かしい曲もふんだんに交えて一気に一四曲を歌った。一年四ヶ月ぶりのステージに、一曲一曲を噛みしめるように歌う。アレンジした「TOKIO」を、内なる熱情を昇華させるように目を閉じ身をよじって歌った。

この日、身に着けていたのは、茄子紺のミリタリーテイストの衣裳。衿や袖口や胸やパンツを銅色に光ったビジューで飾り、長いジャケットの裾がフレアーになった瀟洒で美しいものであった。情熱のシンボルを横に掲げるジュリーはピョートル大帝の如く君臨して、迫力の歌声とエネルギーで五千人を包んでいく。それぞれの曲がそれぞれの人の心に届いていく。アンコール前のラスト曲は、「いくつかの場面」。沢田は自身を抱きしめながら歌った。

♪まぶたを閉じれば／数々の想い出が胸をあつくよぎる／そしていつも心をはなれない／いく人かの人達がいた／できるなら　もう一度／僕の回りに集ってきて／やさしく　肩たたきあい／抱きしめてほしい♪

♪いくつかの場面があった／まぶたを閉じれば／いつも何かが　歌うことを支え／歌うことが何かを支えた♪

（作詞／作曲　河島英五）

会場一階後列にはザ・タイガースの仲間、岸部一徳、瞳みのる、森本太郎が座っている。彼らはこの曲を聴き終わった時、「よかったね」「よかったな」と顔を見合わせているかのようだった。

アンコール前は、いつものようにMCの時間だ。コロナ禍で配信という手段はあるが「アップに耐えられる容姿ではない」のでその選択はないと茶化し、ライブこそ自分の本領だとして秋のコンサート開催を宣言する。ファンに「生きててちょうだいね」「生きててくださいね」と繰り返し、「ヤマトより愛をこめて」「ハートの青さなら空にさえ負けない」の二曲でジ・エンド。七十三歳になるジュリーは全十八曲を全力疾走し、「ジジイでした」と深くおじぎして舞台から消えた。岸部が社長になった事務所が手がけた最初のライブは、こうして終わった。

ザ・タイガースが明治製菓（現・明治）のCMに登場したのは、一九六七年十二月一日のことだった。その瞬間から、女の子たちのおやつは明治のチョコレートになった。私の記憶にあるのは、ジュリーのポスターやソノシート欲しさに貯めていたお年玉で明治チョコを買い込み、食べきれずにベッドの下でドロドロにして親に大目玉をくらった友人の泣き腫らした顔である。日本中に同じような少女がどれだけいたろう。

　タイガース登場の二ヶ月前、十月にはミニスカート・ブームを起こしたツイッギーがイギリスから来日して、森永製菓のチョコフレークのCMに登場していた。だが、甘いチョコレートとタイガースの組み合わせはもっとインパクトがあった。いずみたく作詞作曲の「明治チョコレート・テーマ」が流れる中で「プリンスのような」五人が微笑む姿は、女の子の胸を躍らせ、その後のキャンペーンがさらに購買意欲を激しく掻き立てていった。

「電通報」によれば、タイガースの起用を提言したのは、同社の元副社長、豊田年郎。グループサウンズ（GS）ブームが起こる前、豊田は難色を示すクライアントを説得するために明治の社長をコンサート会場まで連れて行き、ファンの熱狂ぶりを肌で感じた社長がタイガースを「広告塔」にすることに納得した、とある。この当時、明治チョコの顔は、六五年の大河ドラマ「太閤記」の石田三成役で人気者となった石坂浩二であった。

　同年十月八日、佐藤栄作首相の南ベトナム訪問阻止で結集した全学連と機動隊がぶつかり、京大生の山﨑博昭が死亡、全共闘運動が一気に全国に広がっていく。政治の季節が色濃くなる中で大量消費時代が始まっていた。

　CMの放送日は、NHKがタイガースなど長髪組のGS締め出しを表明した直後だった。明治には、悔しい思いをしていたファンから「ありがとう」の電話が殺到し、交換台がパンクしたという。翌六八年、春のキャンペーン「タイガース・デラ・プレゼント」がスタートする。商品の包み紙百五十円分を一口として送れば、天井に貼れる大きなポスターやメンバーが語りかけるソノシートなどいずれかがもれなくもらえるという企画で、街には明治製菓のタイガース・ポスターが溢れた。

沢田はその光景を見た時の気持ちを、二〇〇八年十一月三日に放送された、四十年の歌手生活を振り返るNHK-FM「今日は一日ジュリー三昧」で語っている。

「僕らが一番びっくりしたのは、自分たちの、タイガースのポスターが、チョコレート会社の看板が街中至るとこ、人通りの多いとこなんかに必ずあるんですよ。恥ずかしいやら嬉しいやら。『これは凄いことなんだよ』と会社からは言われるし。でも恥ずかしいやん、って思いながら見たのを覚えていますがね」

一九六八年十月には、メンバー一人ひとりが旧約聖書を朗読する「天地創造ものがたり」ソノシートなどをクリスマスにプレゼントするという第二弾のキャンペーンが始まった。この頃になると、森永はザ・テンプターズ、グリコはヴィレッジ・シンガーズ、不二家はウォーカー・ブラザーズと製菓会社はこぞってGSや米国のバンドを宣伝に起用するようになる。右肩上がりの高度経済成長は、日本の少女たちのお小遣いの額も上げていた。「仮面ライダーカード」欲しさに、少年たちが食べもしないライダースナックを買い集めるようになるより三年以上早い現象だった。すべての欲望は、少女から始まるのである。

そして、それは爆発的なGSブームの反映でもあった。

インスタグラムのフォロワー三十四万人、「日本一カッコいい女性」の称号を手にして久しい夏木マリにとっても、GSブームは人生を変えるほどの出来事だった。芸能界に入ったきっかけが、GSだったのである。

その頃、夏木がティーンエイジャーであった六〇年代の終わりは、大橋巨泉が司会する洋楽専門の音楽番組「ビートポップス」が新しい音楽とファッションを伝えていた。GSの演奏で、ミニやパンタロンルックの小山ルミや杉本エマがゴーゴーダンスを踊っていた。音大に進学するつもりでいたのに、スカウトの声がかかると、「ああいう人たちみたいになれば、一緒の楽屋になれるんだ」と彼らに会いたいがために誘われるままにデビューしてしまったのである。

「それがよかったのか、どうか。でも、あの頃、音楽もいい時代だったのよ」

アッハハと笑った夏木は、当時、明治チョコを食べることはなかった。彼女が夢中になったGSは、本書の主役、ジュリーがいたタイガースではない。互いに認め合った沢田のライバル、ショーケン、萩原健一のいたテンプターズだった。

「ソロになってからのジュリーは素晴らしくカッコよく、そりゃあ、憧れましたよね。でも、タイガースにはまったく興味がなかった。だって売れていたし、もうスターで最初から手が届かなかったもの」

デビュー第二弾のシングル「シーサイド・バウンド」が発売されて、タイガース人気が燃え上がっていた六七年の春。夏木は豊島岡女子学園高校に進学したばかりで、ある日、近所のおばさんから「魚屋のケン坊がデビューするので応援してあげて」と地元大宮のバンドの名前を告げられたのだ。テンプターズは、ザ・スパイダースのリーダー、田辺昭知がタイガースに対抗するためにスカウトしたグループで、GSの元祖、スパイダースやブルー・コメッツより一世代若く、タイガースと同世代であった。

もちろん夏木はそんなことは知らず、それからは、京浜東北線与野駅から学校がある池袋までを、東京に向かうテンプターズと同じ車両に乗り込んだ。授業を終えると彼らが出演するテレビ局やジャズ喫茶に通いつめ、日劇でウエスタンカーニバルを観て、出番を終えた彼らが姿を現すのを待つ日々を送っていた。

しかし、テンプターズは「忘れ得ぬ君」「神様お願い！」と立て続けにヒットを飛ばし、あっという間にタイガースに次ぐ人気者となって、デビュー直後のようにファンに親密な表情を見せることがなくなってしまう。つまらなくなった夏木は、一年後、熱狂の対象をデビューしたばかりのザ・タックスマンに乗り換えるのである。京都出身のこのグループは「タイガースのようなフリフリのユニフォームを着た、タイガースのNGバンド」で、デビュー曲の「恋よ恋よ恋よ」がオリコン五十八位まで行き、シングル四曲を出して二年で解散する。

タイガースをはじめGSがみなそうであったように、タックスマンはステージでは自分たちのやりたい洋楽をカバーしていた。夏木は、当初、ビートルズの「アンド・アイ・ラブ・ハー」も、アニマルズの「朝日のあたる家」も、タックスマンのオリジナルだと信じて疑わなかった。それは、タイガース・ファンの多くが、彼らの演奏を通じてビートルズやローリング・ストーンズと出合ったのと同じ体験だった。

「音楽がすごくいいわけ。タックスマンは、リードギターがフラワー・トラベリン・バンドに参加するんだけれど、決してうまくはなかった。でも、私は音楽が好きで、音楽をやってくれる彼らに疑似恋愛していました。最初はサイドギターのゲイリーに、次はヴォーカルのピーターに熱中したけど、メンバー五人ともがよかったんです。衣裳も可愛いし、雰囲気もよくて、ルックスも含めて好きになりますよね」

タックスマンは、オックスと同じ失神バンドでもあった。失神バンドとは？の疑問には、六八年の京都を舞台にした井筒和幸監督の「パッチギ！」が応えてくれる。六〇年代半ば、関西の音楽シーンでタイガースの前身、ファニーズと交差したザ・フォーク・クルセダーズの曲が全編に流れる二〇〇五年公開の映画の冒頭には、オックスが登場する。

「『銀座ACB』は円形ステージで、前に噴水があってね。『朝日のあたる家』のある歌詞のところに来ると、決まってピーターが噴水の中に倒れ込むわけ。その時、みんな、『キャーッ！』って声が嗄《か》れるほど叫ぶんです。そんなにボロボロになって大丈夫？と本気で心配してたけれど、騙されてたんですね。ああ楽しかった」

寝ても覚めても状態でタックスマン命！となった夏木は、高校時代を彼らに捧げた。授業が終わると、トイレでＳＵＺＵＹＡや玉屋の服に着替えて、都内のジャズ喫茶はすべて回った。追っかけるためには、タクシー代もいる。地下街の靴屋でアルバイトに励み、社長賞をもらうほど売った。ピーターには授業中に編んだ黄色いセーターをプレゼントしたのに、生涯一度だけ編んだセーターを彼が着ている姿を見ることはない。

「視線をくれるだけで死にそうになり、『また来たの？』なんて言ってもらえるだけで幸せだった。いつも二、三十人はいるファン仲間と情報を交換し合い、タクシーに相乗りして追っかけてました。お小遣いは全部彼らに遣った。ロカビリーの時と違って、向こうもこっちもグループだから追っかけやすかったんですね」

○六年、夏木がバンド形態の「ＧＩＢＩＥＲ　ｄｕ　ＭＡＲＩ」をスタートさせたのも、ＧＳから音楽のおすそ分けをもらったおかげだ。

「彼らを聴いて洋楽に目覚め、ジャニス・ジョプリンみたいになりたいと願い続けて、三十年近くたって夢を叶えました。ＧＳの頃は人生で一番楽しかった時代です。今でも彼らのシングルをかけるとノリノリで踊ってしまって、あの頃に戻っちゃう」

ブームの先頭を走る本家、タイガースはさらに少女たちを熱狂の渦に巻き込んでいた。タイガースはチケットが手に入らず、他のバンドを追いかけたという女性は、高校時代を思い出してため息をついた。

「バンドってたくさんありましたけど、タイガースは別格でした。高い天井に飾られたシャンデリアのように輝いていて、とてもとても手が届かなかった。その中でもジュリーはもう眩しくて、眩しくて～」

二〇年九月に出版された青春小説『君だけに愛を』は、タイトルだけではなく目次にもタイガースの曲名が並ぶ。昭和の京都西陣を舞台に、中学二年の少女たちがタイガースのメンバーの家を探し当てようとするひと夏の物語。作者の阿野冠が、執筆の動機をあとがきに綴っている。

〈老齢の母がふっともらした一言が、なぜか琴線にふれたのだ。／「……一度でええからジュリーに逢いとうて」／めったに本音をもらさない京女の切実な声音だった。／どうやら『沢田研二・古希《こき》コンサート』のニュースを見て、惜春の情にからめとられたらしい〉

〈絶世の美男で、どれほど凄い人気だったかを語るだけでは足りず、ついには文箱からご自分の中学時代の日記帳を取り出し、思わせぶりにさしだした〉

〈古い日記の記述によると、どのメンバー宅も一ファンにすぎない女子中学生をやさしく迎え入れてくれているのだ〉

ジャニーズ・ファンの多くは行儀がよく、タレントの私生活まで入っていこうとはしない。「入り待ち」「出待ち」と呼ばれるテレビ局や劇場でスターを待つ時間も定位置で声援を送り、プレゼントも手紙もとりまとめて届けるのが暗黙のルールとなっている。嵐がジュニアだった頃からもうそんなふうで、すべてに節度があって、統制がとれた宝塚歌劇団のファンに学んだところが大きいと聞く。

だが、一九六〇年代、昭和の時代はアーティストとファンの距離は近く、スターに対する「礼儀」や「遠慮」も「ルール」もまだなかった。一ミリでも彼らに近づきたいという気持ちを、どこにもっていけばいいのか。事務所や芸能誌に電話をすればその日のスケジュールを教えてもらえたし、有楽町にあった渡辺プロダクションに行けばスケジュールが貼り出してあった。雑誌にはプロダクションの住所も電話番号も載っていた。メンバー行きつけの美容院もわかっている。『君だけに愛を』の主人公たちのように、タイガースのメンバーの実家訪問もファンにとっては一つの通過儀礼のようなもので、修学旅行で京都を訪れると自由時間にメンバーの実家を訪ねるファンが跡を絶たなかった。週刊誌が「オールド・タイガース」と名付けたメンバーの親たちも、息子たちを応援してくれる少女たちを心よく歓迎したのである。

五〇年生まれの山口真弓も、そんな少女のひとりであった。山口は沢田の実家のすぐ近くで育ち、中学も高校も同窓、沢田より二学年後輩だ。岡崎中学に入学して校庭を歩いていると、友だちが嬉しそうに「あの人が、野球部の沢田さんえ」とグラウンドで練習しているユニフォーム姿の少年を指さした。その時は、ふんと思ったきりだったのに、鴨沂高校入学後の六七年にはタイガース人気に火が点いていた。授業中、何やら校庭がザワザワと騒がしく、窓からのぞくとスーツ姿のジュリーとサリー（岸部）が校庭に立っている！ どこの窓も生徒の顔で埋まっていた。

「もうときめきました。好きなのはジュリーのあの顔！ 顔！ 顔！ カッコよくて、同じ学校の先輩なのが誇らしくて。それから八瀬のプールにも京都会館にも、京都でコンサートがあれば行きました！ 友だちを誘ってお家にも寄せていただいたんです。場所は知ってましたから。優しそうなお母さんで、ジュリーの子どもの時の写真を見せてくださって。今から思うとようあんな厚かましいことしました」

うどんすきで知られる「美々卯」の専務、薩摩智恵子も、甲南女子中学時代に実家訪問を敢行している。ファンになったのは、日曜夜に放送されていた三十分の音楽バラエティ番組「シャボン玉ホリデー」で、「僕のマリー」や「シーサイド・バウンド」を歌うタイガースを見たからだ。気がつけば、クラス中がタイガースのファンだった。明治チョコを買い、レコードを買って、「ティーンルック」を読み、隣では現在デュッセルドルフ在住の現代美術家、倉智久美子が本のように分厚いファンレターを書いていた。長い休みにはタイガース見たさに東京の親戚の家に長居をし、関西でコンサートがあれば、神戸のお嬢様学校からセーラー服姿のまま、大阪のフェスティバルホールや厚生年金会館に駆けつけるのだ。

「学校では、タイガースのコンサートに行くことは禁止されてたんです。ましてや制服でだなんてとんでもなかった。でも、他のGSファンは知りませんが、タイガース・ファンは聞く耳持たず。実家にも、三、四人でお休みの日に行きました。最初に行ったジュリーの家がお留守で、サリーの家に行って、お茶やお菓子を出してもらってアルバムを見せてもらいました。ほとんどがジュリーのファンの中で、私と倉智さんだけがトッポ（加橋かつみ）のファンでした。でも、メンバーなら誰の家でもよかった。あのグループが好きだったから」

タイガースの楽曲は歌詞も曲もよく、その上メンバーのルックスが揃っていた。歌い、演奏しているタイガースの、なんと魅力的でカッコよかったことよ。

薩摩の趣味は、クラシック音楽鑑賞である。仕事で欧州を回りながら合間にオペラを聴いてきた。けれど、日本にいる時、車の中で聴きたいのは沢田研二の歌だけだ。この五十年、彼のライブや舞台に、他のメンバーのライブにも足を運んできた。「銀座タクト」にトッポを聴きに行った時はドイツから帰国中の倉智とバッタリ、四十年ぶりに再会した。

「なかなかセクシーな男がいない日本で、ジュリーはきれいでセクシー。早川タケジの衣裳がまたお洒落で素敵で刺激的で、それがジュリーにはよく似合うんです。歌もみな、一曲一曲がいい。

太ったって関係ありません。若さばかりを言うガキ社会の中で大人ですからね、彼は。でも、私が一番好きなのはあのグループ、タイガース。ジュリーを見続けていれば、きっとまたいつか一緒に歌う彼らに会えると思っています」

タイガース・マニアの話は止まらない。

あの頃、誰もがチョコレートを齧って、タイガースに、テンプターズに、ザ・カーナビーツにオックスに、いろいろあったGSに「キャーッ」「キャーッ」と全身で叫んでいた。「二十四歳適齢期」や「女らしさ」が規範だった時代、女の子たちがエネルギーを爆発させた解放の時間だった。

すべてはGSから始まった

合宿所にファンが大挙して押しかけて部屋をのぞきこみ、ついに機動隊まで出動して整理にあたった。ジャズ喫茶の鉄の扉が人に押されてしなる。移動の時はパトカーが先導し、信号を止め、停まらないはずの駅で新幹線を停車させた。コンサートとなると、取材陣が大型バスを何台も連ねてやってくる――古い雑誌にはそうした熱狂の風景が記録されていた。渡辺プロダクションにも、ザ・タイガースやジュリーの凄まじい人気を語り継ぐ伝説がいくつも残っている。

そのひとつに、「百年に一人の美貌の人・ジュリー」がある。いかに沢田研二が美しかったか。「ファニーズが京都から上京してきた瞬間、渡辺プロの女性タレントは全員が全員、ジュリーにポーッとなったそうです。この世のものとは思えないほど美しい男だって。中尾ミエさんとかみんなが、うっとりして卒倒しちゃったらしいんですよ」

証言者の音楽プロデューサー、森弘明は六九年に渡辺プロに入社した大卒八期生、同期にアミューズの大里洋吉会長、スペースシャワーネットワーク創設者の中井猛がいる。森は、七〇年一月から翌七一年一月の解散コンサートまでを、タイガースの現場マネージャーとしてメンバーと共に過ごした。六九年三月には加橋かつみが脱退して、岸部修三（現・一徳）の弟、岸部シローがメンバーに加わっていたものの、タイガース人気は一時の勢いを失い、GSブームも火が消えようという時期だった。

「そう言われていましたが、ウエスタンカーニバルでもタイガースが登場すると地響きがして日劇全体が揺れるんですよ。人気は桁違いで、他のGSとは別物でした。飛行場でも、ファンが殺到するのでロビーは通れなくて、タラップの下に迎えの車を着けなきゃいけなかった。当時の地方の飛行場は今のように整備されていなくて、それでも塀を乗り越えて雲霞《うんか》の如くファンが押し寄せてくる。メンバーをガードしている僕はポケットを引きちぎられ、何着もスーツをボロボロにされました」

六八年四月に公開されたタイガース最初の映画「世界はボクらを待っている」には、ヒートアップしたタイガース人気が映し込まれている。ジュリーの影武者が何人かいたことは、ファンの間ではよく知られていた。影武者が先に出て出待ちのファンをひきつけている間に、隙をねらってジュリーが脱出するといった具合なのだ。三十六歳の時に半生を語った『我が名は、ジュリー』で、沢田もこう振り返っていた。

〈まあ入るときというのは、そんなに心配ないんだけど、終わった直後というのは、女の子たちも興奮しているし、いつもまともに出た覚えってないんですよ。トラックの荷台に隠れて抜けだしたとかね、そういうのばっかり〉

ペンダントやブレスレット、ステッカー、ハンカチ、スリッパ、筆箱や下敷き、タイガース人形にいたるまで、キャラクター・グッズが友の会を中心にして売り出されていた。

森が現場マネージャーだった時も、タイガースはまだ明治製菓のCMに起用されていた。園まりやアグネス・チャン、小柳ルミ子らに伴走し、九〇年には渡辺プロの制作部長に就いた人は、冷静に分析する。

「いつの時代でもグループはビジネスになります。ビートルズもそうだし、キャンディーズも、ジャニーズも、K-POPも。当たれば掛け算で売り上げに貢献するんですよ。ことにあの時代の、タイガースのファンは熱狂的な上にとてもピュアで、出すもの出すもの全部買ってくれましたからね。渡辺プロは業界のオピニオンリーダーでイノベーターだったわけですが、渡辺音楽出版を作って、アメリカのエンタメ業界に学んでパブリッシャービジネスを取り入れたのもそのひとつです。タイガース人気は、渡辺プロの組織マネジメント力が大きかったと思います」

渡辺晋&美佐夫妻が一九五五年に設立した渡辺プロダクションは、ミュージシャンの生活安定と社会的地位向上を目指し、浮き沈みの激しい世界に月給制度を持ち込んでショービジネスの近代化を図っていた。この頃には、「ザ・ヒットパレード」「シャボン玉ホリデー」など歌謡番組を自社制作し、レコード会社が独占していたレコードの原盤を自社制作して業界のシステムを変革。ザ・ピーナッツにクレージーキャッツ、伊東ゆかり・中尾ミエ・園まりの三人娘、布施明と綺羅星のようなスターを抱える芸能王国であった。

六七年十月三十日号の「週刊文春」に「〝虎旋風《ザ・タイガース》〟をあやつるW機関」のタイトルで、タイガース人気と渡辺プロ商法を追った記事が掲載されている。そこで、当時の松下治夫・制作部長が答えていた。

〈まず狙う層をきめます。ローティーンからハイティーンまでを狙わせる。それに合わせて徹底的にイメージをつくり変えるわけです。つぎに作詞・作曲家のコンビをつくる。ザ・タイガースは橋本淳、すぎやま・こういちのコンビでデビューいらいやっています〉

〈徹底的につっこんだ計算がないと、これだけの人気はでない〉

こうした渡辺プロの戦略が実際にどう働いたのかはまた別の話として、敗戦から二十年が過ぎた六〇年代後半は、消費を先導する団塊世代がティーンエイジャーになり、社会に出ていく大量消費社会の始まりであった。

六四年の東京オリンピックを機にカラーテレビが普及し、六八年にはテレビの世帯保有率が百％を超えて、一世帯が複数のテレビを所有する時代に入っていた。ファニーズ時代やジャズ喫茶に出ていた頃、二十歳前後だったタイガースのファン層は、「シャボン玉ホリデー」にレギュラー出演するようになると一気にローティーンにまで広がった。ジャニーズ事務所初のアイドル、ジャニーズの前座で歌ったタイガースが「シーサイド・バウンド」「君だけに愛を」で、たちまちトップに上り詰めていく。テレビの力は大きかった。

もうひとつ影響力があったのは、雑誌である。「明星」や「平凡」「近代映画」といった芸能誌は、デビュー直後からタイガースとは蜜月だった。前述の「週刊文春」は、引っ越し先をファンに知られないようにするために芸能誌と渡辺プロが仕組んだ記事を〈これはすべて謀議というべきものである。売り出すプロダクションと芸能誌の共同作戦〉と、皮肉っている。この時のことを、沢田も『我が名は、ジュリー』で語っていた。

〈『週刊平凡』かなにかが引越し風景の独占取材をするということで、引越ししますと言っていったん烏山を出て、写真を撮ったりして、そのあと夜中にまた烏山へ戻ったんですよ、ファンをまくためにに〉

〈それなのに、土日とかになるといっぱいなんですよ。（新しい）家の前が、ファンで〉

GSブームが頂点に達した六八年四月にはタイガースがCMソングを歌う「ティーンルック」が、五月には「セブンティーン」が創刊され、ティーンエイジャーをターゲットにする二誌の中心記事はGS情報だった。既に「週刊マーガレット」や「週刊少女フレンド」など小学生も読む少女漫画誌に、「タイガース物語」や「沢田研二物語」が連載されていた。ひらがなの多いノンフィクション風の記事は、芸能誌に連載された同様の記事とほぼ同じストーリーであった。

私と同世代の女性には、いまだにメンバーの家族構成やジュリーの家族の名前を覚えている人がいる。少女漫画を読んでいたからだ。六二年創刊の「週刊少女フレンド」も六三年創刊の「週刊マーガレット」も総合誌としてスタートして、女性誌が生活誌やファッション誌に細分化される七〇年代後半までその路線が続いた。漫画の他にお洒落やファッション情報、アイドル情報、小説やノンフィクション、読者のページに身の上相談、当時新しかった星占いなど。六三年のケネディ大統領暗殺のあとには「キャロラインちゃん物語」が連載され、そんな中に「感動のストーリー・ドキュメント」があったのだ。

この時期、少女漫画には恋愛の登場という大きな変化が起こっていた。「私の血は少女漫画でできている」と公言する藤本由香里・明治大学教授が、解説する。

「生き別れの母子ものとかが多かった少女漫画は、六七〜六八年頃から本格的に恋愛に舵を切ります。この時期、それまでの男性の描き手から戦後生まれの若い女性の描き手へし音をたてて世代交代が起こっており、描き手である若い女性は外国映画などを通じて恋愛に憧れていた。内容もどこか泥臭さの残る作品から、外国の少女を主人公にした心躍るラブコメディへ変貌を遂げていきます。ただ少女漫画には外国が舞台になった作品が多いというイメージがありますが、実は六〇年代後半から七〇年代にかけての一時期だけ。GSブームはその最中に起こります」

少女漫画で「恋愛」を学ぶ少女たちがいつも見るテレビに、ナイトのようなユニフォームに身を包んで欧州情緒あふれる曲を演奏する、ジュリーやサリーといった西洋の名前を持つ若々しい五人組が現れたのである。さらに愛読誌は、彼らの「プライベート」や「素顔」まで知らせてくれた。七二年に百万部に達した「別冊マーガレット」の発行部数を考えれば、少女漫画誌がタイガース人気に及ぼした影響は小さくない。

世界はベビー・ブーマーの時代であった。二〇一九年一月公開の「マイ・ジェネレーション ロンドンをぶっとばせ！」は、マイケル・ケインがプロデュースし、案内役を務めた一九六〇年代のロンドンを振り返るドキュメンタリー映画である。若きビートルズが、ローリング・ストーンズが、ザ・フーが、ツイッギーが、マリー・クワントが登場して、「何も持たない若者」によって階級社会や世界がドラスティックに変わっていく興奮を伝える。「俺たちを女みたいだとからかう言動はもういい加減にやめて欲しい」と発言する、まだ長髪だったデヴィッド・ボウイも一瞬映る。映画パンフレットの解説にはこんな一文があった。

〈子どもだった私が、この映画で語られたカルチャーに触れたのは、当時夢中になっていたGSを通してだった。彼らはビートルズを真似た髪型で、衣装はロンドンの流行を色濃く取り入れたものだった。サイケデリック、ミリタリー、ピーコックファッション、ユニセックス等々、初めて知るファッション用語を覚えるのが楽しかった〉

解説を書いた中村のんは、五六年一月、東京生まれ。七〇年代からテレビや雑誌、CMなど広いジャンルで活躍してきたスタイリストは、「すべてはGSから始まった」と断言する。タイガースのデビューは中村が小学六年の時で、小学校の卒業式には母に止められながら、伊勢丹のジユニア服売場で買ったウエストに金の大きな鎖がついた「タイガースのユニフォームみたいな」ワンピースを着た。タイガースのメンバーが通う美容室「たぶろう」にも、髪を切りに行った。「週刊マーガレット」に「タイガースのユニフォーム募集」と載った時は、デザイン画を応募した。ちなみにこの時の応募者数は十八万以上という驚異的な数で、私もその中のひとりだった。

デザイン画は採用されなかった中村だが、日本のスタイリスト一号、高橋靖子のアシスタントとなって、二十二歳で独立した。

「私はタイガースだけでなく他のGSも好きで、オックスの合宿所にも行きました。GSが『カッコいい』という言葉を象徴していましたよね。ミセス向けの服飾誌しかなかったところに、『ティーンルック』が創刊されて、そこにはGSのユニフォームが変わるたびにデザイナーの言葉とかが載っていたんです。デザインもデザイナーの名前も、みんな、メモしていました。私がファッションに興味を持ち出したのはそこからです」

二〇二一年に東京・国立新美術館で戦後日本の服飾史をたどる「ファッション イン ジャパン展」が開催され、当時の流行にも触れることができた。

中村は、先のパンフレットでこうも書いた。

〈だが、社会現象ともいえるGSブームに眉をひそめる人は多く、日本において若者対大人の闘いは起こっていた〉

「三十歳以上の大人は信じるな」が世界の若者の合い言葉だった時代にタイガースが象徴したGSは、長髪という「不潔」やエレキギターという「騒音」、少女たちの「狂態」によって、大人たちから「不良の音楽」として批判の目を向けられるようになっていく。さらにファン層がローティーンにまで広がったことで、タイガースは、GSは、男性たちからは「女子どものアイドル」

というレッテルを貼られることになるのである。

一九六八年、「朝日ジャーナル」六月九日号に「あたしのかわいいタイガース」と題した記事が掲載された。同年五月に、福岡で七人の女子高校生たちがタイガースのコンサート見たさに入場券を偽造し、売りさばいて補導された事件が起こっていた。それについての後追い記事で、一読すると少女たちを擁護しているふうだが、〈とにかく、大人たちは、あらゆる宣伝媒体を動員して、なみ以下の頭の子を夢中にさせるアイドルをつくり出すのに懸命だ〉〈ああいう少女のなかに、美人がいないことをぼくは知っている〉と、偏見に満ちた文章が続く。

隣のページでは、大学の使途不明金に端を発した日大闘争の山場、日大全共闘結成の一日をルポしてあった。〈神田の学生街を埋めつくすかに見えたデモは、五月の光のなかで、活気に満ちたものであった。日大生の表情があれほど生きいきしているのを、いや日大生にかぎらず、学生の集団があれほど、ういういしく息づいているのを発見するのはまれなことであった〉と、ある。

二つの記事を並べてみると、「右手に朝日ジャーナル、左手に平凡パンチ」と謳われ、全共闘世代に圧倒的に支持されたリベラル誌のマチズモな体質がよくわかる。この時代の雑誌も新聞も「大人メディア」がタイガースやGSを揶揄する論調は、みな似たようなものであった。タイガースは「フリー・ミー」という原題を持つ「傷だらけのアイドル」をよくカバーしていた。若者のエネルギーを発散させるために政府によって作り上げられ、メディアに翻弄されるロック・アイドルの栄光と挫折を描く六七年公開のイギリス映画の主題歌だった。

藤山直美と並ぶ、日本一有名なジュリー・ファンに五四年広島生まれの國府田《こおだ》公子がいる。いいことも悪いことも、沢田に何か起これぱメディアに呼ばれ、「ファンの気持ち」をコメントしてきた。『沢田研二大研究』という著作も出した。頼まれれば断れないし、ジュリーの魅力をひとりでも多くの人に知らせたいという思いからだ。

中学一年の時にテレビで「シーサイド・バウンド」を歌うジュリーに恋して以来、國府田の人生は沢田を中心に回るようになった。タイガース・ファンクラブの広島支部に入って、「一所懸命書けばジュリーが読んでくれる」と会報に投稿を続け、スタッフの手伝いを始めた。広島修道大学卒業後は、「ジュリーのコンサートに行けなくなる」と就職はせず、日本全国に彼を追いかけた。

「宝塚ファンだった母に、『やるんなら徹底的にやりなさい』と言われたんです」

三十歳を過ぎて高校の同級生と結婚し、四十六歳で離婚。結婚していた間は、公文の先生のバイトはしていたものの経済的にも時間にも余裕がなくて、広島に来たジュリーにしか会えなかった。離婚後、自由を手にして四十八歳で上京、「三十八歳までの女性」を募集する不動産管理会社に正直に年齢を告げて、就職した。入社一日目の朝礼での第一声が「沢田研二のファンです」だった。大いにウケて、新聞や雑誌に名前が出たり、ラジオに出たり、本を出したりすると上司に羨ましがられはしても、叱られることはない。ジュリーのライブがある日は、「仕事してる場合じゃないので」とさっさと有給をとる。「仕事は副業で沢田研二が本業だね」と、周囲の目も温かい。

四谷に暮らす國府田の部屋は、夥《おびただ》しいジュリー・グッズで占められていた。

「中学生くらいまでは明治チョコを食べながら、いつかジュリーが迎えに来てくれると思っていました。エミさんと結婚した時の比叡山のフリーコンサートにも行きました。広島から夜行列車に乗って朝に京都に着いて、それからバスで会場に行ったら、暑くて暑くて。しかもトイレは長蛇の列で、みんなグッタリして倒れてました。でも、ジュリーが白いオープンカーに乗って現れた瞬間、全員がガバッと起き上がって『ジュリー！』、あっという間に元気になった。あの時、ジュリーは結婚を報告して、『結婚ごときで僕は変わらない。僕とファンの関係は妻にも侵しがたいものがある』と言ってくれたんですよ。嬉しいというか、安心しました」

二〇二一年のゴールデンウィークの休みを、國府田は、発売されたばかりの沢田のDVDを観て過ごした。彼女は、二十年近く毎日更新を続けるブログ「沢田研二の世界」で、五月五日、こんなことを呟いた。

〈今朝、ふと、私は何をやっているんだろう、と思いました。何の為にサイトを作って、blogを書いてるんだろう、と。誰の為でもなく、あくまでも私の自己満足なんですね。だから、明日も明後日も、やっぱり書くんでしょうね、きっと〉

沢田よりひとつ年下で、滋賀でギャラリーを経営する塚原令子がしみじみと話した。

「高校生の時にタイガースのファンになりました。結婚して主婦業で忙しかったのですが、ここ三十年はジュリーのライブに行くのが生きがいです。銀閣寺の実家には何度も行っていて、今も一年に一度はどうしても見に行ってしまいます。共に年を重ねているのでジュリーが大丈夫なら私も大丈夫と思える。いつまでも私たちのジュリーでいて欲しい」

プロデューサーで作家の佐藤剛は、「音楽はアーティストと自分の一対一の関係、縦にまっすぐに届くものだ」と言う。

「一九六七年、沢田研二が出てきた時に飛び抜けてスターのオーラがあったわけです。それは歌がうまいとか、演奏がうまいとかは関係ない。自分にフィットするものを一番強く持っている人が、その人にとっては一番ふさわしいアーティストです。だから思春期とか幼い時期に理由もわからずもっていかれたというのが、正しいわけです。顔が好きになったのか、声が好きになったのか、動きが好きになったのかわからないけど、多分全部ひっくるめてなんですね。ポピュラーミュージックっていうのは、もの凄く明け透けなんだけれど、正直なものなんです」

二〇〇七年に出版された、更年期の女性を描く平安寿子《たいらあすこ》著『あなたがパラダイス』には、まるで國府田のような「ジュリー中心主義者」が登場する。三人の主人公はみなジュリー・ファンで、文中には「あなた」である沢田研二の曲のタイトルや歌詞、解釈までがちりばめてあって、ジュリー論としても読むことができる。小説のエンディングは、ライブ会場でのこの言葉だった。

〈ジ・ユ・リ・ー！！！〉

僕らのジュリー

社会現象にまでなったタイガース旋風が日本中に吹き荒れて、ジャズ喫茶もコンサート会場も少女たちで埋めつくされていた一九六〇年代の終わり。そこに男の姿はなかった。子どもたちを別にすればタイガース・ファンを、ジュリー・ファンを公言する男性が現れ、増えていくのはタイガース解散後の七〇年代以降。タイガース論もGS論も、書き手のほとんどは男性である。あの時、男たちは「好き！」と口にしなかった。

作家の亀和田武は沢田研二と同学年の四九年一月生まれ、同じ時代を生きてきたスターへの思い入れは強いという。

「男はゴールデン・カップスやモップスは好きだと言えても、タイガースが好きとは言えませんでしたね。ひとつにはあのフリフリの服です。ファンが女の子ばかりというのも敷居が高かった。でも、ビートルズ来日五十周年の時に放送されたコンサート映像を見ていて、驚いたんですよ。

ビートルズは男のファンが多いと思っていたのに、あの時、武道館にいた八割以上は少女だった。女の子たちのほうが感性が鋭かったんです。閉塞感が強い時代でしたが、それだけ彼女たちのほうが抑圧されていたのだと認識を改めました」

日本中の女の子がタイガースに夢中だった時、亀和田が熱中したのは学生運動だった。

世界の学生たちがベトナム戦争反対のシュプレヒコールを上げる中、六七年、「佐藤首相のベトナム訪問反対」を叫ぶ全学連と警官隊が羽田周辺で衝突し、ひとりの京大生が死んだ。沢田と同い年の山﨑博昭。六〇年安保で全学連が国会に突入した時に死亡した樺美智子《かんば》に続く、日本学生運動史上二人目の犠牲者であった。ノンポリだった学生も雪崩《なだれ》を打ったように運動に走り、その波は高校生にまで広がっていった。

浪人生だった亀和田もそのひとりであった。べ平連（ベトナムに平和を！市民連合）のデモに参加することから始まり、六九年、二浪して成蹊大学に入った時には、一年生ながらノンセクトの先頭に立って学内にバリケードを築き、闘争の渦を起こしていた。その経緯は自身の著書『60年代ポップ少年』に詳しいが、運動の中で亀和田は「べ平連のジュリー」と呼ばれた。

「赤面しますが、慣れとは恐ろしいもので、『ジュリー』と呼ばれると、『ハーイ』なんて返事していました。いまだに山口文憲には『ジュリー』と呼ばれますから」

沢田主演で「太陽を盗んだ男」を撮った長谷川和彦は「ゴールデン街のジュリー」で、「京大のジュリー」も、本になった伝説のホームレス「河原町のジュリー」もいた。長髪のイケメンでなくとも、少年っぽい美少女も「ジュリー」だった。あの時代、「ジュリー」は一般名詞だったのである。

亀和田は、自分にとっての学生運動はポップカルチャーだったと断言する。

「高校まで学校嫌いだった俺がほぼ毎日大学に行って、バリケードの中に泊り込んでいました。楽しくて、楽しくて仕方なかったんですよ。それが、きちんとやろうとセクトに入ってみると組織は息苦しくて、バリケードが解除されるともう楽しくなくなった。七〇年初頭に『イージー★ライダー』が封切られる時には、やめていました」

くるぶしまでのマキシコートに超ミニをはき、「ａｎａｎ」を持った「過激派」の女子大生が路上で逮捕される瞬間の写真が新聞に大きく載った時代である。音楽も映画もファッションも、そして学生運動もカウンターカルチャーで若者のものだった。

運動に背を向けた七〇年の秋、二十一歳の亀和田は、三月に創刊されたばかりの女性誌に載った沢田の手記を読み、大学新聞に「ジュリー　僕がマリーと逢ったのはさみしいさみしい雨の朝」と題した一文を寄せる。

〈自分が意識するとせざるとに関らず、敢えてこの時代の悲惨に身を沈めることにより「悲しみ」と「屈辱」をバネとした戦いを展開したこの少年の三年半の軌跡は激しく僕の胸を打つ〉（成蹊大学新聞）

沢田の手記とは、九月、京都の円山公園音楽堂のステージでフラワー・トラベリン・バンドをバックに、「リビン・ラビン・メイド」と「ハート・ブレイカー」を歌った時のもので、七ページにわたるグラビアの撮影者は篠山紀信。〈うれしかった。ボクが、自分自身がガラガラと変わっていくような気がした。真剣にロックをやろうと決心した〉（「ａｎａｎ」十一月二十日号）と書いた沢田に、亀和田は胸がざわつき、何か書かずにはいられなかったのだ。

「ロック的なるものが好きだったのに、芸能界に入って息苦しさを感じながらいろいろなものを失ってしまった沢田研二が、円山でその喪失感を乗り越える契機をつかんだように見えたんですね。学生運動をやめてしまった自分の喪失感やふがいなさを投影しながら書いたものです」

この時期、GSは次々解散し、タイガースもメンバー内では解散が既定路線になっていた。ソロになることを噂されていた沢田であったが、他のメンバーが次の道を決めていく中で自分が何をするのか見えてはいなかった。彼はその頃の不安を、二〇〇八年放送のNHK-FM「今日は一日ジュリー三昧」で語っている。

「僕は困っちゃって、休みの日になったら、事務所に行って、お茶なんかいれたりしてましたよ。何か仕事くれないかなあ、みたいな。すごく淋しくなってね」

「ひょんなことから『スーパーグループ作る』っていう話を、くれまして」

「えっ、そこによせてくれるのん？っていう話ですよ。うわぁ、やったー！って思ってね」

全共闘運動とタイガースが代表するGSは、まるでコインの裏表のように軌道を一にしていた。ファニーズが京都から上京して間もない六六年十二月に東京で三派全学連が結成され、GSブームの六八年から全共闘運動は一気に拡大、全国の大学で大学解体が叫ばれた。翌六九年一月十九日、全国の各セクトから集まった学生が籠城した東大安田講堂のバリケードが機動隊によって解除され、半年後に京大のバリケードが解除されると、運動は急速に終焉へと向かう。この時期にはGS人気も陰りを見せ始めていた。

七一年一月二十四日、タイガース解散コンサート「ビューティフル・コンサート」が武道館で開催された日の午後に、すぐそばの九段会館では過激派と呼ばれる赤軍派の集会があったのは、その象徴的な場面である。

衰退期に入ると運動は先鋭化していき、「世界革命戦争」を掲げて非合法活動に暴走していく赤軍派には大勢の若者が集結していた。だが、六九年大菩薩峠で「軍事訓練」中に多くの逮捕者を出し、七〇年三月には赤軍派九人がよど号をハイジャックして北朝鮮へ向かう。この時期、組織は壊滅状態であった。

医療刑務所の独房で、二〇二二年五月の出所を待つ、元日本赤軍のリーダー、重信房子に手紙でこの集会について訊ねてみた。重信は、獄中から関係者に問い合わせた上で、それは解体寸前の赤軍派がはじめて京浜安保共闘と合同で開催した合法集会であったと、返事をくれた。この半年後、二つの組織で連合赤軍が結成され、翌七二年二月、あさま山荘事件と同志殺しで世間を震撼させた「連合赤軍事件」が発覚することになる。指導部に離反してパレスチナ行きを準備していた重信は京都にいて、集会には行っていない。学生運動は最終局面を迎えていた。

★マークが押された重信の手紙には、こうあった。

「この時期、赤軍派のやる気のある人は、参加するより地下に潜っていたはずです。だから公然集会に集まっていたのは合法で活動する救援の人か、京浜安保の人たちだったと思います。そうか……、あの時期にタイガースが解散したのか……」

この時、七十五歳になる重信の記憶は鮮明で、タイガースのことも覚えていた。

「グループサウンズでは、やっぱりジュリーのいるザ・タイガースを贔屓《ひいき》にしていました。活動をやる前の時代ですが、母も『ジュリーよ！』と沢田研二がテレビに出ると私を呼んでいました。母も好きだったのかも。彼はソロになってからも年々よくなっています。政治的発言を聞いても、まっとうな立場です」

自称「ミーハー」の重信らしい。ただ、彼女が学費値上げ反対闘争に共鳴して学生運動に入ったのは、高校卒業後に働きながら明治大学二部に入学した一九六五年の春だった。この時期、タイガースはまだデビューしていないので、「活動前」とは運動が激化してバリケードの中に泊り込むようになるまでの時期を指すのであろう。全共闘運動の象徴とされて憧れと批判を一身に背負う重信も、ごく普通の女子学生だったのである。大菩薩峠で逮捕された赤軍派には長髪にヘルメットをかぶり、ＧＳルックと呼びたいようなお洒落な学生の姿もあった。

タイガース解散の一月後、二月二十八日の羽田空港。重信は、ミモレ丈のツイードコートにブーツ、肩には大きなショルダーバッグという最新流行のスタイルで、ベイルートへ飛び立った。その後、世界の革命家が集まる土地でパレスチナ解放運動に身を投じ、同志三人が決行した世界で最初の自爆テロとなるテルアビブ空港襲撃のあとに、仲間と日本赤軍を結成。日本赤軍は海外で国際テロ事件を起こしていき、重信も国際指名手配されて、二〇〇〇年十一月大阪で逮捕されるまで三十年をアラブ世界で生きることになる。

運動の硝煙が消えない一九七〇年代は、高度経済成長にも行き詰まりが見えてきた時代だった。次世代の若者たちは明確な目標を持てない空虚感に覆われ、「しらけ世代」と呼ばれた。ＰＹＧという「挫折」を経てソロになった沢田は、停滞する空気の中で唯一無二の存在に駆け上がっていくのである。

朝日カルチャーセンターで沢田研二論を語り続ける磯前順一・国際日本文化研究センター教授は、日本一タイガースと沢田に詳しい研究者である。宗教学を専門とする磯前が、ジュリーが頂点に立った理由を分析する。

「七五年の比叡山コンサートから、七九年の『太陽を盗んだ男』にかけて。しらけ世代の空虚さにどう向かっていくかというのが、この時期の沢田研二が確立したキャラクターです。あの大きな目が空虚を映し出すと言われたけれど、彼は空虚を超えていく情熱を信じていた。しらけているだけじゃなく、それを一生懸命生きて超えていこうというメッセージこそが彼を輝かせていたのです」

六一年、水戸市で生まれた磯前は団塊の世代より一世代下だが、その人生にはタイガースと「全共闘」が色濃く刻印されている。中学三年の時に、カセットテープの「沢田研二全曲集」を買ったのがタイガース・ファンになるきっかけだった。そこにはタイガース時代の曲もPYG時代の曲も入っていた。

「タイガースの曲はバラードみたいで、メンバーがネガティブに評価していた歌謡曲っぽさがよかったんです。うちは男子校だったので、友だちはビートルズの赤盤（一九七三年発売の前期のベストアルバム『ザ・ビートルズ　1962年〜1966年』）や、ジミ・ヘンドリックス、レッド・ツェッペリンを聴いていて、なんでそんなの聴いてるの？と嘲笑の石を投げられました」

ステレオに占拠された三畳間で次に聴いたのは、二枚組のアルバム、「THE TIGERS STORY」だった。ちょうどビートルズの記録写真集が出た頃で、タイガースのバンド・ヒストリーを作ろうと思いつく。

「どの曲は誰がギターを弾いていたとか、オノ・ヨーコが入ってきて段々グループが変わっていったとか、私もああいう詳細なものを作りたくて。ああこのコーラスは森本太郎だなとか、勝手に想像してメモしていました」

そんな磯前に教師は、石川達三の『青春の蹉跌』を読め、ビートルズの「レット・イット・ビー」を聴け、と勧めた。

「僕が影響を受けた先生たちは学生運動をやっていた世代で、意図的に六大学あたりの大学院をやめて地方に流れてきた人が多かったんです。ジョージ・ハリスンが好きだったり、吉田拓郎が好きだったり、井上陽水が好きだったり。『ビートルズやローリング・ストーンズを聴かなきゃ男じゃないよ』と言われて、僕はビートルズも聴いていましたが、どう聴いてもジョン・レノンより沢田研二の声がいいと思っていました」

当時はYouTubeもなく、岸部修三が沢田のバンドにいる以外、他のメンバーの消息は知らなかった。ある日、「THE TIGERS STORY」の二枚のジャケットを眺めていると、一枚目と二枚目ではメンバーの顔がひとりだけ違うことに気がついた。

「加橋かつみが岸部シローになってるんですよ。その頃、シローは明星ラーメンのCMに牛の着ぐるみを着て出ていて、子どもでも知ってる人気者だった。それでレコード店の人に聞いて、トッポ（加橋）とシローのメンバー交代を知りました。ファンだった友だちのお姉さんも、『ジュリーとトッポにもう一度一緒に歌って欲しい』とか『もうちょっとうまくやれば脱退はなかったのに』とか言うんですね。そこからトッポはどうしてやめたのかと考えるようになりました」

六七年二月五日「僕のマリー」でレコードデビューしたタイガースは、五月に発売した「シーサイド・バウンド」が大ヒットし、翌年初頭、ジュリーが「黄金の人指し指」を♪君だけに〜♪とファンに向ける四枚目のシングル「君だけに愛を」で、人気を決定づけた。六七年一月のウエスタンカーニバルで「タイガースのテーマ」を歌った時、同じステージに立ったジャニーズの人気には到底及ばなかったグループが、一年たたずにトップアイドルの座を奪ったのだ。この年の十二月三十一日、ジャニーズは解散した。

タイガースはあらゆる雑誌の人気投票で一位を獲得する勢いだった。だが、空前絶後の人気は彼らが自分たちのやりたい音楽から乖離《かいり》していくことと同義だった。「十年ここで頑張ろう」と仕事に向かう沢田と、「アーティストであるべきだ」と言う加橋の不仲が報じられ、翌六九年三月、加橋は脱退。代わってアメリカにいた岸部シローが加入して、新生タイガースがスタートする。

七一年、タイガースが四年の活動に終止符を打った時、六八年にレコードデビューしたジャニーズ事務所二番目のグループ、フォーリーブスが芸能誌や少女漫画誌で笑っていた。ドラムスの瞳みのるは解散コンサートの夜に京都へ去り、四十年近くメンバーと会うことはなかった。

考古学の好きな磯前は学校の帰りに古本屋に寄って、古い芸能誌を蒐集するようになる。

「どうして京都の仲のいい友だちだった五人が解散に至ったのか。売れれば売れるほど互いが見えなくなっていくストーリーに惹かれたんです」

七五年の夏、加橋かつみは再デビューし、北島三郎が主宰する音楽事務所に所属して、演歌調の「哀哭」を歌っていた。髪も短く切っていた。水戸高校の一年生だった磯前は、「夜のヒットスタジオ」に出演した加橋に母が寄り添い、ジュリーがその母に会釈して花束を渡す姿を目撃している。

「ちょうど沢田さんが比叡山コンサートから始まったロックンロールツアーをやっている頃でしたが、あ、やっぱり、この人たちはタイガースなんだと思ったわけですよ。かつみが復帰するからみんなで応援しよう、ジュリー、サリー、タローが集まりましたなんていう女性誌の企画もあり、そこでかつみは、『僕は売れるとか売れないでやってるわけじゃない、好きなことをやりたいと思います』と言っていて、記事はそれに比べて沢田研二の人生は、『どう考えてもアイドル』と加橋さんを持ち上げるような形で締め括られていました」

七六年に加橋がフォークシンガーの及川恒平が作詞した「日盛り」を出した時、彼がプロモーションのために今はもうない水戸の百貨店、伊勢甚にやってきたことがあった。磯前は友人を誘って伊勢甚に出かけ、ギター片手に「日盛り」を歌った加橋にサインを求めたあとで、思わず「沢田さんとは今は仲いいんですか」と訊ねている。

「すごい失礼なことを聞いてしまって。そうしたら加橋さんは、まあ子ども相手だからでしょう、

『うん、そうだよ』と言ってくれたわけです。『ピー（瞳）とはどうですか？』って聞くわけにもいかず、それから白いジーンズの上下を着た加橋さんがタクシーで帰っていくまで、二メートルほど離れた距離でずっと見てました。はい、その頃の私は、いかにドロップアウトしていくかという全共闘の考えが刷り込まれていたので、『僕は歌う人形じゃない』と告白したトッポのファンになっていました。当時は、彼がミュージカル『ヘアー』をやっていたことも知らなかったんですが、反体制でいいじゃないかって。やめてから『芸能界って偽りだろ』と告発したピーもえらい！と思い、沢田研二は芸能界に順応しすぎだって思ってました。どれが本当だろうなと子ども心に生きる見本を探していたんでしょうね」

　この時期、沢田には、新幹線で暴力沙汰を起こして謹慎になるという出来事があった。およそ一ヶ月の謹慎の後に発表された沢田研二九枚目のアルバム「チャコール・グレイの肖像」の最後の曲は、岸部修三が作詞し、沢田が作曲した「あのままだよ」であった。

「地味な曲なんですが、それをラストにもってきている。俺が学校をやめたのもあんたと行動を共にしたいからなんだし、ずっと俺はあんたを応援している、あんたは俺のことをわかっているかという内容の歌です。サリーが謹慎中のジュリーを思って書いたんだなぁって。ああ、この二人は凄いんだなと、思ったんです」

　それは、こんな歌詞である。

♪家をとびだしたのは／お前と夢を追いかけたかったからだよ／俺の体の中にいた／あの時のお前の夢に／俺の体の中にいる／今そばにいるお前の夢に／俺はいたのだろうか／俺はいるのだろうか♪

　タイガースや沢田研二のレコードを聴き、集めた雑誌を読み起こして、五人の関係性を再現していくという知的作業が、どう生きていいのかを模索する青年の何よりの楽しみになっていたのだ。

加橋モデルで生きることを目指した磯前が沢田モデルへの転換を図ったのは、二十七歳の時であった。家族を養うために自分をごまかしながら高校教師として働いてきたが、もう限界だったのだ。高校時代の恩師の「大学院に行くのは人間のクズだよ。勉強は自分でするものだ」という呪縛からようよう逃れて、退職して東大大学院へ。働きながら片道二時間半をかけて本郷に通い、奨学金も得た。その時代の奨学金は返済の必要などなかったものの、東大文学部助手となった時には三十歳を過ぎていた。

「私にはトッポのような生き方をする能力はなかった。でも、ジュリーの何十分の一か何百分の一ならできるかもしれない、そっちのほうが現実的だと思ったんでしょう。だったらそこで気持ちを込めていこうって。東大って、私より頭のいい人はいっぱいいるんですよ。帰国子女でドイツ語やフランス語ができるとか。でも、そういうのとは関係なく、頭が悪いなら悪いなりに人の五倍努力すればいいんじゃないかって思えたんです。私にとって、沢田研二のイメージは、比叡山コンサートの最後に歌った、彼が作った『叫び』そのものなんですね。歌で死にたい。歌で死にます。彼は、今もそのとおりに生きていると思います。中学の時にはじめて聴いた曲ですが、その考えが身につくまで、そこまでかかったということでしょうか」

タイガースの曲を片手に人生を探していた磯前も、子育てに手をとられ、仕事が多忙だった時期は、ファンの女性たちがそうであるようにスターから遠ざかっていた。彼が再びタイガースに熱中するのは二〇一〇年、慶應高校の教師だった瞳みのるが沈黙を破って姿を現した時からだ。翌一一年、瞳の半自叙伝『ロング・グッバイのあとで』が出版された瞬間、「書くなら今だ！」と出版社に電話をかけた。一三年、このジャンルの標《しるべ》となる『ザ・タイガース　世界はボクらを待っていた』を上梓。タイガース愛四十年の結晶であった。

「音楽観や生き方の違いで別れてしまった五人が残念だったんですが、あれを書いている時、それでよかったんだと思うようになりました。そのあとの五人は大人になった。僕も書きながら少しは大人になったかなと思います」

そこで改めて発見したのは、沢田研二の正しさだった。

「若い頃は、体制側にいるってよくないなと沢田さんに反発するところはありました。でも、だんだん自分がいろんな責任を問われる立場になると、当然の如く、沢田さんの大変さがわかってきます。降りられない者はどう生きていくのかという美学を感じますね。あの人が、十八歳の時からそれをやっていたというのは驚きです」

誰もが大人になっていく。誰もが年をとるのである。人生という長くて短い時間の中で大衆のさまざまな欲望や願望を引き受け、乱反射してもなお輝き続けるスター。最強の、最長のスーパースター、それがジュリーだ。

「田園」で歌う少年

一九六九年一月五日、朝日新聞の正月連載「現代の青春」に、ザ・タイガースが登場した。事故や広告以外でタイガースが同紙に載るのははじめてのことだった。タイトルは「金のたまご」、メインの見出しには「ぎっしりの日程表」とある。〈中井国二マネジャー（二六）は、つくづく疲れたと思う〉で始まる記事には、不機嫌そうなメンバーの姿や独立の噂が記され、彼らが所属する渡辺プロダクションとの契約書も写してあった。

〈金網の中で飼いならされた鶏が、あたかも卵を生む機械のように、ひたすら卵を生み続ける、あの「ケージ式鶏飼育法」を思い出させる仕組みである〉

〈彼らは、肉体的にというより、人生において、より多く疲れているのではないか〉

同年三月、リードギターで「花の首飾り」を歌った加橋かつみが「失踪」したため渡辺プロが記者会見を開いて「除名」を発表、新メンバーとして岸部修三の弟でアメリカにいた岸部シローが加入、新生タイガースとしてスタートした。七一年一月二十四日、タイガース解散。ファンにとっては忘れられない胸痛む一連の出来事について、一般紙が触れることはなかった。

朝日新聞が一面で芸能ニュースを取り上げたのは、二〇一六年一月十四日のSMAP解散危機が最初であった。同社はデジタル化を含めて若い読者を獲得していこうという時期で、激論の結果の一面掲載だったという。社会面トップにも「SMAP解散しちゃうの?」と見出しが躍り、ファン目線に近い好意的な内容である。六日後の総合面では、当時の安倍晋三首相のコメントまで載った。

それからはSMAP解散の時も、嵐活動休止の時も、大手新聞は一面と社会面を割いて大きく報じ、記者クラブの定例記者会見では、官房長官だった菅義偉がアイドルの動向に感想を寄せることになる。短髪のブルー・コメッツ以外のGSの出演を許さなかったNHKも臨時ニュースでSMAP解散を流し、紅白歌合戦の司会を時のアイドルに託した。今がSNSの時代であることを踏まえても、スターとメディアの関係、社会の芸能界やアイドルへの視線は大きく変わった。タイガースの「大人メディア」での遇され方は、反逆の時代の象徴的スターに相応しい勲章である。

瞳みのるが三十九年の沈黙を破ってメディアの前に姿を現したのは一〇年、翌一一年三月には半自叙伝『ロング・グッバイのあとで』が出版された。タイガースで沢田研二に次ぐ人気者だったドラムスのピー（瞳）は、解散コンサートの夜、打ち上げ会場の有楽町のちゃんこ鍋屋でメンバーへ決別の言葉を告げて京都へ帰った。それから何本かの告白記事が出て、彼は京都府立山城高校の定時制に復学し、翌年慶應義塾大学文学部に入学して、中国文学を学んだ。卒業後は慶應高校で漢文を教え、中国文学の研究に勤《いそ》しむ。その間、メンバーとの交流をいっさい絶ち、メディアの取材も拒絶し続けた。

幾度かのタイガース復活にもピーの姿はなく、彼がスティックを持つことも歌うこともうないのだ、ファンの誰もがそう諦めていた時の復活劇だった。かつての仲間が彼に再会を呼びかけた曲「Long Good-by」が、きっかけとなった。

♪ほんとうに　ほんとうに　楽しくて／いつも　いつも　いっしょにいた／永遠に今が続いて行くと／思っていた　あの頃に♪（岸部）

♪ほんとうに　ほんとうに　君のこと／いつも　いつも　気にかけてる／永遠の今が続きならば／一度酒でも飲まないか♪（沢田）

岸部一徳、沢田研二作詞／森本太郎作曲。

森本が歌っていたこの曲を、〇八年五月、沢田が自身のアルバム「ROCK'N ROLL MARCH」に収録し、同年九月、ＮＨＫ「ＳＯＮＧＳ」で歌う。岸部が歌詞の一番二番を書き、三番が書けないと沢田に託した楽曲である。沢田はどんな気持ちで書いたのか。

「ピーさんがこの世界から足を洗って学校の先生になるというのは、当時は変わったやつやなとは思いましたけど、どこかでやっぱり凄いやつだなと思ったんですよね」

「やっぱり最後は『めでたし、めでたし』になりたい」

「一緒に飯くうだけでもええから、なんか集められたらいいなって思いを込めてできあがったのが三番でございます」（〇八年NHK-FM「今日は一日ジュリー三昧」）

慶應高校に勤務する瞳のもとには、面識のない女性ファンから沢田のアルバムが届き、同僚が「SONGS」のことを教えてくれた。だが、芸能界と縁を切った瞳がそのことに関心を向けることはなかった。彼の気持ちに変化が起こったのは、十一月の文化祭にマネージャーだった中井國二が訪ねてきてからだ。その時のことを、瞳が「阿川佐和子のこの人に会いたい」で語った。

〈彼は最初に「仲のいいグループを台無しにしてしまって、申し訳なかった」と詫びてくれたんです。「友達だった五人を、大人の社会の商業ベースに乗せた結果、疑心暗鬼になって不信感を募らせたり、仕事が終わるとパッと帰るような関係にしてしまったのは自分の責任だ」って〉（「週刊文春」一一年九月一日号）

〇八年十二月、瞳は中井に背中を押され、岸部、沢田、森本と会った。

〈飲み始めてから二時間あまり過ぎた頃には三十七年ぶりの再会が嘘のように、その歳月を瞬く間に超え、バンド結成前までの友だち同士の気持ちと表情に変わっていた〉（『ロング・グッバイのあとで』）

一一年九月、沢田のライブツアーに岸部、瞳、森本が結集。一三年十二月、加橋かつみも復帰して、オリジナルメンバーによる四十四年ぶりのザ・タイガース復活コンサートが武道館でスタートを切った。それは、かつて彼らが自称したように「日本の青春」が戻った興奮と熱狂と郷愁の時間であった。あの時、タイガースを突き放したメディアも復活までの彼らを共感を持って追った。

ミュージシャンであり、研究者として音楽を軸に日中文化交流に尽力するなど多岐にわたる活動を続ける瞳みのるは、二〇二一年の取材時、七十四歳。目尻の皺が増えて表情に陰影が刻まれるものの、ひどく若々しい。彼は「京都の厳しい学区制がなければ、タイガースはなかった」と振り返った。

京都の学区は明治以来のもので、瞳たちの頃は革新府政、蜷川虎三知事の「十五の春は泣かせない」という考えのもとに、中学生の受験戦争回避を目的に小学区制も敷かれていた。学区ごとに入学する公立高校が指定される制度である。京都特集の雑誌では、こう説明されていた。〈京都人にとって学区は、どこの学校に行くか程度の「区分け」ではなく、自分のアイデンティティにかかわる、いわばもう一つの家紋のようなもの〉（「なごみ別冊」〇七年秋号）

瞳は沢田より二歳年上で、一九四六年九月京都市上京区に生まれた。同い年の森本太郎と同じ仁和《にんな》小学校で、北野中学の三年の時に岸部と同級になった。山城高校の定時制に入ると、四八年二月生まれの大阪からの転校生、加橋かつみと出会うことになる。鴨川をはさんで東に位置する左京区に暮らす沢田の学区とは、離れていた。

「僕の家は上京区の一番南で仁和学区に属していましたが、うちのすぐ裏は中京区。一本違っていたら僕は誰にも会わず、タイガースも生まれていなかったことになります」

ビートルズが、ローリング・ストーンズがそうであったように、タイガースも学校や町で出会った仲間だった。

「岸部とは仲がよくて、ずっと仕事も学校も同じだったらいいなと思ってました。二人とも貧しくて、一緒に自衛隊の試験を受けて落ちて、別々になってしまった。太郎を岸部に紹介したのは僕で、同じ高校に加橋がいたので四人で遊ぶようになりました。当時、アイビールックが流行っていて、みんな中学高校ぐらいからそんな格好してたんですよ。タイガースは僕が恣意的に集めた五人です。沢田は、みんなの合議制でいれようと決めたんですが」

時はエレキ・ブームの真っ只中。ベンチャーズやアストロノウツが人気で、六四年夏にわずか二社だったメーカーが六五年には都内に五十社、月産六万台ものエレキギターを生産するようになり、日本中でテケテケテケテケと鳴っていた。瞳らも六五年の正月に「女の子にモテたくて」バンドを結成したが、間もなく、ビートルズが代表するリバプールサウンドの波が見えてきた。

「僕らはインストゥルメンタルのバンドだったから、ヴォーカルが必要でした。頭に描いたのは、みんなが楽器を演奏して歌っているビートルズというより、ミック・ジャガーがリードヴォーカルでいてあとのみんなが楽器を演奏するローリング・ストーンズ」

彼らが目を留めたのは、河原町のダンス喫茶「田園」で歌う少年だった。沢田が、その頃を語っている。

〈平日でも、サリー（岸部）、タロー（森本）、ピー、トッポ（加橋）はいつも4人で来ていた。とんがった形の靴を履いて東映のやくざ映画みたいな服を着ていた僕とは対照的に、当時流行のアイビーとかコンチ（ネンタル）の服を着ていた彼らはカッコ良かった。僕はステージでモンキーダンスをしながら見ていましたよ〉（朝日新聞二〇一一年九月十二日「人生の贈りもの」）

瞳は、沢田をどう見たのだろう。

「とくにカッコいいともうまいとも思わなかった。あの時の沢田は四十分のステージで一曲歌わせてもらえるかどうか、あとはバンドの横でタンバリンを叩いてたんですね。彼なら引き抜いてもバンドに迷惑をかけないという考えがありました」

瞳たちは「お前が入ってくれたら、日本一になれると思うねん」と、沢田に声をかける。

誘われた時の気持ちを、沢田はこんなふうに思い返した。

〈本気で受け取ったわけではなかったけど、対等に接してくれる4人の存在がとてもうれしかった〉（読売新聞一三年十月四日「5人の絆」）

〈僕なんか諦めきっていた頃に二人に会って、運を掴んだんだもの〉（「オブラ」〇四年四月号別冊付録／岸部・森本との鼎談）

沢田は、府立鴨沂高校の二年に上がると学校に足を向けることがなくなっていた。担任の先生に言われて修学旅行に参加した時にはもう「田園」で歌っていたけれど、将来の展望など何もなかったのだ。瞳の境遇も似たようなもので、夜間高校に通いながらいくつもの仕事を経験し、親には勘当されていた。

「あの頃、みんな、根無し草みたいなもので、誰も生業を持っていませんでした。誰もまともに高校を卒業していません。言ってみれば、不良ですよね。だから大阪で暮らしたり、みんなで集まりやすかったんです。同じ頃、京都にいたフォーク・クルセダーズは、北山修と加藤和彦以外のメンバーが家族の反対で上京できなくて、はしだのりひこが入ることになるわけですが、我々にはそれはなかった」

沢田の加入によって、六六年一月、正式にファニーズが誕生する。二月には、その頃リーダーだった瞳の奔走で大阪のジャズ喫茶「ナンバ一番」のオーディションに合格し、専属バンドに。五人で一万円のギャラからの出発で、ビートルズファンクラブ大阪支部の会長、森ますみが作ってくれたファンクラブには三百人が集まった。五月、京都音協主催の「全関西ロックバンド・コンテスト」で「サティスファクション」を演奏して優勝、関西で知られたバンドになっていく。この時の賞金五万円で作ったモッズルックのユニフォームが、デビュー曲「僕のマリー」のジャケットに写っている。

瞳は、フォーク・クルセダーズも出ていたコンテストでの優勝を、当時の押しかけマネージャーだった「チンピラ」が審査員と裏取引をした結果だと長く信じてきた。他のバンドより技量が劣る自分たちが実力で優勝できたとは思えなかったからだ。同じコンテストに出場した友人に「ファニーズは新鮮で、魅力的だったから優勝は当然」と聞いたのは、最近のことだ。コンテストの司会をしていた、今も現役の三五年生まれ、浜村淳がファニーズのステージを覚えていた。

「私が鮮明に記憶しているのは、ファニーズの中に沢田研二という美少年がおりまして、彼がタンバリンを激しく身体に打ちつけながら歌ったんです。するとそのうちタンバリンの革が破れましてね、ガーッと四方に飛んでいった。会場のお客さんは大興奮ですよ。随分盛り上がりました。だから渡辺プロダクションが目をつけて東京に引っぱっていった。そういうことだと思います」

内田裕也にスカウトされ、渡辺プロと契約したファニーズは十一月九日上京、入社一年目のマネージャー中井と共に合宿生活を送りながらプロの道を歩きだす。だが、ローリング・ストーンズを目指した彼らを待っていたのはアイドルへの道だった。会社には既にアウト・キャストとザ・ワイルドワンズというGSがいて、「渡辺プロは僕らが大して売れるとは思っていませんでした」と瞳は述懐した。

「タイガースという名前も、フジテレビのミキシング室へすぎやまこういちさんに挨拶に行った時に『じゃあ』って一言で安直に決められた。みんなガッカリしてましたよ。売れたのはマネージャーの力です。中井さんが自分の情熱のすべてを賭けた。ワイルドワンズの連中は今でも言いますよ。『中井さんの力は凄い』って。中井さんが頑張って上も動いて頑張って、音楽的バックアップにすぎやまさんがつき、橋本淳さんが詞を書いた。その相乗効果でいい結果が出たと思います」

内田裕也も、沢田との対談で語っていた。

〈みんな、タイガースはテレビとか週刊誌とかで売ったなんて言うけれど、そうじゃなくって。

ステージで人気が出て、それでナベ・プロも週刊誌も気がついたみたいな…〉（「ミュージックマガジン」七三年七月号）

タイガース人気は、点火された瞬間に爆発するほどの勢いだった。若さとロイヤルストレートフラッシュのような五人のルックスに、幅広い音域のコーラス、激しい動き。そして彼らが歌うロマンチックな曲。タイガースの、GSの世界を作ったのは児童文学者の与田準一を父に持つ橋本淳だと、瞳は、歌詞を一般公募した「花の首飾り」誕生までを追った著書『ザ・タイガース　花の首飾り物語』に書いた。

「お父さんが北原白秋と児童雑誌『赤い鳥』を作っていた方で、橋本さんはお父さんのメルヘンの世界を持ってきたんですね。僕らは彼の世界を演じたんです。嫌でしたよ、曲もあのユニフォームも。嫌だけどしようがない、業務命令だから」

少女たちに親和性の高いフリルもリボンもロマンチックも、ローリング・ストーンズになりたい少年たちにとっては迷惑千万なものでしかなかった。ザ・テンプターズの萩原健一も事あるたびに嘆き、だからデビュー曲は歌わなかったと書いている。

〈だって、変なアップリケの付いたヒラヒラのユニフォーム着せられちゃってさ。アレには参った〉（『ショーケン』）

もうひとつ、メンバーが葛藤したのは芸能界の虚構性だった。憧れは、現実から浮遊したところでしか生まれない。それでも「渡辺プロやったらテレビに出られる！」と上京した若い五人には、当惑することが多すぎた。沢田以外はみな年を一、二歳若くされ、インタビューは書き換えられた。

「人気者は人気者らしく、美化してくれるのよ」

「そうじゃないんだと思うことがいっぱいあって」

「言わなくても書いてあるんだもん。僕が喋ったこと」(「今日は一日ジュリー三昧」)

タイガースが願ったとおり「日本一」になり、勝利を享受した時間は、長くはない。「新宿ACB」や池袋「ドラム」でステージを毎日昼夜四十分ずつ務め、睡眠時間四、五時間の多忙と、どこまでも追いかけてくる親衛隊。好きでもない服を着て、好きでもない音楽を演奏しなければならないのだ。テレビではコントのようなこともさせられる。

ビートルズが壮大な実験を成功させた世界初のコンセプトアルバム「サージェント・ペパーズ・ロンリー・ハーツ・クラブ・バンド」を発売し、サイケデリック・ロックやソウルが台頭、ジミ・ヘンドリックスやクリームが登場して、日本でも全共闘運動と結びついたフォークロックが大学生たちの支持を集めていた。時代の空気はメンバーたちを刺し、互いの意思疎通もとれなくなっていく。

「中井さんが橋本・すぎやま路線を薄めようとして、安井かずみ/加瀬邦彦の『シー・シー・シー』を出した時は少しレベルアップした気分でした。でも元に戻る。ゴールデン・カップスもブルースをやりたいのに、商売のために『長い髪の少女』を歌っていたんです」

中国に留学し、高校退職後の一時を北京で暮らした瞳には、その頃の自分たちの姿は「つぐない」を歌うテレサ・テンと重なるのだ。

「日陰の女でいるなんて、あんな女性を蔑視するような歌詞。中国人の彼女は最初に意味を知っていたら絶対歌わなかったと思う。僕らはライブでは半分洋楽をやって、その時はみんな生き生きとして全然ノリが違った。なのに自分たちのオリジナルになると王子様風になって、面白くないですよ。だから二〇一三年の完全復活の時も半分は洋楽をやってます。それが僕たちの出自なんです」

明治製菓もポリドールも大きく成長し、渡辺プロは黄金時代だった。タイガースは「自分たちの音楽を」と、一九六八年十一月、平和を呼びかけるメッセージ性の強いアルバム「ヒューマン・ルネッサンス」を発表。これはタイガースをタイガースたらしめた一枚だと、戦後のポピュラーミュージックに詳しいプロデューサーで作家の佐藤剛は評価した。

「自分たちの世界観をきちんと作って発信するなんて、他にGSでやったグループはありません。だから、GSで一番素晴らしかったのはタイガースなんですね。そんなことをやれたのは、ミュージシャン出身の渡辺晋さんが社長の渡辺プロだからこそ。日本で一番音楽を大事にする会社だったからです」

しかし、アルバム制作をリードした加橋は、〈ぼくは本物の歌を歌いたいんです〉（「週刊女性」六九年三月二十九日号）と、その四ヶ月後、仲間から離れてパリへ旅立った。「死ぬまでこのメンバーでやっていくつもりだった」瞳はこの瞬間、タイガースから気持ちが離れていくのを止められず、岸部シローの参加もカンフル剤にはならなかった。上京区に育った四人の中に「最後にいれてもらった」左京区育ちの沢田の思いは、複雑だった。

〈僕は自分のことをアーティストと思っていなかったから、「言われてできることがあれば、えぇんちゃうの」と思っていた〉（朝日新聞二〇一一年九月十五日「人生の贈りもの」）

〈人の敷いたレールの上でベストを尽くせばいいと思っていた。遊ぶ時間がなくても、仕事が遊びより面白かった〉（読売新聞「5人の絆」）

求めてそこへ行き、競争で磨かれたジャニーズのアイドルたちにも脱退や解散はある。京都の町で出会った仲間にも永遠はなく、別れがやってきた。一九七〇年四月ビートルズ解散、七一年一月タイガース解散。世界の、日本の青春に終止符が打たれた。ひとりになった沢田研二の前には、スーパースターという孤独と背中合わせの光があるだけだった。ジュリーの時代が始まるのである。

もうひとりのザ・タイガース

掌底打ちという打撃法がある。掌の手首に近い部分で相手を叩く格闘技の技だ。「もうひとりのザ・タイガース」と呼ばれたマネージャー、空手三段の中井國二は、タイガースに向かって殺到するファンに次々と掌底で当身をして、静かにさせたという伝説を残していた ダッシュしてくる先頭集団がバタバタと倒れた。無論、怪我などない。それでも今なら大きな問題となる行為だが、そこまでしなければメンバーもファンも守れない熱狂のタイガース旋風だった。

二十七歳のレコード店主、ブライアン・エプスタインが、リバプールの酒蔵を改装したクラブでボサボサの髪をした若者たちの演奏を聴いたのは六一年十一月。それから五年後、渡辺プロダクション入社一年目の中井は京都出身の五人組ファニーズと邂逅する。六六年十一月九日、中井は、上司である制作部班長の池田道彦と共に京都から上京したファニーズを東京駅で迎えた。その日から千歳烏山の一軒家で中井と五人の合宿生活が始まり、二年近くを互いの傍で暮らすことになる。中井の初任給は二万円で、メンバーのそれは六万円だった。

ポール・マッカートニーと同い年の中井は、この時二十四歳。加橋かつみも瞳みのるもそれぞれの自著で、出会った頃の中井について同じような描写をしていた。

〈「きみたちは新米だ。おれもまたマネージャーとして新米だから、お互いさまだ。しかしシゴ

クときは遠慮なくやるよ」彼はメンバーたちにこういっていた〉
〈彼の新人育成はきびしく、愛情に満ちていたものだった〉（加橋かつみ『日盛りの街に出て』）
四二年大阪で生まれた中井は、小さな頃から文武両道で知られた少年だった。中学では野球、大阪府立富田林高校三年の時に一万メートルを走って大阪府一位になった身体能力の持ち主である。多摩美術大学でグラフィックデザインを学び、大学時代に空手を修練した。渡辺プロに入ったのは広告の仕事ができると思ったからで、絵の具を手につけて会社に現れる飄々とした彼の姿を覚えている人は多い。野球、空手と沢田研二と共通する点が多く、身長も「沢田と同じです。百七十一センチ」と取材で答えている。
芸能誌に載る若き日の中井は俳優の眞島秀和によく似た知的な二枚目で、彼をメインに取り上げた記事がいくつもあった。
〈キザに言えば、ぼくの青春はタイガースとともにありたい〉（「明星」臨時増刊六八年四月）
中井を駆り立てたものは何だったのか。八七年刊行の『みんなＧＳ《グループサウンズ》が好きだった』で彼がファニーズに惹かれた理由を話していた。
〈音楽としてはこの仕事をとらえてなかったんですよ。むしろ、ああいう若い人たちが（中略）既成のものじゃないものを、オーバーに言えば文化としてとらえてやりだしたっていうことに、いちばん興味をひかれたんですよ〉
才能は才能を呼ぶ。喧嘩っ早い若者を抑えられる武闘派であって、感度の高い情熱家という最強のマネージャーを得たのは、またファニーズの可能性と才能ゆえだ。あの時代、ユニフォームもレコードジャケットも、タイガースはすべてにおいて新しく、洗練されていた。六八年八月十二日には、日本人アーティスト初のスタジアムライブを開催。沢田は、タイガース時代一番の思い出として、ビートルズのシェイ・スタジアムライブに対抗したこの後楽園球場ライブを振り返っている。

「すごいことやらせてもらったなぁと思うし、またできたんやなぁと思う」(「今日は一日ジュリー三昧」)

「月刊プレイボーイ」の元編集長、長澤潔は、中井の評伝を書こうと考えて叶わないできた。「週刊明星」時代に渡辺プロの担当となって中井と出会い、飯倉片町の「キャンティ」でよく飲んだ仲だった。長澤は友人でもあったマネージャーをこう評した。

「渡辺プロは、米軍ベースキャンプまわりのジャズマンだった渡辺晋が従来の歌謡曲に縛られず、ジャズとポップスのミックス、新しい音楽を取り入れた。どうしてもアメリカ一辺倒になりがちだったので、渡辺美佐がフレンチポップスも手がけたいと乗り出した。この薫陶を受けた、美佐さん直系のマネージャーが中井さんだった。シャイで垢抜けたセンスの持ち主で、スーツもこじゃれた感じで着こなして、インテリ不良なカッコよさだった。若いミュージシャンたちは、中井さんのことを芸能マネージャーというより文化度の高い人として見ていました」

六〇年代後半、働く女はまだ少なかった。ロカビリー・ブームを起こして時代の寵児になった渡辺美佐は、多くの女優がその役を演じたほど華やかな存在だった。

中井は一日をタイガースと共に行動し、彼らを合宿所に送り届けてからは新宿に出て池田と飲みながら打ち合わせするのが日課だった。池田は、渡辺プロの主柱であるポピュラーミュージックを任されていた。

〈デビューしたての新人グループを売るための最大の武器は〝イメージ戦略〟であった〉

〈電波、雑誌、新聞などでそのタレントのイメージを感じる。その感じさせ方、アピールの仕方が重要になってくる、という論理である。それを伝達する過程や方法に池田と中井は知恵を絞った〉（軍司貞則『ナベプロ帝国の興亡』）

　当時、渡辺プロにはその名を轟かせたデスクがいた。生放送の時代、スマホもパソコンもない中で不夜城のテレビ局とマネージャーの間に立ってスケジュールを調整するのは神業でしかない。そのデスク、山岸サチは中井と同じ大卒五期生で、ひたすらタイガースのために駆け回る中井の姿を覚えていた。

「感性の部分では池田さんは中井さんに任せていて、中井さんとメンバーの間は信頼関係で結ばれていました。中井さんって仕事に夢中なのか、領収書の精算をしないんです。出金伝票を書けばいくらでもバンス（仮払い）できたのどかな時代でしたけれど、何度上司に『精算しろ！』と叱られても、しない。お金にはまったく無頓着な人でした」

　どうやら合宿所の家具なども自腹だったようだ。中井が結婚してからの話だが、会社に中井の妻から「うちに一粒のお米もないんです」と電話が入り、制作部長に言われて山岸が米とお金を届けたこともあった。

　六六年の十一月、ファニーズはザ・タイガースになった。十二月、「僕のマリー」レコーディング。このデビュー曲について、会社が用意したコミック・フォーク「夜霧のガイコツ今晩は」を、中井が土下座して変更してもらったという話がある。このことを置いても、タイガース売り出しに際して渡辺プロがモデルにしたのは、メンバーが望んだビートルズやローリング・ストーンズではなく、アメリカのアイドルグループ、ザ・モンキーズ。既にスタートから、会社の方針とメンバーの目標はズレていた。

　六七年三月、「シーサイド・バウンド」のB面「星のプリンス」のレコーディング。橋本淳作詞すぎやまこういち作曲で、この時期には打ち出されていただろう貴公子路線はビジュアル面でも強化されていく。八月のウエスタンカーニバルでタイガースが「モナリザの微笑」を歌った時に着けた、黒いベルベットの上着に白いスキーパンツ、大きな銀の鎖の首飾りに鋲を打った太いベルトという衣裳が決定打であった。

その後のGSにも影響を与えたユニフォームのデザイナーは、「キャンティ」のオーナー夫人にして同じビルの一階にあった日本最初のブティック、「ベビードール」をプロデュースする川添梶子。「明星」九月号の懸賞企画で公募された第一選を補作したもの。だが、彼女が専属の仕立て職人に「中世の王子様のイメージで」と依頼したデザインはほぼ、いや完全に梶子オリジナルである。

女性たちのロールモデルだった作詞家の安井かずみが全身で憧れた梶子は、イタリアで彫刻を勉強し、四ヶ国語を駆使する美意識の固まりのような人であった。「キャンティ」の常連客だった渡辺美佐と同じ、二八年生まれ。「ベビードール」にはグッチのバンブー・バッグからオートクチュールまでが置いてあって、ようやくプレタポルテが流通しようかという時にとびきりお洒落な場所だった。

「花の首飾り」のユニフォームは、渡辺美佐の依頼で装苑賞を最年少で受賞したコシノジュンコがデザインしている。近代、男性に使われることがなかったピンクのサテンやリボン、薔薇の刺繡を駆使したデザイン性の高いものだ。男でも色彩豊かに着飾ろうというピーコック革命がアメリカで始まっていて、気品さえ感じられたタイガースのカッコよさは、「キャンティ」に集う時代の先端にいた女たちの審美眼から生まれたのである。

マネージャーになった当初から中井は、タイガースを「ビートルズのように、芸能面ではなく社会面に載るような存在にしたい」と口にしていた。彼の野心は意図しない形で実現されることになる。六七年十一月、奈良の近鉄あやめ池遊園地の野外ステージで、観客の入れ替え時に混乱が生じてファン六十数名が重軽傷を負う事故が起きた。新聞は大きく報じ、NHKは収録済みの歌謡番組のタイガース出演部分をカットして、紅白を含めて長髪のGSをすべて締め出していくことになる。

ここからブームの高まりと歩調を合わせるようにGSに対して「不良の音楽」「社会悪」と批判の声が大きくなっていく。日本全国の中学や高校はタイガースの公演に行くことを禁止し、コンサート会場の入り口で補導係の教師が待ち構えるという光景が日常化していったのである。

六八年六月には、タイガースと知識人たちが対論した日本テレビの「木島則夫ハプニングショー」が池袋「ドラム」から生放送された。大人にとって、エレキや長髪や「女のような格好」に夢中になることは「錯乱」にしか見えなかった。「君たちの音楽はデタラメだ」「大脳が発達していたらこんな音楽にうつつをぬかすことはない」と批判し、タイガースの話もファンの話も聞こうとはしなかった。この時、岸部修三が「僕たちはきれいな大人になりたい」と反論した言葉は、やがて沢田によって「Long Good-by」の歌詞になる。沢田が語っていた。

「タイガースの四年間というのは、僕らよう泣いたなぁ。悔しいことがいっぱいあったのかなぁ。『君たちのは音楽じゃない』みたいに言われてね」

「若い頃は無力だと思ったよね。なんで大人たちにやりこめられてしまうのかって」（「今日は一日ジュリー三昧」）

大人の無理解と排除は、少女たちには火に油を注ぐようなものだった。禁忌は、彼女たちのタイガース愛に拍車をかけていく。

しかし、タイガースにとって本当に問題だったのはそうした外圧ではなく、少しずつ大きくなっていく内側からの亀裂だった。合宿生活を八ヶ月で抜けて、恋人と噂される川添梶子がいる「キャンティ」の裏にあった「和朗フラット」で暮らし始めた加橋は、早くから事ある度に「やめる」と口にしていた。彼がそれを実行に移すのは六九年三月。パリに飛ぶ加橋に同行したのは安井かずみの義弟だったマーク新田で、彼はメンバー間の不協和音に気づいていたという。

「かつみとは、『キャンティ』によく来ていて、『キャンティ』で仲よくなって毎日のように一緒にいたんです。他の四人も『キャンティ』によく来ていて、みんな個性的でいい人たちでしたよ。ただ彼はいつもひとりだったし、メンバーとうまくいってないなとわかってました。パリに同行したのはタンタン（梶子）に頼まれたから。彼女は親分肌で面倒見がよくてね。僕がパリの大学に通っていたので、いいガイド役と考えたんでしょう」

加橋脱退の記事が載った雑誌でコメントする中井の肩書は、元タイガースマネージャーとなっていた。

〈（六九年一月）渡辺晋の唱える沢田の単独売り出し路線に異議を唱えていたマネージャーの中井が担当を外される〉（『ザ・タイガース　世界はボクらを待っていた』）

プロダクションとタレントの衝突は、いつの時代もどこの国でも避けられない。メンバーには「会社側の人間」であっても、会社にとっては「メンバーに寄り添いすぎた」と判断されたのだろう。中井は、後に「僕がマネージャーだったらかつみをやめさせることはなかった」と語ったと言われている。

後になってある人が、中井から勢いの落ちてきたタイガースについて渡辺美佐に「クール・ファイブのようにしなきゃダメよ」と言われて当惑したという話を聞いていた。

沢田と同い年の前川清がフロントに立つ内山田洋とクール・ファイブの大ヒット曲「長崎は今日も雨だった」がリリースされたのは、六九年二月であった。メインヴォーカルとコーラス。加橋かつみが去って、岸部シローが加入した時期のタイガースに、白いスーツを着た五人が並んでいる写真があるが、クール・ファイブは白いスーツで歌っていた。新生タイガースの第一弾「美しき愛の掟」、第二弾「嘆き」のレコードジャケットは、ジュリーのアップがメインで、他のメンバーは後ろに並んで映っている。メインヴォーカルとコーラスである。

二〇〇四年の「ザ・タイガース同窓会」と題した沢田、岸部、森本の鼎談がある。

〈沢田　最近になって思うんだけど、タイガースは僕がいるせいでギクシャクすることが多かったんやない？〉

〈森本　解散後に自分のグループを作ったけど、結果は厳しいものだったよ。「自分も人気がある。ソロでもやっていけるんじゃないか」と勘違いしてたんだ〉

〈岸部　その勘違いはみんな、少なからずあったと思うよ。タイガースは沢田あってのバンドだったことは事実なのに、それが見えなくなっていたんやな〉（「オブラ」二〇〇四年四月号別冊付録）

ジャニーズ事務所は特別な人気者をつくらないようグループで魅力を引き出していく方針をとるが、それでもキムタクは生まれてしまうのだ。タイガースがデビューした時からもう、沢田研二は日本中を動かすカリスマ性を有していた。映画を撮れば沢田が王子様で他のメンバーはその他の役になってしまう。ポスターの名前も沢田がトップにあって、一律だった給料にも少しずつ差がついていった。それは「ファンの声」ではあったとしても、まだ若かった他のメンバーには葛藤があったに違いない。ＧＳブームが下降線をたどり始めた一九六九年からは、横に並んでいたメンバーが沢田とそのバックバンドのような様相を呈していった。申し訳なさで居直るしかなかった時間を、沢田が振り返る。

「僕が一番得したような立場になってね。一番最後に入ったのが人気が出てるみたいなことになって、『誰のおかげや思てるねん』みたいなことをチクチク感じることもあって」

「僕が一番（ギャラ）もうてるということが本当にわかってしまった時には、もっと申し訳ないと思うことになるわけ。で、『それは会社が決めてることやから僕に責任ないやん』と思いながら、どっかで『悪いな悪いな』と思いながらやっていたのは確かな話なんですよ」（「今日は一日ジュリー三昧」）

七〇年一月から解散まで、中井の下にいて現場マネージャーだった森弘明によれば、タイガース解散を決めたのはメンバーと中井だった。

「僕が担当して何ヶ月後だったたか、チーフの中井さんと一緒に制作部長に報告に行ったんです。中井さんは『育ての親のお前がもっと偉大なマネージャーだったらこんな早く解散することはなかった』と、残念がる制作部長に叱責されていました」

超人気バンドをどう終わらせるかが社内で取り沙汰される中で、中井は「メジャーの象徴」たるタイガースに相応しいエンディングを用意していた。七〇年八月二十二日、田園コロシアムでタイガースを中心とした「ザ・タイガース・サウンズ・イン・コロシアム」が開催される。

田園コロシアムの美術を手がけたのは、その時二十一歳だった、プロデューサーの立川直樹であった。立川が四月に共立講堂でプロデュースしたフラワー・トラベリン・バンドやモップス、ザ・ハプニングス・フォーなどが出演した日本初のライト・ショー「ヘッド・ロック」を見た中井が、その足で楽屋にやってきて声をかけたのだ。

「二十一歳の小僧に野外ロックコンサートの美術を任せてくれたんですよ。田園コロシアムに下見に行った時、はじめて渡辺美佐さんに会いました。女帝に好き放題言ったら、『あの子面白い』と言ってくれて、全部、中井さんと僕に任せてくれました。マンションの一室が買えるくらいの予算だった。巨大なアクリル板で作ったステージが、天才少年と評判になり、次にキョードー東京から日劇のロック・カーニバルの美術と演出の仕事が来たんです。二十二歳で事務所を作りました。中井さんは僕の恩人です。芸能界の人というよりアートの人で、日本の芸能シーンでは抜きん出た人だった」

この時のタイガースを、モノクロで映像は粗いがYouTubeで見ることができる。半分はクリーデンス・クリアウォーター・リバイバルやグランド・ファンク・レイルロードの曲で、ロックバンドのコピーと言われようが、音楽番組で見た彼らとは桁違いのカッコよさだ。火柱を背負ったようなオーラを立ち上らせて歌うジュリーは、白いタンクトップ姿で身体をしならせ、二十二歳の憂鬱を爆発させていた。

立川もこのステージを鮮明に記憶していた。

「他のグループも出ていたけれど、『スージーQ』を歌って登場した沢田研二のカッコよさは、群を抜いていた。あの美貌と激しい動き。そのギャップがカッコよかったんですよ」

七一年一月二十四日、タイガース解散。沢田は武道館のステージで歌いながら、四年半前の六月、仲間とビートルズを眺めた南西二階の場所から目を離せないでいた。

その後、中井はPYGをプロデュースし、ガロやキャロルのデビューにかかわっていくのだが、その話はまた別のところで。彼は、五十代半ばを過ぎてグリオーマ（脳腫瘍の一種）を発病する。それは奇しくも「悪魔のようなあいつ」で沢田が演じた可門良を苦しめた病気で、ガンも見つかる中で二〇〇八年、やっと瞳みのるを仲間のもとに返すことができたのだ。一一年八月十七日死去、享年六十九だった。病床で五人揃った見舞いを喜んだマネージャーは、タイガースの完全復活をその目で見ることはなかった。

中井の長男で映画監督の中井庸友《ゆう》は一九七二年生まれ、タイガース時代の父の姿は知らない。でも、話は聞いてきた。

「メンバーが可愛い顔をしていたために、アイドル路線に変わっていったのをずっと悔やんでいました。あんなクソ映画に出させてしまった、嫌な仕事ばかりさせたって。渡辺晋さんや池田さんをとても尊敬していたので、それだけに会社との板挟みになって苦労したんでしょう。タイガースに関するメモや記録は一切後に残していません。何かの拍子にそれが漏れたりしたら大変ですから」

父と同じ業界にいて、庸友はしばしば「中井さんの息子さん？」と声をかけられる。ある時、同級生の母親に「もしかして、お父さん、タイガースのマネージャーだった中井國二さん？　キャー！　私、ジュリーに触ろうとして中井さんに掌底くらったの」と言われた。

父とうりふたつの顔で息子は笑う。

「その方がとても嬉しそうなので、やっぱりタイガースは凄かったんだなと思いました。病気で倒れてからの父の生きる目標はタイガース復活でした。父はコードのCもFもわからないんですよ。人のエネルギーをエンターテインメントにしたいと思っていたあの人が誰よりも愛したのは、タイガースでした」

沢田研二が渡辺プロから独立した時に設立した事務所の名前、CO-CóLOのアイデアを出したのは中井國二だという。伝説のマネージャーは、終生ジュリーの、ザ・タイガースの気配がする場所にいた。

第3章

自由・反抗・挑戦

早川タケジ登場

実質経済成長率が戦後初のマイナスになり、日本が安定成長期に入った一九七四年。そんな年が始まろうという一月七日、東京・日劇で「沢田研二ショー」が開かれていた。沢田は「君をのせて」を歌いソロになって二年、前年十一月に「危険なふたり」で日本歌謡大賞を受賞したばかりの時で、十日までの四日間、井上堯之バンドを従えたワンマンショーであった。

この時二十六歳だった早川タケジは、五十年近い時間が過ぎた今も、そのステージを忘れることはない。早川が手がけたはじめての衣裳のひとつを身につけて登場した沢田に、目を見張らされたからだ。

それは、ルネッサンス時代のドイツの画家、アルブレヒト・デューラーの銅版画「天使に王冠を授けられる聖母」に描かれた天使をシフォン生地にシルク印刷し、ビーズの刺繡をほどこしたブラウスで、黒版と白版を作ったうちの白版だった。黒版は、久世光彦演出のTBSドラマ「寺内貫太郎一家」で、樹木希林が「ジュ～リ～！」と身悶える時のポスターに写っている衣裳と言えば、わかるだろうか。「危険なふたり」のために制作された一枚で、ジュリーは素肌に銀の天使が光る透けた黒いブラウスと黒い細身の革のパンツで歌って、これまでとはどこか違うオーラを放射していた。

白版は、日劇のコンサートのために作られた変型のブラウスで、ウエストをほどくとマントのようになびく仕掛けのものであった。

オープニング、沢田はジーパンに、袖や衿が外れるように細工された道路工事のサインを思わせる赤×黒のストライプの革ジャンを着て登場し、歌舞伎の引き抜きのようにそれをひとつずつ取りながら階段を降りる演出だった。この服を作ったクリエイター、早川が語る。

「私は衣裳を作るといつもデザイン画を描いて、こういう風に動いて欲しい、こんな感じで着て欲しいと見せるんです。その時もそうしましたが、リハーサルもしないのに沢田さんの着こなしが当時のパリコレのトップモデル並みになっていて、期待以上でした」

スターが歌いながら革ジャンの袖や衿を外して脱ぎ捨てていくと、白いシフォンのブラウスが少しずつこぼれ出し、ビーズで刺繍した天使に青白いブラックライトが当たってキラキラと輝いた。ジュリーがマイクスタンドを蹴りあげ、激しく振り回しながら動く度に、白いシフォンは舞うようにひらひらと広がり、光った。その姿は早川にとって、性質は違うが、はじめて観た森下洋子のバレエのあまりにも軽やかな美しさに衝撃を受けた時と、似た体験であった。

「凄く綺麗で、私からすればまったく違うものだけれど森下さんのジゼルと同じようにカッコいいと思ったんです。ツェッペリンやグランド・ファンク・レイルロードなどいろんなロックコンサートに行きましたが、彼らとは全然違うカッコよさだった。外国人のロックバンドって身体もごつく、動きも歌もマッチョで動物的。沢田研二の動きや仕種には、日本人が持っている独特の妖艶さというか……。何かがあって、形容しがたいカッコよさでした。こんなの見たことがない！　面白い！　是非、また続けてやってみたいと思いました」

早川タケジの沢田研二への情熱が、創作意欲のギアが、トップに入った瞬間だった。

残念ながら、この時のコンサートの模様を確認することはできなかった。だが、同じ七四年七月、日比谷野外音楽堂で行われたライブの映像や写真はネットでも見ることができる。ここからスタートした「JULIE ROCK'N TOUR '74」は機材をトラックで運んだ日本ではじめての全国縦断ツアーとして知られるが、この時に早川が沢田に着せたインディアン風の衣裳と沢田初のメイクも特筆ものである。ザ・タイガース解散コンサートの時に使った大きな羽根飾りをかぶって現れたジュリーは、オレンジの衣裳のパーツを次々と脱ぎ捨て、最後はデニムの短パン姿で汗を飛ばしながらシャウトし続けた。黒いチークもキュートな衣裳も、まだ頬が張ったスターの若さを際立たせた。

「ボディペインティングのような模様は、私と友だちの手描きです。他の衣裳でも模様はみんな、私が描いてましたね。あれは自分でもとても気に入っているものです。メイキャップは、私がT・レックスも好きだったのでグラムロックを意識してアシスタントの女性にしてもらったんですよ。コンサートを見たキャンディーズから『私たちも着たい!』とリクエストがあって、彼女たちのコンサート用に三人分作りました。(伊藤)蘭ちゃんにはジュリーの羽根飾りを借りてかぶってもらい、他の二人には同じようなものを揃えたんです」

早川と沢田の邂逅は、このおよそ一年前、七三年の春だった。二人を繋いだのは、「危険なふたり」から沢田のプロデューサーとなった加瀬邦彦。ジェリーの舞台構成や衣裳、どんな曲を出し、どう売り込むかが仕事となった時にビジュアル面を託したのが早川だった、と加瀬が証言していた。

〈衣装を任せたのはまだ若かった早川タケジ君です。彼がスタイリストをしたCMを見て「面白い感覚だな」と思い、誘うと「ぜひやりたい」と。「TOKIO」の電飾や落下傘、「OH!ギャル」の女性用メークも彼と相談して決めました〉(読売新聞二〇一一年十一月十二日「時代の証言者」)

その頃、吉田拓郎が歌う「Have A Nice Day」をバックに、思い思いのスタイルの若者たちがカメラに向かってポーズをとるフジカラーのCMが人気だった。セツ・モードセミナーで絵の勉強をしながらモデルをしていた早川は、一九七二年に流れた最初のバージョンから出ており、この時に衣裳も任されるようになったのだ。スタイリストという職業が、ようやく市民権を得ようかという時期である。

「僕なんかでいいんですかと言って、モデルもやりながら、若い男女五、六人の服をコーディネイトしていました。何年か続きましたね。アン・ルイスが出ていたさくらカラーのCMの衣裳もやってたんです。ライバル会社の仕事をやるなんて今じゃ考えられませんが、どちらのディレクターもいいよって、鷹揚な時代でした」

フジカラーのCMに出演していた人気モデルが、加瀬のガールフレンドだった。早川は加瀬と知り合い、沢田と出会うことになる。

「加瀬君がどうして私に頼んだのか。はじめて『危険なふたり』を歌う時に、沢田さんが空手着で歌いたいと言って、一度、裸足に空手着姿でテレビに出たんですね。偶然、私も見てました。本質的に、沢田さんというのは硬派ですから。ただ加瀬君にとってはプロデューサーとして大事な最初の曲だったので、これは捨ててはおけないとなったようです」

この時期、沢田は芸能誌のアンケートで「部屋にいる時は空手着」と答えている。「ジュリーをロッド・スチュワートのようにビジュアル面でもカッコよくしたい」と計画する加瀬が早川タケジを選んだのは炯眼《けいがん》であり、幸運としか言いようがない。そして、早川が最初に沢田のために作った衣裳がデューラーの天使を転写したブラウスだったのである。

「あのブラウスはシースルーなんですね。女の人たちの間では流行り始めていたものの、男にはそんなに簡単に手が出せるものじゃなかった。まだ男女差も偏見も強い時代で、それを着てテレビに出るとどう見られるか想像はつくだろうに、ジュリーは平気だった。今考えてみれば、仕事となれば空手着からビーズのついたシースルーという落差を飛び越えてしまうところが沢田研二の凄さですよね」

早川は、沢田のことを深くは知らないでいた。セツの先輩が衣裳を作ったバンドが、「新宿ACB」で演奏した時のメインの出演者がザ・タイガースで、この時のライブで「噂のジュリー」を見たきりだった。

「あの時、特別な感慨はなかったけれど、五人の中でやっぱり違っていたんですよね。帰りに仲間とそんな話をしたし、バンドのメンバーも『あの人は特別なんだよ』と言っていました。海外のロックバンドがバンバン日本に来ていた時期で、私にとってタイガースは別世界、沢田さんは王子様というイメージしかありませんでした。ただなんとなく芯から明るくはない人ではないか……と考え、直感でデューラーが合うと思ったんです」

西洋史がBC・AD、キリスト生誕を境にして記録されるように、ソロになってからの沢田研二史はBHとAH、すなわち早川登場以前と以降で区切っていいかもしれない。中学時代から熱心なジュリーのファンで、彼を創作の源泉としてBL文学を切り拓いた作家で評論家の中島梓。五三年生まれの彼女は、七八年発行のカルチャー誌に寄稿した沢田研二論で、彼を「サロメである」とたとえ、こう綴った。

〈見られるためにあらわれて来、見つめられ憧れられるためにだけ存在しようとする。「見る」ことが「ふれる」「かかわりをもつ」「交わる」こと以上に重大な、行為になり、侵犯になる〉

〈沢田研二は、現代のこの特殊性の背景のまえで、あえてサロメたることを望み、そしてしかも、それを見るものが、ある部分までその事実を承認するという、稀有な運命の、なかば意図的な、なかば無意識な代行者である〉（「絶体絶命」七八年三月号）

続いて中島は、さまざまな衣裳を着けて我々の前に現れた沢田を流麗な筆で描写する。

同号は、ポリスの帽子をかぶって「憎みきれないろくでなし」を歌う沢田をイラストにした表紙で、沢田研二特集だった。作家の森茉莉、音楽評論家の湯川れい子、詩人の白石かずこ、舞台美術家の朝倉摂などがジュリーを語る。パルコの広告でブームを起こしたイラストレーターの山口はるみも、絵描きらしい表現で沢田を讃えた。

〈たった一色しか持っていないタレントが多い中で、ジュリーは表現するものからいろんな色彩が流れでているという気がするんですね。そのウェーブが、様々なかたちでこちらに伝わってくるんです〉

ソロデビュー直後の沢田は、衿にパイピングをほどこした仕立てのいい黒いベルベットのスーツやラメのジャケットを着て、甘く、気品を漂わせていた。誰が手がけていたのだろう。沢田と同じPYGのメンバーで、渡辺プロダクションにいた萩原健一のはじめての主演映画、七二年公開の「約束」で彼が着たトレンチコートも、同年放送の「太陽にほえろ！」のスリーピースも「ベビードール」のものだった。ジュリーの衣裳も川添梶子デザインの可能性は高いのだが、男性歌手のファッションはまだまだ画一的で、沢田の衣裳も吟味されてはいたものの格別に新しいスタイルではなかった。

タイガース時代からの美貌と神秘性に加えてセクシーさ、久世光彦や阿久悠が愛した「毒」に「頽廃」、「危険な妖しさ」、中島梓が指摘した「見られる存在である客体としての覚悟」、山口はるみの言う「プリズムのように輝く」多面的な魅力がジュリーの表象となるのは、AH沢田研二である。楽曲の力に加えて加瀬のプロデュースが機能し、早川との共同作業がスタートして以降、沢田の深部に眠っていたものが急速に開花した感がある。早川の美意識や世界観が触媒となった。

早川タケジは沢田より一年早く、四七年六月二十八日に東京で生まれた。四人きょうだいの末っ子で、家には二人の姉が愛読する「装苑」や「ドレスメーキング」「花椿」、兄が買ってくる「男子専科」があって、ファッションはいつも身近なものだった。中学三年になると不登校になり、「映画の友」に似顔絵を投稿するなど絵ばかり描いて過ごすようになった。

日本が高度経済成長のピークを迎えようという東京オリンピック開催の年の六四年四月、早川が高校二年に進級すると、「平凡パンチ」が創刊された。大橋歩のイラストが表紙の雑誌はファッションから政治記事、ポップアートもドラッグもヌード写真もすべてを網羅して若者のバイブルとなるのだが、絵とファッションが好きな少年もいち早く読者になっていた。みゆき族やアイビーが流行し、戦後、日本男子がはじめてファッションを楽しもうという時代。VANやJUNの服にミニスカート、ヒッピー、フォークソング、クルマ、若者文化の始まりだった。

「私は早くに父を亡くしているので、服を買うお小遣いが欲しくて、高校一年になると、新宿の高野とか田町の中華屋さん、銀座のデパ地下でアルバイトを始めたんです。アイビーを着てみゆき族やってたんですよ」

早川がバイトのひとつとして「MEN'S CLUB」のファッションモデルに応募したのは、六五年の春、高校三年になったばかりの時だった。共に選ばれた一人に山口小夜子がいた。以来、彼女が亡くなるまで親交は続き、早川がアートディレクターをした沢田の仕事に、七二年にパリコレデビューして、切れ長の眼と黒髪で世界のトップモデルの美の基準を書き換えた山口が幾度も登場することになる。

山口と仲よくなって数年後、「メンクラ」や「平凡パンチ」のモデルをしていた早川に、転機が訪れた。後の沢田との仕事に多大な影響を与えることになる偉才、長沢節と彼が主宰する美術学校セツ・モードセミナーの仲間たちとの出会いである。

「よしとされている既成のものとはまったく違ういいものが世の中にはいっぱいあるんだ、ということを教えられました。そこで自分はどの方向に進んでいけばいいのかというのが見えてきて、沢田さんとの仕事にも生きていくんですね」

長沢節は戦後の日本ファッション界に大きな功績を残したイラストレーターであり、彼が校長を務めたセツ・モードセミナーは多くのファッションデザイナーやイラストレーターを輩出している。穂積和夫や花井幸子、金子功、ペーター佐藤、金子國義、川久保玲や山本耀司も籍を置いていた。「平凡パンチ」には、長沢とセツの生徒や卒業生のイラスト、記事が常時載っていて、TBSの朝の人気番組「ヤング720」には横尾忠則や加藤和彦と並んで、セツにいた「全ブス連」の川村都や堀切ミロが超ミニや胸が見えるスケスケのファッションでレギュラー出演していた。元祖フリーライターが書いた八五年出版のセツ物語の中に、彼女たちの姿もある。

〈いまとは違って、ミニもシースルーも、いちいち大人たちがギャッと言う衝撃ファッションだったので、全国の若い男の子・女の子は'60年安保の闘士に憧れたと同じくらいの尊敬を捧げた〉

（三宅菊子『セツ学校と不良少年少女たち　セツ・モードセミナー物語』）

早川が沢田に着せたデューラーのブラウスがどれだけ過激で、いかに新しかったか。

横尾忠則に大橋歩、和田誠や宇野亞喜良、イラストレーターが華々しく活躍していた。「ああなりたい」とミーハー気分で憧れた早川に、長沢節からモデルにと声がかかった。それは、ガリガリに痩せた身体と骨を美とする長沢が企画したパンチ誌上の「モノセックス・モード」のページだった。

〈早川タケジくんはセツにいた頃、大食いで有名だったそうだ。それでも体重は51kgくらいで、

身長が175cm、スラーッとしたそれは美しい骨の線〉
〈顔もとびきりに美少年〉（『セツ学校と不良少年少女たち』）

日本でウーマンリブの産声が上がるのは全共闘運動の終焉期、七〇年代初頭である。ジェンダーという概念さえない時代に、長沢節の哲学は「男も女もない」だった。女性モデルと一緒にスカートをはいた早川の姿が六七年五月二十二日号の「平凡パンチ」に載った。続いて彼は、銀座ワシントン靴店で開かれた、男女ペアで同じ服と同じ靴をまとって歩く「モノ・セックス・モード・ショウ」のモデルも務めることになる。

二度にわたり「長沢節展」を開いた弥生美術館の学芸員、内田静枝が二〇一七年の展覧会で再現したこのショーの狙いを解説する。

「マッチョな筋肉と女性の脂肪を削ぎ落とした『骨』が長沢節のフェティシズム、美学でした。その美学は彼の生き方にも社会に対してもすべてにおいて貫かれており、骨、つまり物事の本質を見ようという視線は世の中の偏見や固定観念を糾弾します。男女差別やアメリカによるベトナム侵略など、ショーは強者による弱者への抑圧や権威主義への抗議でもあり、服を通して男らしさ、女らしさの固定観念から解放された人間美、個性美を追求しようと呼びかけたもの。長沢節の思想のエッセンスが詰まった素晴らしいショーでした」

絵のモデルになるのを条件に学費免除でセツの生徒になった二十歳前の早川が、長沢節の哲学を心《しん》から理解するまでには少し時間がかかった。だが、日々「自由に、カッコよく生きましょう」と呼びかける実存主義者の校長の言葉はストレートに胸に届いた。長沢は授業の時も細かな指導はせず、「自分で考えなさい」に徹した。早川を何より昂揚させたのは、とびきりお洒落で才能と好奇心に溢れる仲間の生徒たちだった。常識を疑え！というカウンターカルチャーの時代、スチューデントパワーに世界が揺れる中でフラワーチルドレンが登場し、ヒッピールックが流行り始めていた。

「みんな、自由な格好してるんですね。男も髪の毛が長くて、ピンクの細いコーデュロイのパンツに花柄のブラウスとか。女も全ブス連とか、一般の生徒も自由でイキイキしていて本当にカッコよかった。モデルになってから少しは目の前が開けたかなと思っていたのに、男性モデルの世界はやけに保守的だったし、遊びといえば麻雀にバー。自分とは違うなと思っていたところだったので、セツに入って救われる思いでした」

セツという刺激を受けて、早川はさまざまなことに目覚めていく。それまで読むことのなかった書物を繙《ひもと》き、仲間と繰り出す六本木で、年長のファッション関係者や平凡出版（現・マガジンハウス）の編集者たちの姿を垣間見ていた。六〇年代後半から七〇年代にかけて、セツや平凡出版は若者文化のリーダーで、早川がまだ会うことがなかった渡辺プロの関係者も集う六本木という街は、トレンドを生み出す熱量の高い空間であった。

「流行の最先端の人が集まっていて、独特な世界でしたね。黙って見ているだけでも気づくことが多く、そうしたことが沢田さんとの仕事にも反映されていくことになります」

長沢節に「天才」と言わしめた早川が、才能を認められるまでに時間はかからなかった。コンテストに次々入賞、優勝をさらって、イラストレーターの登竜門であった「平凡パンチ」や、「ａｎａｎ」にも描き始めた。しかし、商業誌が求める絵と彼が本当に描きたい絵は違っていた。

ある時、早川は絵のヒントを探して繰ったカメラ雑誌で一枚の写真から目が離せなくなった。アメリカの写真家、ダイアン・アーバスの作品だった。フリークスを撮影対象としたアーバスは、写真界へ決定的な影響を与えた二十世紀の芸術家である。七一年に、四十八歳で自殺した。スタンリー・キューブリックが「シャイニング」で撮った双子は、アーバス作品へのオマージュとして知られている。

「アーバスの写真は一見グロテスクに見えます。そんな作品に惹かれるくらいだから私の描く絵は激しくて、気持ち悪いと言われてしまう。でも、やはり絵の仕事はしたかったので、あまり自分向きではなかった女子学生向きの雑誌などに可愛い絵とかを描きながら、夢と現実の落差に欲求不満になっていた時に、ジュリーの仕事が来た。だから、沢田研二をキャンバスに見立てて自分の表現欲求を全部入れ込んだようなものです。滅多にないキャンバスでした。じツやその頃の経験で吸収した文化も何もかも、自分のエネルギーが自然に注入されていったのだと思います。なので可愛い、綺麗なものを作ってもどこかにアーバス的なものが入る。沢田さんは、そうした感覚を受け入れられる感性を持っていたということだと思います」

沢田研二と早川タケジ。類まれなる才能の結びつきが時代を挑発し、日本のカルチャーシーンは覚醒していくのである。

ジェンダーを越境する

七三年大晦日の紅白歌合戦。赤いオーストリッチのストールを振り回しながら「危険なふたり」を歌って登場した沢田研二は、ウエストを絞り裾がフレアになったファーつきの白いジャケットを素肌にはおり、同色のフレアパンツにロンドンブーツ。左手に黒い手袋、襟元のファーに黒いブローチ、はだけた胸では四連のパールが揺れている。日本を席捲したザ・タイガースの時に出場を許されなかったジュリーは、二度目の紅白で早川タケジがデザインした衣裳をまとい、時代の匂いをプンプンさせて発光していた。

ソロデビュー曲「君をのせて」半ばから担当となり、一時は外れても十年という長きに亘って沢田の傍らにいた森本精人《よしひと》は、ファンの間では献身のマネージャーとして有名だった。現在は、玉山鉄二らが所属するメリーゴーランドの社長である森本が証言する。

「間違いなく早川さんがついてくれてからよくなっていきました。それ以前のジュリーはメイクするのも嫌い、服を着せられるのも嫌で、『僕は生のままで歌いたい。メイクなんかしたくない』と言って一度もメイクしたことがなかった。だから服もメイクも、早川さんだったからＯＫとなったのでしょう」

沢田は、早くに早川を認めていた。二人が出会って一年半が過ぎようという頃、文化放送で帯の対談番組「沢田研二ショー」を持った時、スタッフのひとりとして早川を呼んだことがあった。

「早川君に関しては、洋服屋さんじゃないことが僕にとっては凄くいいことなんですよ。洋服屋さんだったら常識的に作ると思う。精一杯冒険してもちょっと派手程度でね。ところが、考えてるところが違うからね。出てくるアイデアもまったく違うもん。アップリケを上から貼り付けたり、プリントとかあっと驚くものを持ってこられる」（七四年十月二十七日放送）

沢田研二&早川タケジ、二人の共同作業は最初から快調だった。ロンドンブーツに、まだ誰もはいていなかったボロボロのジーンズ。早川が自分のはき古した一本を沢田に着せたもので、二人の手にかかればストリートファッションも民族衣裳も最先端のモードに昇華され、人々の目を奪った。「ジュリーが綺麗で半端なかった」と森本が述懐したのは、七四年七月発売「追憶」のレコードジャケットだ。そこでジュリーが身につけたのは、早川がロサンゼルス旅行で見つけた帽子やサスペンダー、スカーフに手作りのコットンブラウス。「悪魔のようなあいつ」の可門良も着ていたが、街で女の子たちに流行っていたスタイルでもあった。

この頃の沢田のステージ衣裳を、中島梓が描写している。

〈夏のさかりの比叡山に、彼は、鮮やかなピンク色に絢爛な刺繡をほどこしたチャイナ・ドレスであらわれた。まぶたに銀粉入りのシャドウ、爪に紫色のマニキュア、耳に重いイヤリングと指輪に真珠のネックレスまで、上着と銀の網シャツとの下につけて〉(「絶体絶命」七八年三月号)

ここに書かれた比叡山コンサートの孔雀の刺繡をほどこした衣裳は、早川が浅草で見つけた韓国の祝い布団で作られたものであった。

「私が沢田さんの服を作る時、アイデアソースをどこに求めるか。普段行かないところに行くんですね。当時の浅草は誰も行かないところで、そこで見つけたものでした。もうナープ・シックの概念が入っていて、カウンターカルチャーの総本山みたいになっていたセツの生徒たちの間では、普通じゃ使わないものを使って服にしたり、お金ではなく頭を使って服を着ようという考え方だった。ジュリーの仕事にもその精神は大いに反映されたと思います」

沢田の身につけるアクセサリーも、すべて早川デザインによる手作りである。ユニセックスやヒッピーの流れから男も貝殻やシルバーのネックレスをつけていたが、パールで飾れる男はそういるはずもなかった。タイガース時代からその美しさで中性的と言われたジュリーは、レコードジャケットなどビジュアル全般を担当するようになる早川によって確信犯的にジェンダーを自在に越境するスタイルを強めていく。

早川の頭の中にあったのは、恩師、長沢節の哲学「男も女もない」であり、アメリカの知性を代表する評論家、スーザン・ソンタグが六〇年代の前衛的な芸術家や知識人の間で通用していた感覚を考察した「《キャンプ》についてのノート」の一節だった。

〈両性具有者というのは、たしかにキャンプ的感覚にとって重要なイメージのひとつである〉〈男性的な男の最も美しいところは、どこか女性的であり、女性的な女の最も美しいところは、どこか男性的である……〉（スーザン・ソンタグ『反解釈』）

「この一節はジュリーの仕事にも大きく影響したと思います。ソンタグはダイアン・アーバスを高く評価していましたが、過剰なもの、俗悪とされるもの、くだらないものもいいのだ……みたいなことが延々と並べてあって、キャンプは自分が面白いなと思うことと共通する感覚だと自分なりに解釈して、元気をもらっていました」

山口小夜子はパリやニューヨークから「ジュリー、カッコよかった！　衣裳凄いよ！」と絶賛の電話をよこし、文化人の多くが沢田&早川に拍手を送った。しかし、こうした感覚が受け入れられない人も少なくなかった。渡辺プロの社長、渡辺晋もそのひとりで、加瀬邦彦が回顧していた。

〈渡辺さんは化粧したジュリーが初めてテレビに出る日も担当部長に「楽屋に行ってやめさせろ」と言ってた〉（読売新聞二〇一一年十一月十二日）

早川は別のシーンで、この日のことをよく覚えていた。まだメイクアップアーティストがつく前、「夜のヒットスタジオ」の楽屋で早川のアシスタントの女性によってメイクされた沢田は、一旦楽屋を出ていったのにすぐに戻って、「どうしたんですか？」と訊ねる女性に、「三波春夫さんみたいって言われちゃった」と答えて鏡の前にしばらく座り込んでしまったのだ。

「廊下ですれ違った女の子たちに言われたみたいです。日本の男がメイキャップしたら、おかしいんじゃない？と言われた時代で、演歌の大御所たちだけは歌舞伎役者のような化粧をしていたんですね。でも、沢田さんはそのまま歌った。『あんなことまでやって売れたいのか』と言う人だっているだろうに、俺は俺だとやっていけるところが凄い根性です。権威に媚びることがなく、そういう面では気が合ったし、やりやすかったんです」

七七年二月発売のシングル「さよならをいう気もない」は、沢田が二度の暴行事件でひと月謹慎を強いられた後の復帰二曲目だった。衣裳は早川が前年のコンサートのためにサンローランを真似て作った金色のキャミソールで、テレビで歌った時にはらりと肩紐が落ちた。それが演出になったと沢田が語っている。

「お客さんにショッキングだ、気持ち悪いと言われて嫌われてもいいと、男の癖にちゃらちゃらしやがってみたいな風情を出してテレビに出たわけです」

「大人の人たちが『しないほうがいい』ということはOKだなというのが、ひとつの目安だった」（二〇〇八年NHK-FM「今日は一日ジュリー三昧」）

この衣裳には、早川も思い出がある。

「あの時、風で肩紐が落ちたのを見て『綺麗だな〜！』と言った私たちに、沢田さんは『こういうのが嫌いな人いっぱいいるんだよ』とぼそりと言ったのがとても印象的でした。別の仕事でも、『宝塚みたいだから嫌だ』と言われたこともあります。きっとその頃、いろいろな人から『あんな服を着て』とか言われたんでしょう。本質的には沢田さんは、メイキャップも着飾ることも多分好きではないんだと思います。でも、やめるとはならない。そこが好きで化粧しているビジュアル系の他の歌手たちと違うところです。ジュリーはあくまでエンターテインメンーの一部としてやるときは徹底してやる。そのギャップと覚悟こそが私はジュリーを輝かせていると思い、ますます人間ジュリーに興味が湧きました」

沢田の人気は沸点に達し、同年「勝手にしやがれ」で念願のレコード大賞を受賞。二〇年代のスーツにボルサリーノという衣裳は、新曲のデモテープを聴いた早川が古いハリウッド映画からアイデアを得て作ったものだった。途中、ジュリーがポケットに手をいれてステップを踏むのは、早川が「この服ならこう動くといいと思います」と提案したことがヒントになった。

「トップモデルのウォーキングをジュリーが自分流にアレンジしたわけで、カンがいいですよね。着こなしもうまい。私が服を作る時は曲に合わせてというより、頭の中で自分でドラマを作って服を着せていくという感じなんです。この時期はメイクも衣裳もグラムロックではなく、バレンチノや早川雪洲やディートリッヒが創作のヒントになっています」

「愛の嵐」のシャーロット・ランプリングをイメージした衣裳の「憎みきれないろくでなし」、腕章のハーケンクロイツが問題となりリニューアルした、革の軍服と素肌につけたビーズの入れ墨の「サムライ」、ジーン・ケリーのような水兵服の「ダーリング」、黒の革のコートを着て血のついた繃帯を巻いて雨に濡れながら歌った「LOVE（抱きしめたい）」、唇を真っ赤に塗ったメイクでディートリッヒ風の白い船長の制服を着た「OH！ギャル」。テレビ局のプロデューサーに「口紅の色が……」と難色を示され、レコード会社から「化粧しなければもう十万枚伸びたのに」と言われても、沢田は動じなかった。

「カサブランカ　ダンディ」のボロルックは、当初アイビーファッションの予定が仮縫いの状態でジュリーによく似合い、そのまま衣裳になったものであった。渡辺プロの上層部からは「こんなボロボロになぜこんなにお金を払うんだ」と制作費についてクレームが入ったが、沢田は「自分はアイデアに対してお金を払ってるんだ」と返した。

「私が付き人から聞いた話ですが、やっぱり、ジュリーはさすが、わかってる！と思いましたね。七四年のツアーのTシャツを作った時も、何百万円かの制作費が高いと言われたのに、沢田さん

と加瀬君は『払ってあげて』と言ってくれたようです。お金に関しては今まで終始一貫していま
す。沢田さんの根本には物を作る人間への敬意がある。私の考えを尊重してくれました」
沢田&早川の挑発はどこまでも続き、電飾のスーツにパラシュートを背負ったジュリーが「T
OKIO」を歌ってバブルな八〇年代の幕開けを告げることになる。早川考案の衣裳は、ソンタ
グがキャンプ的なるものとしてあげた古いアメリカンコミックで、三〇年代に映画化された「フ
ラッシュ・ゴードン」のコスプレだった。

「私がとんでもない仕掛けを考える時、何が元になっているかを共通項として知っておいて欲し
くて、この時に、小林信彦の『世界の喜劇人』と『日本の喜劇人』を沢田さんにあげました。バ
スター・キートンやマルクス・ブラザーズの荒唐無稽に徹する素晴らしさが書いてあるんです。
仕掛けが面白くて、身体を張って人を楽しませる彼らの映画をよく観てたんですよ」

一流写真家が何人も二人の挑戦に参戦していて、四九年生まれ、彼らと同世代の横木安良夫《あらお》も
そのひとりである。早川に誘われ七八年八月発売の「ヤマトより愛をこめて」のレコードジャケ
ットから始まり、パンフレットなど十回以上。横木は最初に早川と仕事をした時に、「こんな風
に」と見せられた彼のイラストに「天才だ!」と思った、と振り返った。

「A3とかもっと大きな紙に書かれたイラストレーションが何枚もあった。凄くカッコよくて、
もうそれだけで作品なんですよ。これをどうやって写真で撮るんだ!って。撮影のアイデアはニ
ジンスキーとか引用するものがあるんだけれど、それが彼の天才性を損なうことにはならない。
だって存在がもう本物なんだもん。沢田研二の貴族的な美しさはちょっと日本にないもので、彼
は山口小夜子と同じで、すべてをわかった上で黙々と撮られてくれるんですね。篠山(紀信)さ
んの初代アシスタントだった僕には自信もあるから、早川さんの望むものを形にするために一所

懸命で、めちゃくちゃなライティングしたり、ストロボを三十灯ぐらい使ったり。最高に面白いゲームのような仕事で、あんな写真はなかなか撮れないと思います」

　九三年六月号の「クレア」に、「うたを着てしまったスター　早川タケジの作るジュリーの衣裳、ぜ〜んぶ見せます」と題したカラー九ページの記事が掲載されている。沢田が実際に身につけた衣裳を女性モデルが着用。早川と作家、橋本治の対談のページでは衣裳誕生譚が語られ、沢田＆早川の仕事の意味が日本の知、橋本治によって分析されていた。

　橋本の発言の一部。

〈やっぱり'70年代の終わりから'80年代の初めくらいまで、ジュリーのことさ、ひとつの思想家みたいに僕は見てたっていうの、あるな〉

〈歌謡曲の服って、一段低いという感じがあったけど、当時のジュリーの服って、すべてのファッションの一番上をいくもの。そんな贅沢な歌手って空前絶後だよ〉

　沢田が超絶的スターとなり、衣裳が評判になるとクリエイターのもとには「既製服をやらないか」という誘いや、他のスターの衣裳やファッション誌からの依頼が殺到した。絵を描いているつもりなので既製服の話に興味はなかったが、衣裳の仕事は受けた。八一年、「ス・ト・リ・ッ・パ・ー」の頃、早川は多忙を極め、事務所を引っ越したこともあり、今で言うパニック障害の症状が表れてしまう。

「やりたくないことはやらないのは、沢田さんと共通していますね。不登校だったくらいだから人と接するのはもともと苦手で……。忙しくても仕事は楽しくノってはいたんですが、人間関係とか人間の性《さが》の数々に直面させられて、パニック障害から対人恐怖とか赤面恐怖が出てきてしまった。当時はまだ気軽に他人に相談できる時代ではなかったので、『森田療法』など専門書から思想・哲学の本を乱読して克服しました。縁がないと思っていたその分野の本を乱読したことは、私の人生の大きな財産となりました。これはジュリーの仕事からの思わぬ副産物で、大いに感謝している次第です」

カルチャーが革命のように価値観を塗り替え進化した時代を、沢田研二&早川タケジは「ジュリーのために」というスタッフに恵まれて疾走した。二人の共同作業が曲がり角を迎えるのは八五年、加瀬邦彦がプロデューサーを離れ、沢田が渡辺プロから独立した時である。それまで沢田と早川の間にいた加瀬の不在は、二人の関係を変えていく。

「私がいつも一緒にいて、自分のアイデアを話していたのは加瀬君なんですね。加瀬君がいなかったら、私も沢田さんに直接言うのは難しかったんじゃないかと思います。沢田さんは、『みんなが面白がって自分のいいところを引き出してくれるのが一番面白い』『周囲が利用したいと思ってくれるような、価値のある歌い手でありたい』と言ってくれていた。沢田さんと加瀬君と盛り上がっていた頃は面白くて百二十点満点な感じで、貴重な経験をさせてもらいました。ああいうのは人生の中でなかなかないですね」

独立後の新曲「灰とダイヤモンド」を歌うジュリーの当初の衣裳もモードな服だが、どこかそぐわない。一旦、早川が外れることがあったのではないか。

「その衣裳について私かどうか、記憶はありませんが、あの時は、加瀬君や私が考えていた『面白くおかしくやりたい』とは真逆の方向にいったと思うんですね。紅白の時に他の人に頼んだ衣裳を沢田さんが気に入らず、当日に新しいプロデューサーから連絡が入って、あるものの中からコーディネイトして渡しました。ビジネスですから他のデザイナーに依頼されることは、なんとも思わなかったです。その時点で辞める選択肢もあったのですが、私にも打算があるので中途半端なところで終わりたくないと続けました。何回かそれに近いようなことがありました。だけど今も続いている。お互いに必要だと思ったんじゃないですか。沢田さんも思ってくれたんじゃないでしょうか」

　CDのジャケットデザインはしばらく引き受けていたものの、早川が沢田のビジュアル全般について、以前のようにディレクションすることはなくなった。衣裳を効果的に見せるような演出や着こなし、ステージの照明を考えることも、もうない。仕事のスタンスは変わって、以前のようにのめり込むこともなくなった。

「衣裳っていうのはただ着せればいいというものじゃないんですね。でも、沢田さんは渡辺プロを辞めた時に今までとは違うやり方でいく、ライティング、演出など各分野それぞれの人に任せると決めたんでしょう。ある時からCDジャケットに顔を出さなくなったのも、無理せず自分は自分のままでいくんだと覚悟を決めたんだと思います。普通なら今までのイメージにしがみつくものですが、それを捨てていくのが凄い。あの人にはロッカーとしての矜持があって、根性がある。やっぱり、沢田研二です」

　二〇〇二年、早川の仕事を集めた作品集『PARADIS, PARADIS』が出版された。小泉今日子ら幾人ものスターが早川の衣裳を着る中で、表紙になり、特権的にページが与えられるのは、無論、沢田研二である。今や十万円以上のプレミアムがついて入手は困難だが、二〇二二年、二人の共同作業の集大成『JULIE by TAKEJI HAYAKAWA』が出版された。歴代のジュリーの衣裳のコンセプトが、早川の口から語られている。

「沢田さんの衣裳について取材を受けた時、私は『嘘っぽいことをやりたい』とか『毒のあるもの』とか『面白くおかしく話題になりたい』とか言ってきたんですね。そのことを、もう少し詳しく、どういう意図で作ってきたのかを説明しました」

沢田の「ソロ活動50周年LIVE『BALLADE』」の飾りがたくさんついた茄子紺色の衣裳は、パンク的発想のデザインで力強く、上着の裾がフレアで動くと表情が出て、沢田研二ならではの優美さまで表現されたものである。もともとはコロナ禍で中止となった二一年のライブのために早川がデザインしたものだった。古希の武道館ライブの時に「ピエロで紫で光らせて欲しい」と言われたことはあったけれど、沢田がコンサート衣裳に関して早川に「こうして欲しい」と告げることは滅多にない。

「具体的に注文してくれた方が楽でいいんですけどね」と、早川は笑う。

「六十歳の時に自分の好きなことをやろうと決めて、年一回のジュリーの仕事しかしてませんので、毎日無目的に自分のために絵を描きまくっています。気分転換に屋上や庭で花や観葉植物を育てています。不登校の時と同じことやってますね。時間があってやりたかったことがやれる今が一番らくちんで、毎日毎日がとても楽しいです」

そう言いながら、早川が沢田のために費やす時間を惜しむことはない。

「私は考え出すとイメージがいっぱい浮かんじゃうんで、二十も三十もデザインを考えて、サンプルを作るのにも時間がかかってしまう。デザイナーとして商売に徹してますから、そういうのは当たり前。着る人が喜んでくれないと意味がないじゃないですか」

沢田研二と早川タケジ。二人の共同作業は、このライブで一旦終止符が打たれた。ポップス史を超えて、日本のカルチャーシーンを先導した唯一無二の世界は、誰も超えることができない。

豚野郎、始動

「僕らがＰＹＧだったかもしれないんですよ。そうなっていれば、ＰＹＧはガロになっていたかもしれないです」

大野真澄は、五十年も前のことなのに、フォークロックグループ、ガロ結成とその周辺の出来事を驚くほど克明に記憶していた。

すでにグループサウンズ（ＧＳ）ブームは過ぎ、ハードロックやソウルが台頭、フォーク人気で日本の音楽シーンが大きく変わりつつあった一九七〇年の十月。大野は、フラワー・トラベリン・バンドのカナダ壮行会ライブが開かれたサンケイホールにいた。ガロを結成することになる堀内護（マーク）と日高富明（トミー）がロビーで演奏するので、「12弦ギターを貸して欲しい」と呼び出されて、飛び入りで彼らと一緒にクロスビー、スティルス&ナッシュの「青い眼のジュディ」を歌ったのだ。終わると、ザ・タイガースのマネージャー、中井國二が姿を現し、「聴いたけれど、凄くいいよ。君も一緒にやらない？」と大野に声をかけたのである。

「中井さんがこのサプライズライブを仕掛けたんです。僕は、マークやトミーの才能は認めていたけれど、声質も違うし性格的にも難しいかなと思っていたので、誘われても断り続けていた。でも、ブライアン・エプスタインに言われちゃなぁと、やることになったんです」

大野が中井に会ったのは、この時がはじめてではなかった。沢田研二より一年遅く、四九年愛知県岡崎市で生まれた大野もビートルズにショックを受けた音楽少年のひとりだった。ＧＳブームの時にはもうバンドを組んでいた。

「僕らはビートルズやストーンズの洋モノのコピーをやってたんですが、タイガースが出てきて、『僕のマリー』を聴いたら、これがいい曲だったんですよ。メンバーたちと邦楽やるのはダサいなとか話してたんですが、名古屋市公会堂のライブを前から二番目の席で見たんですよ。あの当時は今みたいないいPAシステムじゃなかったけど、迫力があって、ステージングにもスピード感があって、カッコよかった。印象に残っているのは、やっぱり沢田研二。それと加橋かつみの高音のハモリがカッコよくて、凄くよかった。で、コピーやろうと思ったんです」

高校三年の大野が「明星」で、「タイガースと夢のデート」という読者参加企画のページを見つけるのは、「モナリザの微笑」が発売された後の六七年秋。どの芸能誌もタイガースで埋め尽くされていく時期であった。

「これは女の子しか応募しないなと思って応募したら、案の定、選ばれたんですよね。あとで集英社の人から、二万人ぐらいの応募者の中で男の子は二十人もいなかったと聞きました」

「明星」の「夢のデート」はシリーズ企画で、大野が参加した回に選ばれたのは女子五名、男子五名。テレビの公開録画の見学や記念撮影、メンバーと一緒に中華料理店での夕食があり、男子は四谷三丁目にあったタイガースの合宿所に泊まることができた。大野の提案で始まったという、メンバーによる参加者へのギターレッスンの写真が、「明星」に掲載された。坊主頭の大野の後ろに、ジュリーが立っている。

「かつみはいなかったけれど、木造の普通の二階建てのアパートに住んでました。凄く優しくて、感じのいい人たちでしたよ。この時はまだ僕らと同世代の彼らという感じだったのに、解散コンサートのリハーサルを見た時は、変な表現だけどみんな、凄く綺麗だったんですよ。その中でも沢田研二は特別にオーラがあって、清潔感があってとにかく美しい。何なんだこの人たちは！と思った記憶があります。中井さんと最初に会ったのはこの夢のデートの時。芸能誌によく名前が出てたので、僕からすればビートルズにおけるマネージャーのブライアン・エプスタインみたいな存在でした。この人が全部仕切ってるんだなぁと思いましたね」

中井が亡くなった時、大野は弔辞を読んでいる。半世紀に及ぶ二人の付き合いは、この出会いから始まったのだ。

六八年春、大野は上京して、セツ・モードセミナーへ入学する。ここで、「ボーカル」と呼ばれたことが今に至るまで彼の呼び名となるのだが、セツの先輩で、沢田のビジュアル面を担当することになる早川タケジとの出会いもあった。早川は、ガロの「学生街の喫茶店」が大ヒットした後、大野の部屋にセツの仲間と遊びに行って「ジュリーがすっごいカッコいいんだよ〜」と、沢田がインディアンの衣裳を着けた日比谷野音のライブ映像を見せてもらったことがある。

早川の回想。

「その頃、セツの仲間も沢田研二には無関心でした。芸能人の衣裳をやること、芸能界への偏見がまだ大きかった時代かと思います。でも、彼は自分もその世界に入っていたこともあり、素直にカッコいい！と言ってくれたのだと思いますね」

高度成長する東京という街で、多くの才能が交差していた。

アルバイトをしながらイラストレーターを目指していた大野は、先輩のペーター佐藤が公演ポスターを制作したキッド兄弟商会（後の東京キッドブラザース）のミュージカルに出演する。キッド兄弟商会は寺山修司の天井桟敷をやめた東由多加が旗揚げしたばかりの劇団で、そこをきっかけに大野はブロードウェイで大ヒット中の「ヘアー」日本版に出演することになるのである。

ベトナム戦争反対と自由を高く掲げた「ヘアー」は、ラブ&ピース、マリファナやＬＳＤなどドラッグによるサイケデリック体験、フリーセックスなど当時のヒッピー・カルチャーが色濃く投影された作品だった。長い髪は戦場へ行くことを拒否する表明で、抵抗の印をタイトルにしたロックミュージカルは全世界で上演され、若者たちに熱狂的に支持されていた。タイガースが六八年暮れにCM撮影をかねてニューヨークへ行った時は、沢田と瞳みのるがブロードウェイで「ヘアー」を観劇している。

六九年十二月五日、渋谷東横劇場で開幕した日本版のプロデューサーは、「キャンティ」のオーナーである川添浩史の長男、川添象多郎（後の象郎）で、主役のクロードを演じたのは同年三月にタイガースを脱退した加橋かつみであった。

大野はプロデューサーから声がかかってオーディションを受け、本番ではゲイの役を演じた。

「俺、芝居やるつもりで東京に出てきたわけでもないのに～と思ったんだけど、『ヘアー』のアルバムを聴いてみると、『アクエリアス』とか曲が凄くよかった。それで面白そうだと思ってオーディションを受けた時に、そこに来てたのが後にガロとなる堀内と日高でした。『ヘアー』の精神は、セツで、長沢（節）先生がよく口にしていた『人は自由。誰でも自分の人生は自分の思うがままに生きていけばいいんだよね』というところにも通じていて、入りやすかったんですね」

「ヘアー」は翌七〇年二月二十五日まで上演され、メディアにも大きく取り上げられて、十一万人を動員。街では子どもたちまで、♪レット・ザ・サンシャイン～♪と口ずさんでいた。

「あの時、『ヘアー』は流行の最先端でした。（内田）裕也さんやかまやつ（ひろし）さんも、ジュリーも来ていたし、あらゆる芸能人が来ていましたよ」

しかし、東京公演終了後に事件が起こる。川添と加橋ら主要メンバー計五人が大麻取締法違反の疑いで逮捕され、三月からの大阪公演が中止となったのだ。同じ時期に、作詞家の安井かずみも逮捕されているが、この時代、ドラッグはカウンターカルチャーと結びついたファッション的側面もあった。サイケデリックとはドラッグによって促される心の変容であり、音楽やアート、文学などアメリカの六〇年代サブカルチャーのベースである。ビートルズの「サージェント・ペパーズ・ロンリー・ハーツ・クラブ・バンド」の「ルーシー・イン・ザ・スカイ・ウィズ・ダイアモンズ」は頭文字をとればＬＳＤとなることはあまりにも有名だが、六九年に開催されたロックフェスティバル、ウッドストックはドラッグ、ヒッピー文化の象徴的場面でもあった。

大野がタイガースのマネージャー、中井に背中を押され、堀内、日高とバンドを組むことになるのは「ヘアー」が打ち切りになった七〇年の秋である。三人を前にして、中井は「グループ名、何にしようか。こういうのはどうかな」とＰＹＧ、ガロ、スヌーピーの三つの名前を提案した。この時のＰＹＧは、ピッグではなく、ピィグと呼ばれていた。大野が「ＰＹＧって何ですか？」と訊ねると、「ピースフル・ヤング・ジェネレーション」と返ってきた。

「スヌーピーは最初から、なしでした。ガロは我郎で、中井さんは息子ができたらつけようと思って考えてたんだけど、生まれたのは女の子。僕らはＰＹＧがよかったんです。でも、中井さんの思い入れが強かったので、ちょっとアングラな感じがしたけれどガロに決めました」

渡辺プロダクション制作部長、松下治夫の前で何曲かを演奏したガロは、渡辺プロ入りが決定する。給料十三万五千円が提示されて、担当のディレクターとして入社一年目の木﨑賢治を紹介された。後に沢田研二と数々のヒット曲を生み出すことになる音楽プロデューサーである。ところが、タイガース解散が決まって、この話は破談になってしまうのだ。解散後に岸部シローがブレッド＆バターと一緒にグループを作るため、渡辺プロとしては「同じ男三人のハーモニーのグループはいらない」という結論であった。

「中井さんに『申し訳ないけど、あの契約はなしにしてくれ』と言われて、なしになっちゃったんですよ。ひどいでしょう。でも、渡辺プロ所属のいろんなアーティストの前座をやらせてくれました。裕也さんも自分のステージに呼んでくれたし、かまやつさんのバックバンドもやるようになるんです」

ガロ誕生からおよそ二ヶ月後の七一年一月、ザ・タイガースから岸部修三（現・一徳）と沢田研二、ザ・スパイダースから大野克夫と井上堯之、ザ・テンプターズから大口広司とショーケン、萩原健一が集結したＰＹＧ、ピッグが結成される。海外ではクリームやレッド・ツェッペリンなど有名バンドのメンバーが集まったスーパーグループがムーブメントになりつつあった。

当時、中井の上司であり、渡辺プロの屋台骨、ポピュラーミュージック部門を担っていたのが名プロデューサーとして名を馳せた池田道彦である。

池田は、ＰＹＧの構想は内田裕也から持ちかけられたものだと振り返った。

「テンプターズが解散するので、『沢田とショーケンのバンドを、どうしてもやりてえ』と言うんです。じゃあやるか、となったんですよ」

内田裕也の記憶は、こうである。

〈当時のマネージャーは中井氏で、あいつも一応多摩美だから、自分の事務所にバウハウスなんて付けるんだからさ、そういうやつだったから時代と対決したかったんだろうね。だから良心的なやつだったよね。いい方向に持って行ってやらなきゃ時代遅れになってしまうという危機感持ってたから〉（『俺は最低な奴さ』）

七一年二月二日号の「週刊セブンティーン」に、「これは挑戦《チャレンジ》だ!!」と題したＰＹＧ誕生を追った記事が載った。〈（ジュリーやショーケンたちに）ほんものの音楽を作りだす機会を、与えるべきではないか〉と考えた中井は、三つのグループの分裂解散が表明された後の七〇年十二月二十日に動き出した、とある。メンバーが顔を合わせたのは二十九日、全員が渡辺プロとの契約を終えたのは七一年一月九日、ＰＹＧ結成記者会見が十一日という性急さであった。

タイガースの解散記者会見が渋谷公会堂で行われたのは、七〇年十二月七日のことだった。この時は解散という言葉は使われていない。松下制作部長は、〈クレージイ・キャッツと同じことです。それぞれに活動しながら、時にはタイガースとして統一行動をとります〉（「週刊ヤングレディ」七〇年十二月二十一日号）と説明。沢田は「ニューロックの五人編成バンドを作ります」、岸部修三は「アートロックのバンドを結成する」で、各々に別のバンドの話が進んでいたのである。「ハードロック中心の沢田と岸部のＰＹＧ」と発表され、渡辺プロが事実上のタイガース解散を認める声明を発表するのは七一年の年明けであった。

〈この解散をめぐるゴタゴタは、その商品価値としての高さゆえのものであった。しかし、この渡辺プロの目論見は、瞳の抵抗によって方向転換を余儀なくされた〉（磯前順一『ザ・タイガース世界はボクらを待っていた』）

他のメンバーが次の場所を決めていく中で、ソロになることを逡巡する沢田のために別のバンドが計画されていた。だが、テンプターズ解散を知った内田の案で、ショーケンとのツインヴォーカルのバンドが急浮上したということか。沢田は岸部に誘われたと言い、萩原は井上堯之から誘われたと語っている。かまやつはこんな話をしていた。

〈実は、井上さんに話が行く前に、中井さんから僕に「沢田とショーケンでバンドを作るから、堯之さんと大野さんに（参加を依頼する）話をしてくれませんか」と、話があったのです。そういう話だったら、当然僕もメンバーに入れると思っていたのですが、どうも様子が違って、「何だ、僕は二人に話をするだけなのかよ」と、がっかりしましたね〉（井上堯之『スパイダースありがとう！』）

卓抜なハーモニーとギターテクニックで日本のCSN&Y（クロスビー、スティルス、ナッシュ&ヤング）と呼ばれたガロであれば、PYG（ピースフル・ヤング・ジェネレーション）という名もよく似合っただろう。だが、ニューロックを目指すバンドはそれを相応しくないとして、自ら「豚野郎」と名乗るのである。二〇〇〇年に復刻されたファーストアルバム「PYG！」でGS研究家の黒沢進が書いたライナーノーツに、リーダーとなる井上の言葉が紹介されていた。

〈「また新しいGSが生まれただけだ、という印象を徹底的にぬぐい去りたかった。なにものにも制約されず、無から出発しよう、わいはブタや、ブタでええやないか、というわけです」〉

沢田は、PYGの時が一番楽しかったと語ってきた。内田との対談でも、好きな音楽を好きな仲間とやれた喜びを隠さなかった。

〈やっぱりあのころは、みんなで一緒に考えながら、考えながらやってましたよね〉

〈みんな月給5万円でスタートしようなんてことも、たしかに真剣で考えたよね〉（「ニューミュージック・マガジン」七三年七月号）

しかし、メンバーの志と心意気がいかに高くとも、芸術的野心と商業的成功を両立させることは至難の業である。アマチュアやミュージシャンが野外ロックフェスを開催し、学生主催のフォーク・イベントも多かった。「不良の音楽」たる反体制のロックを標榜しながら芸能プロ最大手の渡辺プロがプロモートするPYGは、最初から矛盾を内包していた。お披露目は、フジテレビの著名人が出演するトーク番組「スター千一夜」だった。中村とうようの「ニューミュージック・マガジン」もあったけれど、登場する媒体は渡辺プロのファンクラブ誌「ヤング」に「明星」「平凡」とタイガース時代と大きく変わることはなかった。

三月に京大西部講堂のステージに立った時も、四月に日比谷野外音楽堂で開催された日比谷ロックフェスティバルに登場した時も、ＰＹＧは「帰れコール」を浴び、空き缶が飛んでくる騒ぎとなった。日比谷にはガロも出演しており、大野はその様子を見ていた。

「帰れコールが激しくて、ちょっと可哀想でしたよね。ＧＳの中であのメンバーが集まったら最高でしょ。生え抜きのミュージシャンが集まった凄いバンドなんです。しかも、歌はあの二人。ジュリーもショーケンもカッコいいだけでなく、ヴォーカリストとしての存在感もあるし、本当だったら売れなきゃおかしい。でも、あの頃はハードロックの時代になっていたから世間の目がもう違っていたんでしょう」

四月に岸部修三作詞／井上堯之作曲のファーストシングル「花・太陽・雨」をリリース、八月にファーストアルバム「ＰＹＧ！」を発売。ＰＹＧが残したスタジオ録音のアルバムはこの一作のみで、大口は早くに去り、沢田がソロへ、萩原が俳優へとそれぞれの道を歩き出すことで、ＰＹＧは形骸化していく。その音楽性を正当に評価されないまま、萩原を除いたメンバーは井上堯之バンドと名を変えて沢田研二と共に歩いていくことになる。

ＰＹＧが実質的な活動を終えた七一年十月、ガロは日本初のインディーズレーベル「マッシュルームレコード」から「たんぽぽ」でデビューした。

大野が中井から「俺、独立するんだ。事務所を作ろうと思う」と呼び出されたのは、「学生街の喫茶店」がＢ面からＡ面に変わった頃の七二年秋であった。西麻布の店に出向くと、そこには渡辺プロの関係者やレコード会社の人間が十人以上顔を揃えており、早稲田プロデュース研究会にいた漆原好夫を紹介される。漆原は、吉田拓郎やかぐや姫らが所属したユイ音楽工房を作り、井上陽水、拓郎らとフォーライフレコードを設立することになる後藤由多加と同じサークルだった。

「『こいつと一緒にやるんだけれど、ガロも一緒にやらないか』って誘われたんです。漆原さんは丘蒸汽というフォークのグループを抱えてたんですが、中井さんに、もうひとつ欲しいんだけれどと聞かれて、二人の知らなかったキャロルはどう?と言ったんです」

キャロル発見に関しては、内田裕也とミッキー・カーチスがプロデュースを争ったと言われている。この時点で大野は、ミッキー・カーチスから「今度やることになったんだ」とキャロルのテープを聴かされており、一発でその音楽を気に入って周囲の人たちにキャロルのことを喧伝していた。その場で、中井と漆原を連れてミッキー・カーチスのもとに行き、「中井ちゃんだったら任せるよ」と、まだデビュー前のキャロルの所属事務所が決定したのである。

「ガロとキャロルだから、事務所名はガロルってどう? なんて提案もしたんですよ。でも、僕らは村井邦彦さんの個人事務所と契約していたので、弁護士とも相談したんですが結局移籍は叶いませんでした」

七二年十二月二十日、キャロルは「ルイジアンナ」でレコードデビュー。中井國二は渡辺プロを退社してバウハウスを設立し、会長に就いた。ジョニー大倉の『キャロル夜明け前』に事務所立ち上げに名乗りをあげてくれたとして〈『ザ・タイガース』のマネージャーをしていたナカイさん〉が出てくる。矢沢永吉の二冊の著作に中井の名前はないが、七三年六月発売の「深夜放送ファン」別冊、「JULIE 沢田研二のすばらしい世界」には、矢沢がコメントを寄せていた。

〈あれだけの体制を動かしたのは何かと考える場合、非常に興味はありますね〉

〈うちのマネージャーにも言ってるんですけど、一度逢って話をしたいですね。とにかく《タイガース》の沢田研二は最高ですよ〉

この時、ＰＹＧを助走とした沢田研二は、「危険なふたり」でスーパースターへの階段を駆け上ろうとしていた。

ロックに捧げた青春

寺院にホテルにレストラン、カフェにショップ等々。京都の街を歩くと、アクリル絵の具で描かれた大胆な筆遣いの襖絵や壁画に幾度となく出合うことになるだろう。樹木希林の自宅の和室には、同じ画家の筆による、再生していく蓮が描かれた戸板四枚がある。「キーヤン」と呼ばれ親しまれる、木村英輝の作品だ。中京区にアトリエを構える人気画家は、六〇年代後半から七〇年代の京都サブカルチャー・シーンのキーマンであり、日本のロック黎明期を牽引したプロデューサーである。

木村が、ザ・タイガースのマネージャー、中井國二からＰＹＧの構想を告げられ、相談をもちかけられたのは万博の年、一九七〇年が終わろうという時であった。

「彼は新しいプロデュースをしようと思っていたので、僕も彼に興味を持ったんですね。同い年だったし、二人とも美術大学の出身。互いに、芸能界で自分の考えてることがわかるのはあなただけや、となった。そこから彼が亡くなるまで何でも話し合えた親友でした」

中井と同じ四二年に大阪の泉大津で生まれた木村は、京都市立美術大学（現・京都市立芸術大学）図案科で学び、ダイナミックに時代が変わっていく中でアメリカのポップカルチャーの洗礼を受けて、「紙に絵を描く」ことより「社会に絵を描く」ことを志向するようになっていた。中井と出会った時は、二十八歳。母校の講師時代に手がけた日本初のロックイベントが世界の目に止まり、富士山のすそ野で開く日本版ウッドストック「富士オデッセイ」の日本側のプロデューサーとして奔走して一年強、夏に「平凡パンチ」でその頓挫の経緯を語ったばかりであった。資金不足に加え、「ヘアー」の出演者の大麻不法所持逮捕など向かい風が吹いた。ローリング・ストーンズやジミ・ヘンドリックス、ジャニス・ジョプリンなど二十五バンドが集い、世界中の若者がやって来るはずだったロックフェスは幻に終わったのだ。

しかし、春に「富士オデッセイ」のプロモーションとして、日比谷野外音楽堂で「MOJOフリーコンサート」をプロデュースしていた。フラワー・トラベリン・バンドと麻生レミ、ザ・モップス、ザ・ゴールデン・カップス、ザ・ダイナマイツなど実力派と呼ばれたグループがステージに上がった。観客は、ピーター・マックスのサイケデリックなイラストをプリントしたTシャツや絞り染めのTシャツ姿で、白い縁のサングラスに手にはペロペロキャンディー。安井かずみやコシノジュンコもブーツにパンタロン姿で現れて、赤坂のディスコ「ビブロス」の常連客がそのままやってきたような、ファッショナブルな若者たちのファッショナブルな祭りとなった。

京都と東京をまたにかける木村は、時の人であった。創刊されたばかりの「anan」の「立木義浩のファミリーヌード」シリーズに、妻と共に登場。ボブ・ディランのような風体をしたプロデューサーは、高度成長期の終わりを宣言する富士ゼロックスのCM「モーレツからビューティフルへ」の第二弾に、加藤和彦に続いて起用された。そんな彼に、「GS後を考えるよう渡辺美佐から特命を受けた」という中井が、助言を求めたのである。木村は、欧米のロックシーンを訪ねた旅から戻ったところだった。

「渡辺プロの『ザ・ヒットパレード』がアメリカのヒットチャートをそのまま日本語に訳して歌ったように、グループサウンズもビートルズやストーンズを咀嚼して真似るという図式だった。

ところがドラッグ体験で変質して髭をはやし、マッシュルームカットから超ロングヘアーになったビートルズをどう真似たらいいのかわからない。急にジャニス・ジョプリンやエリック・クラプトンが出てきても、やれないわね。日本の芸能界はロックが理解できなくて、そういうノウハウを一番知っているのは僕だとなったようでした。でも、僕もよう知らんから」

ヴォーカル沢田研二&萩原健一、ギター井上堯之、キーボード大野克夫、ベース岸部修三、ドラムス大口広司。GSの三大バンドから二人ずつを選抜するPYGの構想を聞いた時、木村は首を傾げた。イギリスで、ヤードバーズのジミー・ペイジがロバート・プラント、ジョン・ポール・ジョーンズ、ジョン・ボーナムを集めてできたバンドがレッド・ツェッペリンだが、これはブリティッシュロックの集大成であった。当時、世界を席捲していたスーパーバンドである。

「ロックというのは、基本的にビートルズやストーンズのように近所のやつらが集まって勝手に出てきて世界をとる、そういうもの。タイガースは、実際にそういうバンドだった。京都の街でウロウロしていてバンドやろかとなったんだから、GSの中では唯一本物やった。だからPYGのことを聞いた時は、そんな彼らが芸能界でレッド・ツェッペリンの潮流にのろうと再編成するのはおかしいと思ったよね」

中井の話では、メンバーを決めたのはザ・スパイダースのかまやつひろしだった。

「中井さんはまず、音楽通で文化やアートにも精通しているかまやつさんに相談したんだね。かまやつさんは自分が入るつもりでメンバーを選んでいたのに自分は外されたって、笑い話で残ってるんやけれど」

東京の街を徘徊していた木村は、「キャンティ」の川添梶子に誘われ、岸部修三らと麻雀をする夜も多かった。岸部の家に寝泊まりするようになった頃にPYGが誕生し、木村はメンバーや中井との距離を縮めていく。青山スタジオでの練習にも付き合った。

「当時の青山スタジオは倉庫みたいなところで、そこでしょっちゅう練習していたね。夜になると井上堯之さんの四谷の自宅にみんなで集まって、新しい時代のアートやポップスについて侃々諤々、朝までやっていて、僕もよく参加していた。サリー（岸部）の家か堯之さんの家に居候していたようなもんやった」

その頃、木村は京都大学の西部講堂でロックコンサート「MOJO　WEST」をスタートさせようとしていた。中井は、そこをPYGのデビューの場にしたいと言った。

「あの頃の西部講堂は、ヘルメットやゲバ棒、火炎瓶が転がり、バリケードで覆われた京大の象徴だった。そこにPYGを出すというんやから、やっぱり、中井さんは並のマネージャーじゃなかった。おかげで僕は、反体制を標榜する京都の学生たちから『商業主義ナベプロの回し者だ』と批判されるんやけれどね」

全共闘運動は撤退期に入っていたが、京大では「過激派」による抵抗と闘争が激化していた。伝説的な演劇やコンサートが開催された場所として知られる西部講堂のシンボルは、大屋根の赤い三つの星であった。この星は、七二年五月にテルアビブ空港を襲撃した三人のために描かれたという説がある。生き残ってイスラエルの軍事裁判にかけられた岡本公三以外の二人、死亡した奥平剛士と安田安之は京大工学部の学生だった。PYGが西部講堂に立ったのは、京大周辺に常時パトカーが止まっていた時代である。

七一年三月二十日、京大西部講堂で開かれた「第一回MOJO　WEST」は二つの伝説的バンドが登場したコンサートとしてロックファンに長く記憶されている。ひとつはPYGであり、もうひとつは、木村が一時、プロデュースした村八分である。

日本語でロックをやるという試みが同時多発的に生まれた時期で、村八分もそうした先駆的存在、コマーシャリズムに乗ることに徹底的に抵抗したアンダーグラウンドのバンドであった。四九年生まれの元ダイナマイツの天才ギタリスト、山口冨士夫と、腰まで髪を伸ばした五〇年京都生まれのヴォーカル、チャー坊、柴田和志が中心で、マニアックなファンを集めた。「目がジュリーに似てる」と自称していた五二年生まれの作家、中島らもも村八分のために西部講堂に足を運んでいる。中島はもういないので、彼の盟友、五四年生まれの作家、鈴木創士が語る。

「チャー坊の髪の毛の長さに、らもは憧れていました。ドロップアウトした時間そのものだから。みんな、吸血鬼みたいなメイクして、山口冨士夫のギターはめちゃくちゃうまかった。コンサートは野次る客席の新左翼とすぐに乱闘になるので、まだ子どもだった僕らはびっくりしてた。PYGの時は見ていないけれど、ジュリーが表のスターだとすれば、チャー坊は裏のスターだった。僕らはどちらも好きだったね。二人ともロックだったし、カッコよかったもん。今にして思うと、遠いところにいたように見えた二人だけど、実際には近いところにいたんだよね」

　山口らが参加する前の出来事だが、村八分の母体となった裸のラリーズの初期メンバーのひとりは七〇年三月、よど号をハイジャックして北朝鮮に渡っていた。頭脳警察が、赤軍派の上野勝輝が書いた「世界革命戦争宣言」をシャウトして新左翼のアイドルになるのもこの頃だ。

「平凡パンチ」が京都特集の中で、六ページに亘り当日の模様をイラスト入りでルポしていた。そこでは沢田や萩原のファンを異物として描写してあり、PYGが野次られる様子もあったが、総じて好意的な評価だった。タンクトップにストライプのパンタロン姿のジュリーが座り込んでカンカラを叩き、上半身裸のショーケンがマラカスでリズムをとり、二人の間で井上堯之がギターを弾くイラストが載っていた。

山口冨士夫も、自著でその日のことを書いている。

〈岸部のベースはいい音出してたなあ。井上堯之とか大野さんはもちろんよ。それで、客席の後ろ半分はド汚い村八分を見に来た客。若い女の子たちはジュリーやショーケン見てキャーキャー言うんだけど、ＰＹＧの演奏が始まると、後ろからは罵声なんだよね〉

〈でもそのジュリーを、まるで美空ひばりでも見るような感じで、チャー坊は惚れ惚れして見てたけどね〉（『村八分』）

木村はステージに出て、「ＰＹＧかて、音楽やってんねん。聴いたらんかい！」と怒鳴った。

「よく覚えてないけれど、その類のことは言ったのかな。音楽を放って殴り合いしていたから。あの時代、ことに西部講堂は野次ってるやつの方がカッコよくて、ＰＹＧは標的になりやすかった。もうひとつは、沢田とショーケンのファンが牽制しあって、中に入らずに表にいた人たちもいたわけ。だからほとんどが村八分のファンだった。そうしたことは全国を回った時にも起こって、ＰＹＧは全国ツアーが成り立たなかったんやね」

四月、七月に行われた内田裕也プロデュースの日比谷野音ロックフェスでも、ＰＹＧが出ると空き缶が投げつけられ、「帰れコール」が起こった。沢田は、あの頃は楽屋でも肩身が狭かった、と内田相手に語っている。

〈ぼくたちは、やりようがなかったんよ、結局〉

〈ぼく自身、ミュージシャンでありたいと思っていたけども、沢田研二はミュージシャンだ、って言い切れるだけの自信はなかったし、ひけ目を感じてましたね。ぼくは、音楽を知らないっていう劣等感があるわけですよ。井上さんたちに、すまないなぁという気持も強かったしね…〉

（「ニューミュージック・マガジン」七三年七月号）

一年たたずに形骸化したＰＹＧに対して、村八分は七三年五月に西部講堂で開いたコンサートを収録した「ライブ」を出した後、解散。その後何度か再結成の動きはあったものの、ＰＹＧと同じステージに立ってからの約二年が実質の活動期間であった。九四年、チャー坊はオーバードーズにより死去。二〇一三年、喧嘩を止めに入った山口冨士夫は路上で頭を打って亡くなった。〈オレたちがドラッグバンドだった村八分だが、その理由を山口はこう書いた。当時のミュージシャンの言である。ドラッグに魅力を感じたのは、やっぱりいつもストリートにいられる、路上にいられる、要するに社会の枠からはみ出ること。そこに魅力があった〉（『村八分』）

ＰＹＧ誕生の年、木村は日本初のインディーズレーベル「マッシュルームレコード」設立に参加。内田裕也、川添象郎、ミッキー・カーチス、村井邦彦、そして木村の五人が設立メンバーであった。

第一号のアーティスト、ガロの大野真澄が苦笑して振り返る。

「裕也さんから誘われたんですけれど、キーヤンがいたから決めたんですよ。あの人がいるなら面白いだろうとね。でも、契約の時にはもう裕也さんはやめていた」

このレーベルはガロ、ユーミン、小坂忠らをデビューさせるが、空中分解して、村井邦彦によってアルファレコードに移行していくことになる。日本のロックシーンの歴史的瞬間に幾度も立ち会った木村は、七二年の秋には、デビュー前の矢沢永吉が内田裕也に頭を下げる場面も中井と共に目撃していた。興味深い話ではあるが、本書はジュリー中心の地図なのでキャロルのことはここまでに。

木村と沢田研二の縁が深くなるのはそれから少しして、沢田がザ・ピーナッツの伊藤エミとの結婚を決めたことがきっかけだった。当時、木村は四条西木屋町でディスコ「ママリンゴ」を経営する通称マーキ、山田正樹に請われ、企画会社のアドバイザーをやっていた。「悪魔のようなあいつ」でデイヴ平尾が歌った、久世光彦作詞「ママリンゴの唄」のタイトルはこの店名からとられている。すでに亡くなった山田は、沢田の岡崎中学時代からの友人だった。ある時、山田のもとに、大物政治家を主賓に招いて帝国ホテルで結婚披露宴を行うことになったと、沢田から電話が入った。

木村の回想が続く。

「それを聞いて、僕は、それはカッコ悪いと言ったんやね。六九年にジョンとヨーコはベッドイン（結婚時に行った平和活動パフォーマンス）してるのに、そんな布施明や森進一と張り合うようなことをするなと、比叡山で式を挙げて、一番喜んでくれるファンのためのコンサートをしたらいいと提案した。沢田がそのことを渡辺晋に言うと、さすがに渡辺晋は凄かった。『その通りだ』と認めて、『だったらフリーコンサートにしろ』と命じたんです」

京福電車やバス会社と交渉して通常のケーブル代やバス代に何百円かを上乗せして、制作費を捻出した。冬場はスキーヤーで賑わう約一万二千平方メートルのスロープの下に幅五十メートル、高さ十五メートルの特設ステージを設け、百五十個のスピーカーを両サイドに積み上げた。早朝から京都駅八条口などから約五百台のバスでピストン輸送させ、会場から沿道には京都府警の警官が出向いて警備にあたる。延暦寺釈迦堂で挙式をすませ、孔雀の刺繡で飾ったショッキングピンクの衣裳に身を包んだジュリーが、白いリンカーンのオープンカーに乗って二万人が待つ野外ステージに登場したのは午後三時過ぎだった。

ジュリー神話の一幕となる、七五年七月二十日比叡山フリーコンサート。記録映像の片隅にはカーリーヘアーの木村が映っている。

「それからは、沢田とよく一緒にいた。あの忙しい人となんでいたのかな。年齢的に六つ違うので、兄貴的な感じになっていたね」

井上堯之が〈揺るぎなき一貫性の下、彼の何もかもが大好きだった〉（木村英輝『MOJO　WEST』）と書くほどに仲間の信頼が厚い木村は、沢田にとっても心許せる先輩だったに違いない。「勝手にしやがれ」「TOKIO」と続く絶頂期も、二人は、岸部やブルージーンズのヴォーカル、田川譲二ら、仲間とよく遊んだ。

「田川さんには、銀座に連れて行ってもらったりしました。下戸の僕は酒が強い沢田につられて、薄い水割りが飲めるようになったんです。休みの日には、競馬場に出かけたこともあったね。俗っぽい遊びを気楽に盛り上げる京都の友人がいたから、できた交友でした。沢田は俗っぽい遊びがつまらないと思う反面、興味があったんかもしれへんね。でも、沢田は、ほとんどな〜んにも喋らない。黙ってるだけ。だから、二人でエレベーターに乗ったりすると沈黙がテレくさくなって、ついついこっちが喋ることを探してしまうことになる。僕の知ってる頃の沢田はジャック・ダニエルが好きで、透き通った男前、めちゃくちゃ綺麗やったよ」

木村が親しんだ沢田は、コンサイス（英和辞典）と国語辞典が入ったバッグを持ち歩くような、いい加減さを許さない男であった。送って行った帰り道に、「木村さん、ちょっと寄ったら？」と、何度か自宅にも誘われた。タイガースのメンバーは内田裕也に倣い、キーヤンではなく「木村さん」と呼ぶのだ。中野ブロードウェイの自宅に寄った時は、「こんなもの持ってるねん」と、ミック・ジャガーのサインを見せられた。タイガース時代、映画の撮影でロンドンに出かけた時に、日本レストラン、「ヒロコ」でマリアンヌ・フェイスフルと一緒にいるミックにもらったというサインだろう。沢田の隠れた宝物であった。

「還暦ライブで八十曲歌ったように、沢田はそういうきっちりした男なんや。ミック・ジャガーに憧れていたね。僕は、沢田は自分が男前であることが嫌やったんやないかと思う。あの綺麗な顔が嫌だった。沢田と一緒にタクシーを待っていて乗り込んだ途端に、もう気持ち悪いくらいに窓にベタベタと（ファンの）顔がくっつくねん。瞬間的にベタベタベターッて。やってる人には悪気はないんだろうけれど、それを見て僕も、そりゃ嫌になるなと思ったぐらいだから」

その頃だったか、沢田が、「空中ブランコに乗ってて止まりかけたら漕がないとあかんしなぁ。そやからいつも思いっきり漕がなあかんねんや……」と呟いたことがあった。

「沢田が、アサリの酒蒸しの美味しい店があるというので、二人で行ったことがある。そこに偶然、亡くなった（中村）勘九郎（後の勘三郎）さんがいて、『ジュリー！』って、愛想よく駆け寄ってこられたんや。沢田は、あとで『生まれながらにやる歌舞伎の人みたいなこと（芸能界の社交）は、僕にはできひんわ』と言っていた。そういう気持ちが、いつもどこかにあったんやないかなぁ」

八一年十一月、「タイガース同窓会」と称して、沢田、加橋かつみ、岸部一徳、岸部シロー、森本太郎の五人の再結成が発表され、翌八二年春、日本武道館を含む全国主要都市でツアーを展開。アルバム「THE　TIGERS　1982」をリリースし、シングル「色つきの女でいてくれよ」がヒットした。写真集『10 YEARS, ROMANCE』の制作には、中井國二と木村英輝の名前が並ぶ。

中井の発案で、ツアー最終日の武道館でメンバーに女性から花束が贈られることになった。他のメンバーの相手はすぐに決まったが、沢田の相手はなかなか決まらない。その時、木村が思い出したのが「サザエさんのドラマ、朝やってるやろ？　あのサザエさん役の女の子、カッコえぇ」という沢田の何年か前の言葉だ。木村は、彼がそんなことを言うのを一度も聞いたことがなかった。七九年の朝ドラ『マー姉ちゃん』で長谷川町子を演じたのは、デビューしたばかりの田中裕子だった。

「中井さんが交渉したら、田中裕子は沢田のファンやったから『やりたい！』ってすぐに返事が来た。だから、まあ、僕が陰のキューピッドかもしれないんやね」

テレくさそうに笑った木村だが、八七年を境に沢田との縁は遠くなる。京都府が主催して、彼がプロデュースした「パルスプラザ」の柿落《こけらお》としのステージから沢田が転落し、左肘骨折と肋骨打撲で一ヶ月の入院を余儀なくされる、という事故が起こったのだ。

「弟のように大事にしたいと思う時期もあったんやけれどね。僕が関わると、みんな裏目に出るというか験《げん》が悪い。PYGは失敗したし、比叡山コンサートの結婚は離婚になって、今度は怪我や。その時に僕、沢田に手紙を書いたんです。『君と僕とは相性が悪いのかもしれない』って。それから沢田と会うことはなくなった。沢田の友だちから話は聞くし、サリーとは今も付き合っているけれど沢田とは会ってないなぁ」

木村は六十歳になった時、還暦の祝いの席で一度置いた絵筆を再び持つと宣言した。

「自分のやることをやるんや、と思ったから。生きてるということはそういうことやと思う。無理しないで自分の描ける絵を描いているのは、結構面白いですよ」

沢田研二は、七十歳、古希になってから、ギターの柴山和彦ひとりを相棒にロックなライブをスタートさせた。PYG時代の悔しさを、まだ忘れていないのかもしれない。

実力バンドの敗北

他誌に先んじてPYG結成を報じたのは、「週刊平凡」七一年一月二十一日号であった。「沢田研二、萩原健一ら6人が新G・Sを結成！」というタイトルで、サブに「7日深夜都内の料亭で、秘かに打ち合わせ」とある。

記事の内容は――七日当日は、東京プリンスホテルで渡辺プロの新年会が開かれており、ザ・タイガースのメンバーも出席。パーティー終了後に、沢田と岸部修三、マネージャーの中井國二が四谷にある小料理屋「錦水」へ駆けつけると、そこにザ・テンプターズの大口広司と萩原健一、ザ・スパイダースの井上堯之、大野克夫がいて、熱っぽい議論が闘わされていた。〈……いままでできなかったようなことをやっていこうよ〉〈ステージ中心にロックを……〉。約二時間後、〈……そんなことといってるから、タイガースが解散になっちゃったのだって当然だよ！〉とショーケンが大声でまくしたてながらサリー（岸部）と車で去り、仏頂づらのジュリーが大口の車で立ち去った――とある。

井上が記者にバンド結成を認めて、〈いままでの、ショー的なテレビ出演はいっさい拒否して――本格ロックはすたらせたくないですからね〉と抱負を述べていた。リーダーの井上が「本格ロック」と語るのに、見出しが「新G・S」となるところにPYGの悲劇があった。ロックという言葉は、芸能誌にはまだそぐわないものだったのだろう。後になってもPIG、としていた雑誌もあった。

四十年近くたって沢田は、週刊誌が張り込んだこの夜のことをラジオで語っている。

「喧嘩したふりをして出て行こう、『いきなり仲間割れ！』となればカッコええやんと、みんなで話したりなんかして。アホみたいやけど。こっちが作為したことは全然書いてくれなくて、『いよいよ始まる』って書かれるんですけれど」（「今日は一日ジュリー三昧」）

メンバーたちの親しさや、新しいバンドに懸ける高揚感が伝わってくるエピソードではないか。

沢田は、毎夜のように井上の自宅裏にあった「錦水」の二階に集ったPYG時代がいかに楽しかったか、を繰り返す。

「タイガース時代は難しい曲はできなかった。ところが大野さんと井上さんがいてくれることで、『この曲やりたい』と言ったらすぐやってくれるわけね」

「PYGの頃は『リズムのとり方、ちょっと違うよ』とか、いろいろ教わった時期なんですね」

「楽しくて楽しくてしょうがなかったなぁ」

「この時期っていうのは凄く勉強になった時期。この時期がなかったら、その後のキャリアはどうなってたんだろうと思うぐらいのもんですよ」（同前）

井上堯之と並ぶPYGの音楽的支柱、大野克夫も、同じ気持ちであった。

「あの頃は、本当にみんなで楽しくやってましたよ」

沢田より九歳上、京都出身の大野は、沢田研二に「時の過ぎゆくままに」「勝手にしやがれ」「サムライ」等数多くのヒット曲を提供、萩原健一主演のドラマ「傷だらけの天使」や、「太陽にほえろ！」などのサントラを手がけたヒットメーカーである。近年は、「名探偵コナン」の音楽でも知られる。

大野は子どもの頃から和洋の音楽に親しみ、どんな楽器でも自由に使いこなし、ピアノの鍵盤を睨むと音程が浮かんだという。名門・市立堀川高校時代にはもう、絶対音感を持つ天才少年として音楽の世界では知られた存在だった。十代でプロのバンドに参加、京都のジャズ喫茶「ベラミ」でスチールギターを演奏していた時に、田辺昭知に呼ばれてスパイダースのメンバーになった。それから八年後、スパイダースの解散が決まった頃に、中井國二からメンバーの名前と共にPYGへの参加を提案されることになる。自分を東京に誘ってくれた田辺に相談すると、彼は

「いいんじゃない？ やればいい」と言ってくれた。

根っから音楽好きの大野にとって、沢田研二はその歌声を聴いた瞬間に魅了されたヴォーカリストであった。

「どこか地方の公民館でテレビの公開録画があり、リハーサルをしていた時です。下手と上手に分かれてスパイダースとタイガースのステージが組んであって、そこで沢田研二の声をはじめて聴いたんですよ。もう驚きました。あまりにも綺麗な声でボリュームがあり、はっきり言葉が聴こえて。それまでの我々の歌手や他のバンドの歌手とは、全然違いました。歌の上手下手ではなく、生まれつき持ってるものが違った。それが羨ましくて、いつか一緒に仕事したいと思っていたので、中井さんの提案にOKしたんですね」

大野は、萩原健一のステージもはじめて見た時から大好きだった。

「最初にショーケンを見たのはどこかの野外ステージだったんですが、スタンドマイクをガッと持って歌って、凄くカッコよかった。ローリング・ストーンズを真似たんでしょうけれど、びっくりしました。だからジュリーとショーケンという二人のヴォーカルは、なかなか刺激的だったんです。お膳立ては全部、中井さんですね。PIGではなくPYGとしたところがいかにも中井さんらしかった。音楽的なことは、私と井上がいればなんとかなると思っていました」

渡辺プロはかまやつひろしや内田裕也らをブレーンに、PYGを中心とした「ロックセクション'71」を作るほどだったが、マネジメント側がバンドの方向性に口を挟むことはなかった。どんなバンドにするか、どんな曲を演奏するのか、どんな楽器やアンプを使うか。すべてはメンバーに委ねられたと、井上が書いている。

〈(渡辺プロは)すばらしい会社だったね。ギャラのことをはじめ、ぼくたちにとって必要なこざすキミへ』）

とすべて、受け入れてくれた。印税だって、よその人が来て、エーッてビックリするくらいのい い率だったしね。好き勝手、いいたい放題にさせてくれたんだ〉（井上堯之『ミュージシャンをめ

毎夜、「新しい音楽を」と志をひとつにした仲間が集まって議論を交わし、それぞれがやりたい曲、歌いたい曲のレコードを持ち寄ると大野が譜面にしてもう翌日には練習することができた。タイガース時代に望んでも叶えられなかった、思う存分に練習ができて、歌いたい曲が歌える環境は、沢田にとって天国のようなものだったに違いない。何よりPYGでは、自分が「最後にいれてもらった」というタイガース時代の居心地の悪さなどみじんも感じる必要はなかった。井上、大野という、ミュージシャンたちが一目置く二人の敬愛すべき先輩に、タイガースで最も親しんだ岸部、そして二つ年下の萩原がいるのである。

ショーケンのいたテンプターズは、タイガースに対抗できるバンドを探していた田辺昭知によってスカウトされた。六七年十月、タイガースより八ヶ月遅く「忘れ得ぬ君」でデビュー、ショーケンが歌った「エメラルドの伝説」で人気グループとなる。タイガースとテンプターズはビートルズとローリング・ストーンズにたとえられ、二つのバンド、二人のリードヴォーカルの競争があったからこそGSブームは長らえたと分析する向きもある。スウィートとビター、静と動、ジュリーとショーケンは個性の違いが互いを引き立てて、確かに好敵手であった。

沢田もラジオで、テンプターズが登場した時に「ストーンズやらせたら凄いカッコいい」と聞いて「新宿ACB」へ偵察に行った、と話している。

「ショーケンが脚長いし、手長いし、カッコよかったね、あの頃から。僕らも『シーサイド・バウンド』出してかなり人気があったけれど、凄い脅威だった。だから違うほうへ行ったほうがい

いって、勝負するものは『傷だらけのアイドル』とかにしたんだよね」

「ウエスタンカーニバルでも照明や小道具をあの手この手で考えた。決して仲が悪いわけではなく競争が激しくて、敵は何やるのか、音合わせの時が楽しみで。面白かったですね」(七五年一月十九日文化放送「沢田研二ショー」)

GS時代から沢田が萩原を「ショーケン」と呼ぶのは一貫しており、萩原のほうは「沢田さん」「ジュリー」「沢田」「研二」と変化して、PYG時代はもっぱら「ジュリー」である。対談などでの呼びかけであるが。大野は、二人は親密だったと述懐した。

「PYGはみんなが親しくて、ジュリーとショーケンも互いを信頼し、尊重し合って、とても仲よくやっていました。お喋りなショーケンが何でも喋るのを、ジュリーはただ笑って嬉しそうに聞いてるんです。歌ではショーケンが一歩引いていたように私には見えて、えらいところがありました。ショーケンは自分は喋りは下手だからと尻込みするんですが、ジャズ喫茶の二ステージ目の司会をショーケンに任せると意外に上手かったんですよ」

ジャズ喫茶は半日四回のステージで昼四回夜四回ずつ、一日八回のステージであればジュリーとショーケンが交代で司会を受け持ち、交互にリードヴォーカルをとる。一回に六曲、ローリング・ストーンズやビートルズ、ディープ・パープルなどを演奏することが多く、リクエストがあれば応えた。

「バンドのチームワークはすっごくよかったんですよ。ただ、ジュリーとショーケンのファン同士がいがみ合っていて、興行的には成り立たなかった」

大野は苦笑したが、コンサートでもジャズ喫茶でも、沢田が歌えば「ショーケン！　ショーケン！」とタンバリンが激しく鳴り、ショーケンが歌えば「ジュリー！　ジュリー！」と客席が騒がしかった。ついに両者の反目は、ＰＹＧを拒絶するという形に至る。なぜ、そこまで二人のファンはＰＹＧに反発したのか。

音楽業界で働く京都生まれのある女性は、テンプターズ時代からの熱烈なショーケン・ファンだった。その時は高校生で、ＰＹＧが京大西部講堂に立った時はもちろん、東京のジャズ喫茶に出演する時も深夜バスで駆けつけた。ジュリーのことは決して嫌いではないけれど、二人が仲間として並んで歌っている場面は受け入れ難かった。

「ＰＹＧは音的なレベルは高かったですね。でも、二人が同じバンドで歌うなんてあり得なかった。ウエスタンカーニバルは渡辺プロ主催なので、タイガースのファンは前の方のいい席で、弱小のスパイダクション（後の田辺エージェンシー）のテンプターズのファンは後列。そもそもＧＳ時代はファンの競争心を煽ることが業界の商法で、人気投票でも散々煽られた。タイガースの明治チョコに対抗して、テンプターズがＣＭに出ている森永チョコを買いました。不良のショーケンこそが時代の王道、王子様のジュリーには負けないわよーと、まだ十代の女の子にとってはそうしたことがモチベーションだったので、何をいまさらな感じでした」

互いのファンにとって、ジュリーとショーケンがひとつのバンドのツインヴォーカルとなったことは、敗戦後、敵国鬼畜米英のアメリカが一転同盟国となったくらいの衝撃だったようだ。愛が深い分憎しみは大きい。二人がＧＳ時代の絶対的存在だったことが、新しい局面では裏目に出たのである。

看板二人のファンにそっぽを向かれたＰＹＧは、本来目指したロックの世界でも居場所を持てないでいた。ジャズ喫茶や地方公演の客席は閑散として、満員の野外コンサートでは罵声とモノが飛んでくる。七一年四月にリリースした岸部修三作詞／井上堯之作曲のデビュー曲「花・太陽・雨」のレコーディングに費やした時間は、百時間。沢田が「難しいのでは」と危惧したとおり、よいものをつくりたいというPYGの野心は空回りしていく。

西部講堂や日比谷の野外ステージで野次を浴びたことに対して、PYGのメンバーの反応はそれぞれであった。萩原は「うるせえ！」と応酬し、岸部は〈音楽も聴かずに帰れ！と物を投げつけられる。そういうところに置かれるのは嫌ではあるんですが、おもしろいなあとも思いました〉（「ユリイカ」二〇一九年七月臨時増刊号「萩原健一　ショーケンよ、永遠に」）。

大野は、どうだったのか。

「私はあんまり真剣に受け止めていませんでした。気にしても仕方のないことなので、受け流していたというところでしょうか。ジュリーがステージで怒鳴ったりしたということは、私の記憶ではなかったと思います。ちゃんとステージはステージでやって、自分の歌を歌い終わってからですよね。楽屋で『酷い』と悔しがるのを、裕也さんが『まあまあ』とか、なだめていました」

レコードジャケットのメンバーの服装はヒッピーファッションの流れにある長髪にパンタロン姿で、いかにもミュージシャンなカッコよさ。野外ライブやジャズ喫茶出演の時も各々自由な服装だった。だが、拒否していたはずのテレビに出演する時や、大きな会場で演奏する時はデザイン違いの黒いスーツのユニフォーム姿。PYGはどこかちぐはぐであった。

PYG結成にゴーサインを出したのは、渡辺プロの黄金期のポピュラー班を率いたプロデューサー、池田道彦である。大野と同じ三九年生まれの池田は、PYGの苦戦は当初からある程度予測していた、と記憶を辿った。

「ジュリーとショーケンが一緒になること自体は話題性もあっていいだろうとOKして、すぐに日比谷の野音を押さえました。ただPYGというバンドが持っている雰囲気がね。方向としては新しいバンドなんですが、ハードロックばかりで果たしてファンがついていくのだろうかという懸念は最初からありました。だから、沢田研二がずっとＰＹＧでいいとは、その時の自分は思っていなかったと思います。やっぱり、沢田研二という特別な才能、キャラクターを大切にしなければならないというのはタイガース時代から変わらずにありましたから。ファンの反応や本人の意志を確かめながらこれからどうすればいいのかを見ていましたが、解散させるとかではなく、それぞれが個性を活かそう、ジュリーに関しては、ソロも出そうよ、両方やればいいということでした」

七月、安井かずみ作詞／井上堯之作曲のセカンドシングル「自由に歩いて愛して」を発売。八月、ファーストアルバム「ＰＹＧ！」をリリース。九月、ドラムスが大口広司から原田裕臣《ゆうじん》に交替。十一月一日、ファーストアルバムからシングルカットしたサードシングル、岸部修三作詞／井上堯之作曲「もどらない日々」が、「萩原健一＋ＰＹＧ」のクレジットで発売。同じ日、沢田研二のソロ・シングル、岩谷時子作詞／宮川泰《ひろし》作曲「君をのせて」が発売される。この時点で、「週刊平凡」は速報として「沢田研二が独立！　新しい芸能活動に……『ＰＹＧ』は近く消滅か！」と報じており、沢田のコメントもあった。

〈中途半端かもしれないけど、ひとりの仕事と《ＰＹＧ》の仕事と両方やっていくつもりです〉

（「週刊平凡」七一年十一月十一日号）

十二月、ソロ・アルバム「ＪＵＬＩＥ Ⅱ」がリリースされた。十月に池田とアレンジャーの東海林修が沢田と共にロンドンに赴き、レコーディングしたものである。そしてこのアルバムの中の一曲、山上路夫作詞／加瀬邦彦作曲の「許されない愛」が翌七二年三月にセカンドシングルとしてリリースされ、大ヒット。否応なく、ソロシンガー沢田研二の道が始まるのである。

すでに井上堯之は、渡辺プロのファンクラブ誌「ヤング」の十月号で〈今まではこのグループのために力を結集するって考えだったけど、これからはメンバー各自のためのPYGでありたいですね。例えばメンバーの誰かがLPを出すとすれば、このグループをセッションで使うのが一番いいんだし……〉と、語っていた。興行的に赤字続きのバンドの継続は、難しかったのだ。

元タイガースのマネージャー、森弘明は、「君をのせて」が発売されると、一旦外れた沢田のマネージャーに再び就くことになった。ジュリーのソロデビュー曲のプロモーションに専念していた森は、ある日、沢田から飯倉片町の「キャンティ」に誘われ、「なんでPYGのことやってくれへんの？」と、訊ねられることになる。

渡辺プロOB、森の証言。

「私はまったくPYGには関心がありませんでした。『キャンティ』で私がぶち上げたのは、結果として中井さんのプロデュース路線を否定することになるんですが、『ジュリーはビジュアルの魅力五十％、作品の魅力五十％で成り立っているのに、PYGのジュリーにはこのビジュアルがない』ということでした。『ジュリーは総天然色アーティストであるべきなのに、今のジュリーはモノクロだ』とも言いましたよ。一所懸命PYGの路線に邁進しているのを否定されても、ジュリーは怒りませんでした。どこかに納得している部分があったのかもしれませんね。僕には、池田さんが『許されない愛』で総天然色ジュリーに軌道修正したように見えました」

着々と進んでいくジュリーのソロ路線を、もうひとりのヴォーカル、ショーケンは何を思って見ていたのだろうか。岸部一徳は、萩原の追悼特集「ショーケンよ、永遠に」で、この時期に彼から電話があったと語った。

〈「おれはジュリーに勝てない」と言うんです。だからもう音楽はやめて、映画の制作をやって

みたいと。実際に助監督になったんですよ〉

萩原自身は、自著でこう書いた。

〈PYGをやっていて、改めて気づかされたことがひとつあります。歌に関しては、ぼくは沢田研二と張り合えない、ということ〉

〈「歌が命だ」沢田研二は、はっきりそう言った。ぼくのように決して自ら主張せず、誰かが創作した歌を与えられ、それを誠実に歌う。プロデューサーがつくりあげたイメージを存分に表現してみせる〉

〈おれは違う。自分のイメージは自分でつくって、たとえ与えられた歌でも歌いたいように歌いたい。自分は創作家であって、創作をしたかった〉(『ショーケン』)

ひとつの世界で太陽がふたつ輝かないことをよく知っていた萩原は、別の世界で太陽になるべく模索し始める。そして、小さな役で出た辺見マリ主演「めまい」の監督、斎藤耕一作品「約束」の現場に志願してサード監督として入ったことで、中山仁の代役として岸惠子の相手役に抜擢されるのだ。「約束」は六六年公開の韓国映画「晩秋」のリメイクで、ヒョンビン主演の二〇一〇年公開「レイトオータム」も同作のリメイク、一時許されて外に出た服役中の女囚と無頼な男の恋が描かれている。

一九七二年三月「約束」が公開される頃、萩原は渡辺プロが入った松井ビル近くにある、日比谷の三信ビルにしばしば顔を見せるようになっていた。ドラマ制作とCM制作、俳優のマネジメントを業務とする渡辺企画があり、ドラマのプロデュースを手がける工藤英博がいたからだ。三七年生まれで渡辺プロ大卒第一期生、早稲田大学映画研究会出身の工藤が振り返る。

「私は音楽も好きでしたが、映画が大好きだったんですね。ショーケンも実によく映画を観ていて、二人でよくアメリカンニューシネマの話に花を咲かせました。彼の映画に対する情熱は並外れていて、深い分析力もありました。私は渡辺プロのドラマの窓口でもあったので、この人の才能をなんとかドラマで開花させたいと思うようになっていきました」

萩原と工藤の出会いによって、ショーケンを男たちのヒーローにした「太陽にほえろ！」「傷だらけの天使」「前略おふくろ様」が生まれることになる。いずれも、日本ドラマ史に刻まれる作品だ。沢田は、萩原が不在のＰＹＧのステージで「ショーケンは凄い監督に見初められて映画やってるから」と報告し、演技する萩原について折々の場面で「ショーケン、凄いんだよ〜。カッコいいんだよ〜」と手放しでほめた。工藤の目に「終生の友」と映った二人だが、その話は別稿で。

七二年夏、渡辺プロに所属していた萩原は渡辺企画に移籍して、本格的に俳優の道を歩き出す。ショーケンが去ったＰＹＧは、沢田研二とそのバックバンド、井上堯之バンドという形に姿を変えていくことになる。

ＰＹＧが自然消滅していく過程を、大野克夫はごく自然に受け止めていた。

「ＰＹＧの残ったメンバーがジュリーのバックになるのは、当たり前のことだと思っていました。名前こそ違えどステージは引き継がれていくんだから、私には嬉しいことでした。沢田研二と一緒に仕事がしたいと思ってきて、それがやっと叶ったんだから、別の仕事をしたいなどまったく考えていませんでしたね」

ＰＹＧという挫折は、井上バンドを従えたソロシンガー、沢田研二を華々しく誕生させ、はじめて見るような俳優、萩原健一を世に送り出した。我々は時代の二人の体現者、ふたつの太陽を仰ぎ見ることになるのである。

第４章

たった一人のライバル

ふたつの太陽

沢田研二がはじめて紅白歌合戦へ出場を果たした一九七二年は、あさま山荘事件が起きて連合赤軍事件が発覚し、「日本列島改造論」を引っさげた田中角栄内閣が発足。六〇年安保から続いた政治の季節に完全に終止符が打たれ、騒乱の後に人々の気持ちが豊かさと消費という内側へ向かっていく転換期であった。この年の師走に発行された渡辺プロダクションのファンクラブ誌「ヤング」七三年一月号で、沢田は「謹賀新年　ＰＹＧ　気分を引きしめて…」と色紙に自筆で記した。

沢田の字はその性格を表すかのように筆圧が強く、一文字一文字を崩すことなく書かれた明瞭かつ几帳面なものだが、この時期、すでにＰＹＧはスタートした時のロックバンドではなかった。沢田自身はソロシンガーとしてヒット曲を連発し、「許されない愛」で七二年のレコード大賞歌唱賞を受賞。もうひとりのヴォーカル、萩原健一は目の覚めるような演技で注目を集め、両者の人気はグループサウンズ（ＧＳ）時代に迫る勢いだった。残されたメンバーは単独でロックフェスティバルに参加することもあれば、時に沢田だけではなく他の歌手のバックを務めて、ＰＹＧはリーダーの井上堯之が言うように「音楽としての共同体」へと形を変えていた。

それでも沢田は、正月恒例のファンへのプレゼントに「ＰＹＧ」と書かずにはいられなかったのだ。それだけＰＹＧへの帰属意識が強く、仲間たるメンバーへの思い入れも強かったのだろう。エッセイストの玉村豊男を相手に語りおろした八五年刊行の半自叙伝で、彼はその頃の気持ちを語っていた。

〈だいたい僕がソロシンガーになるなんてことが信じられない、といってダダをこねたんですね、僕は。でも結局は、じゃ、ソロでレコードは出してもいいと、妥協したんですよ。ただ、独立してとか、そういうことは言わないでほしいと。ＰＹＧの楽器を演奏するメンバーたちが、いつも一緒にいてくれるんであったら、やると。ＰＹＧでなくて、沢田研二と井上堯之バンド。名前は変わるけど決して僕はソロシンガーになったわけではないと〉（『我が名は、ジュリー』）

ここに萩原の名前はない。沢田は、演技の世界に入っていく相棒を〈うまくいくよう祈るような気持ち〉（「週刊ＴＶガイド」七三年十一月十六日号）で見守っていて、早くにショーケンと一緒に歌うことは諦めていた。革命を求めた全共闘運動は敗北に終わり、新しい音楽を目指したＰＹＧは翼を折った。若い世代が闘うべき相手と目指すべき標《しるべ》を失った時代にジュリーとショーケン、ふたつの太陽は輝き始めたのである。挫折を知る太陽だった。

「僕が見てきた平均的な人気者たちというのは、自分の意志も感覚もないのかなと思うことが多かった。そんな中で、理解力や意志という点でこの二人は傑出していました」

ジュリーとショーケンの特別性を証言するのは、最も早くから沢田研二に親しんだメディアの人間のひとりで、ＧＳ時代から二人を知る田中實である。ジュリー・ファンにサインを求められることも多かった編集者は沢田より四歳年上で、四四年に東京に生まれた。六六年平凡出版（現・マガジンハウス）に入社。「平凡」に配属されるとしばらくして渡辺プロダクションの担当となり、長く沢田のグラビアを作ってきた。

日本の雑誌は戦後の復興、すなわち国民の可処分所得の増加と共に多様化してきたが、四五年に創刊された「平凡」は五二年創刊の「明星（現・Ｍｙｏｊｏ）」と並ぶ若者向けの大衆芸能誌で、当時、百二十万部から百三十万部もの発行部数を誇っていた。まだスターは別世界に住む高嶺の花で、そこに載る写真は正面からライトが当たった明るい笑顔のポートレートが主流、記事にネガティブな情報はなかった。

スキャンダルは、五九年の皇太子明仁親王と正田美智子のご成婚以降、「週刊朝日」や「サンデー毎日」の新聞社系に加えて、五六年創刊の「週刊新潮」や五九年創刊の「週刊文春」など出版社が参入し高揚期を迎えていた週刊誌の専売特許だった。同じ「平凡」や「明星」と名がついても、週刊誌と月刊誌ではその性格を異にしていたのである。

平凡出版では六四年創刊の「平凡パンチ」が、若者文化をリードして発行部数を伸ばしていた。だが、同社唯一の月刊誌はそうした世界とはほど遠いところにあった、と田中は語る。

「その頃の芸能誌というのはビジュアル面でひどく遅れていて、人気者を人気者として扱っているだけで、そこで生まれる新しいものは何もなかった。編集部も徒弟制度のようなもので、僕が入った当初は橋幸夫・舟木一夫・西郷輝彦の御三家や加山雄三の担当が幅を利かせていて、そのアシスタントから始めたんです。僕は先輩たちの仕事を見ていて、人は替わっても同じような対談や家庭訪問など、タレントの人気にのっかったグラビアをこれでいいのかと常々思っていました」

入社の前年に登場したのがGSだった。ビートルズが受け入れられない先輩編集者たちは、GSを「人数は多いし、長髪だし、音楽的にはうるさいし」と敬遠したため、ほとんどが新入社員の担当となった。

六六年の暮れ、田中は沢田研二と出会うことになる。ザ・タイガースのマネージャー、中井國二に誘われて西新橋にあったスタジオ、飛行館で練習している五人のメンバーとはじめて顔を合わせたのである。

田中はジュリーではなく、「沢田君」と呼ぶ。

「僕は最初にザ・スパイダースを見てるから、完成はされてないし、か細い感じだったので、どうかなぁというのが正直な感想でした。そのことは、沢田君にも『あの頃、ショボかったよね』と話したことがあります。ところが翌年の一月、日劇のウエスタンカーニバルで『モンキーズのテーマ』をタイガースに替えてやったのを見て、タイガースが一番いいんじゃないかと思いました。勢いがあって、若さがあって。それからですよ。ただ、ローリング・ストーンズとかやるのを聴いていたので、まさか『僕のマリー』でデビューするとは思いませんでしたが」

中井は田中を千歳烏山の合宿所に呼んで、メンバーが通う美容室「たぶろう」にも連れて行った。「たぶろう」では、沢田と並んで髪を切ったこともある。極東の地にも西欧文化が浸透しつつあって、映画にレコード、雑誌など新しい表現の作品に触れる機会は多かった。洋画と洋楽で育ち、写真が好きで、これまでにないスターのグラビアを作りたいと考えていた田中は、中井と話が合った。二人とも、新しいカルチャーを生み出す担い手となった戦後世代であった。

「タイガースをどのように取材したいかを中井さんとよく話しました。ストーンズやビートルズに重ね合わせる人もいるだろうけれど、やっぱり、ちゃんとした日本のポップスターにしたいよね、って」

田中がこういう写真を撮りたいとイメージしたものに一番合致したのが、タイガースだった。中でも沢田研二はずば抜けて創作意欲を刺激される存在だった。撮影にあたっては、写真集や洋画のパンフレットのコピーや切り抜きを持参して、「こういうページでこういう写真になるから」と説明することから始めた。ウエスタンカーニバルを取材する時は、「ピンスポットが黄金のひとさし指にあたる時に撮るから、何度か意識して指してくれ」と、沢田に伝えたりもした。

「彼なら完成図が見えるというか、イメージが湧くんですよね。たとえばジェームズ・ディーンがコートの衿を立てて街を歩いている有名な写真がありますが、沢田君ならあれに近い雰囲気を出せるんですよ。リチャード・アヴェドンのポートレート、ああいうアーティスティックなものも彼でなら撮れた。アイデアはほとんどパクリだったけれど、それがちゃんとした写真になるのが彼の凄いところでした。沢田君を変えれば、他のメンバーも容易に今までにない写真を撮れた。『早くすませてね』と時間管理しか考えないマネージャーでは新しいものなんて生まれませんが、中井さんは人を作ろうとしていたから暗黙で許してくれた。沢田君も、撮影に三時間かかろうが、夜になろうが許容してくれたんです」

「平凡」六八年九月号のグラビアには、「北海道のクール・タイガース」と題したモノクロの五人のページが載っている。ひとりに一ページを使い、カウボーイハットをかぶったピー(瞳みのる)は草原で空を見上げ、トッポ(加橋かつみ)とタロー(森本太郎)は牧場で憩い、サリー(岸部修三〈現・一徳〉)はウトナイ湖でギターを手にし、白いシャツにベスト姿のジュリーが同じ湖に足を入れて静かに佇んでいた。

「沢田君、小さな海老に突つかれて痛いって言ってた。当時はもの凄い人気だから、巡業にもマスコミが十社くらいついて来るんです。僕は旅をしただけの写真は嫌だったので、他社の取材者たちが前の晩酒を飲んで出発まで寝ている時に抜け駆けして、沢田君を連れ出して撮影したんです。時間がない中で、いい写真になりました。他社から文句がいったようですが、中井さんは『あれは沢田が好きでやってるから』と言ってくれました」

田中は、マスコミが争奪戦を繰り広げる沢田がどんな仕事でも黙々と誠実にこなしていく姿も目撃している。その頃の「平凡」の表紙撮影は、東銀座にあった平凡出版の自社スタジオで行われていた。

「表紙の担当者は別の編集者でした。いかにも芸能誌の表紙ってポージングでしたが、沢田君は仕事として割り切ってるからちゃんとやるんです。大変だったのは、彼をスタジオに連れてくるまで。前の仕事先に囮《おとり》のタクシーを用意しておいて、脱出しました。それでも会社の周りがファンの女の子だらけになってしまう。築地警察署に交通整理してもらわなければいけないので、総務部が付け届けしてたらしいです。競合する雑誌同士の争いも、毛皮のコートを贈るところが出てきたりして酷いもんでした。そういうことは嫌になりましたが、沢田君との仕事は面白かった。今までとは違ったものを創ろうという仲間でしたね」

もちろん、ジュリーとショーケン、二人はこの時期には出会っている。沢田は、萩原をライバルと認めた瞬間をこう語った。

〈ウエスタン・カーニバルなんかのとき、あの爆発するようなエネルギーとふきあげるステージには、ぞっとするような威力を感じて、もう、ぼくがファンの一人になってしまった、と感じたほどです。こいつには絶対負けたくない、と思いましたよ〉（「週刊TVガイド」七三年十一月十六日号）

二人はステージだけではなく、さまざまな雑誌で「ライバル」として、「仲よし」として競演するのだが、「平凡」を見た萩原はよく「俺もああいうの、撮って」と、自分の担当ではない田中に声をかけてきた。タイガースとザ・テンプターズ、ザ・ワイルドワンズらで軽井沢に行った時も、朝方、撮影のために沢田を連れて抜け出した田中に、萩原は「何撮りに行ったの？」と尋ねた。

「ショーケンは、そういうことには敏感でした。テレビ局で、僕が沢田君に企画の説明をしている姿を見てたみたいです。僕はほとんどのGSの担当でしたし、ショーケンも得難い才能だったけれど、さすがにタイガースとライバルのテンプターズ二つを両立させるだけの度量はなかったから、『担当に言っておくよ』と逃げてました」

先の「平凡」六八年九月号には、カラー三ページの「ザ・テンプターズの夏休み」も載っており、垢抜けたタイガースのページとの差は歴然だった。「平凡」の付録に、ジュリーとショーケンが裏表になったA4を縦に二つ繋げたサイズのポスターがついたことがある。沢田の方は田中がトリミングにまでこだわった一枚で、ファンの間でも評判になったものだ。萩原は巡業先でスタッフと入ったスナックにそのポスターが貼ってあったのを見たとかで、田中に「俺のが裏になっちゃって、全然無視されてんじゃないの」とぼやいた。

「裏表があったわけじゃないですが、たまたま沢田君のを表にして貼ってあったんでしょう。彼らは二人の個性が違っていたから、同じじゃなかったからよかったんですよ。僕には、二人はうまい関係に見えてました」

七一年一月、ジュリーとショーケンは、PYGを結成して「ライバル」から「仲間」になった。いや、「ライバル」であり「仲間」となった。PYG結成記者会見で〈結果としてまわり道になっても決して後悔しないし、また、そういうことには絶対にならないと思います〉(「ヤング」七一年二月号)と語ったジュリーに対して、ショーケンは〈一言でいうとみんなでやろうということで参加した。今後どうするかはやってみなければわからない。明日に解散するかもわからないし(笑い)〉(同前)と話した。内田裕也との鼎談で、萩原はこの時の沢田の言葉を〈いいこと言ったんですよ〉(「平凡パンチ」八一年一月二十六日号)と、思い返している。

田中は、中井から声がかかったPYG結成時の写真撮影の場でメンバーの顔ぶれを見て、小さな違和感を覚えたという。

「それぞれの色が違い過ぎたし、全員が全員凄いメンバーというのもなかなか成り立たないだろって。中井さん、何をやりたかったのかなぁ。あの時はよくわからなかったですね」

田中が予想したとおり、ＰＹＧは半年足らずで「新しいロックを」のアイデンティティを手放さざるを得なかった。ツインヴォーカルは、各々が一番自分を解き放つ場所へと向かう。ジュリーはステージという絶対的な場所で高みを目指し、ショーケンは演じる人になった。

「沢田君とショーケンの大きな違いは、ステージに立った時は圧倒的に沢田君ですよね。ショーケンも『ステージでは沢田に負ける』と、言ってましたもん。だけど、街を歩かしたらショーケンですよ。彼は現代的なんです。肩幅もあるし、服をちゃんと着こなせるし、雰囲気出す時の表情なんか、カッコつけたわけじゃないのにえらいカッコいい。だから、ショーケンは俳優に合ってたんだと思います」

七〇年代に入ると、ファッショナブルで革新的な女性誌「ａｎａｎ」が誕生し、続いて「ｎｏｎ-ｎｏ」創刊。女性が消費の主導権を握る時代に入ると、田中は「平凡」を離れ、新しく創刊されたグラビア誌に異動する。七四年十二月に発売された「スタア」創刊号には沢田研二の、翌七五年三月発売の二月三月合併号には萩原健一のグラビアが掲載された。カメラマンは、いずれもタイガースのレコードジャケットを撮った武藤義《ただし》。ジュリーは「追憶」がヒットし、ショーケンは「傷だらけの天使」が放送されていた時期である。

「沢田君は演出したほうが光るので、徹底的に作り込んで撮りました。ひたすら綺麗でカッコいいという作り物の極致。もちろん、どんな写真になるかを彼自身が理解しているからよくなるんです。それが理解できない人であれば、そこに当てはめても浮いてしまうだけ。だから彼の消化力は凄いんです。人の言うことを理解して本質をつかもうという姿勢がある。多くは語らず、彼からこうして欲しいと要求してくることもなかったけれど、普通のアイドルや普通のスターではなかった」

萩原の時は、「傷だらけの天使」のロケの合間の時間を使い撮影した。会って開口一番、彼は「沢田の見たよ。俺もさ、ああいう感じで、沢田をいつもやってるような感じで撮ってよ」と言って、トラックが土煙を上げて走ってゆく豊洲東雲《しののめ》橋へ誘った。

「ショーケンは自分の思いのままにやってるから、ドラマをストップさせても撮影時間をとってくれたんです。だから、沢田君と同じようにしてあげたいと思いました。彼の場合は、そのまま放ったらかして撮りゃいいんです。ニコルを着ていた僕に、『ビギにしろ』とか言ってましたね。ショーケンにビギがよく似合いました。沢田君の担当とわかっていながら妙に人懐っこくて、マスコミに出ないと言われてた松田優作と水谷豊を紹介してくれました。ただ傍若無人なところがあるので、面倒くせえなと思ったこともあります。沢田君にはそれはないからね」

二つのグラビアには、旬のスター二人の魅力と個性がくっきり刻印されている。ジュリーの十四ページは「オレの私生活」というタイトルのモノクロで、扉のアップは光と影が彫刻のような彼のミステリアスな美しさを際立たせた一枚。厳冬の釧路にいるコート姿のジュリーが、バスタブにつかって洋酒の瓶を手にするジュリーが、井上堯之の自宅ダイニングで彼の一人息子を抱くジュリーがいて、まるで映画のようである。安井かずみと藤田敏八《としや》の文が並び、田中が書いたコピーがあった。

〈生活そのものには夢があまりない。歌にステージに、自分の人生の生きざまを見せたい。謙譲の美徳なんて言っていられない。いつもトップでいたい、その夢はオノレをみがけば実現できる夢なんだ〉

ショーケンのほうは「甘くて憎い男」のモノクロ十一ページ。ツイードのコートの衿を立てて眉を寄せたショーケンのアップから始まり、走るショーケン、愛車パンサーの前で座り込むショーケン、レイバンのサングラスをかけて百面相をするショーケン、アンティークな椅子にだらしなくもたれかかるスーツ姿のショーケンと、いずれもすこぶる付きのカッコよさ。深作欣二の文に、自身のインタビューもあった。

〈G・S時代のオレは、よく沢田研二と比較された。そのころ、事務所の社長に「沢田の歌、うめぇなあ」といって、「バッキャロー、ライバルの歌ほめたって屁にもならねぇぞ」ってドナられたけど、オレには全然そんな意識なんてねぇよ。歌はヘタだしよォ、そんなにあつかましくねぇよ、オレ〉

〈オレが沢田たちの『PYG』の仲間に入ったのも金のためもあったかもな。ところが、まもなく『PYG』は売れないし、沢田は独立ふうにさせられちゃう。オレには何にも残っちゃいねェんだもんな。寒かったぜあんときゃ〉

この時期、ジュリーをアラン・ドロンに、ショーケンをジャン＝ポール・ベルモンドにたとえるなど週刊誌では「ジュリーをアラン・ドロンに、ショーケン」の特集が組まれ、まさに両雄並び立っていた。

やがて田中は現場を離れ、沢田と顔を合わせる機会は渡辺プロの新年会くらいしかなくなってしまった。「FOCUS」などの写真週刊誌が隆盛で、「POPEYE」や「ホットドッグ・プレス」が売れて、次々創刊される女性雑誌が電話帳のように分厚くなっていたバブル真っ盛りの八七年、「平凡」休刊。田中は最後の編集長となる。ジュリーとショーケンが同じバンドにいた時から十六年、芸能界の勢力地図も変わっていた。

「あの頃の芸能界は、たのきんトリオじゃなければ日も夜も明けないという時期でした。ジャニーズ事務所の誌面に対する干渉が我慢ならずに、喧嘩ばかりしてました。この時代は圧倒的にプロダクション・パワーが強く、クリエイティブどころの騒ぎじゃなかった。行政に明け暮れた日々で、沢田君やショーケンと本を作っていた時期が懐かしかったなぁ」

田中が沢田研二と最後に会ったのは、二〇一四年の春だった。紀伊國屋サザンシアターで上演中の音楽劇「悪名」に妻と共に招かれて、楽屋を訪ねたのである。

「ちょうど休憩時間で、浴衣姿で迎えてくれました。沢田君、足かせが全部外れたみたいで、人気者という束縛から逃れて自分で動いているなという気がしました。かつての彼なら『悪名』は選ばなかったでしょ。話し方も随分変わっていた。彼には長く中井さんや加瀬邦彦がいたけれど、自分の最終的に目指すこと、やりたいことをやっていくんだという強い意志を感じました。僕は、『ミック・ジャガーのように、何歳になってもスターでいる、日本でそういう前例を作ろうよ』と言って帰ってきたんです」

ネットメディアが勢いづく時代、YouTubeに流れるあの頃のジュリーやショーケンの映像に、若い世代までもが魅了されている。七〇年代は彼らのものだった。

トップアイドル、アングラの舞台に立つ

一九六〇年代から七〇年代は、さまざまな分野で既存の価値観を書き換える地殻変動が起こっていた。時代のアイコンとなったジュリーとショーケンには、新しい表現を求める映画監督や演出家、脚本家や写真家など多くのクリエイターからラブコールが殺到する。視覚的な演出で世界から喝采を浴びた演出家、蜷川幸雄も二人と交わったひとりであった。

蜷川のエッセイに、「ジュリー」というタイトルの一文がある。八五年、沢田研二が渡辺プロ

ダクションから離れて個人事務所CO-C6LOを設立した時、一年ぶりに開くコンサートの演出を託された演出家が、その頃に土曜日の日本経済新聞第二部に寄稿したものだ。ここで蜷川は、沢田との出会いを十二、三年前、帝国ホテルの横を歩いていて旧知のショーケンと一緒のジュリーと出くわし、三人でホテルのカフェに入ってお茶を飲んだ時、と書いた。

〈ジュリーは一言もしゃべらなかった。ショーケンだけが映画の話や演技の話をした。ショーケンは立上ると通路で演技をやってみせたりした。ジュリーはぼくらの会話に加わらなかった。彼は黙ってコミック雑誌を読んでいるだけだった。その表情から、ぼくらの話が聞えているのかどうか、判断することはできなかった〉（日本経済新聞八五年八月三日）

蜷川との出会いは、沢田より萩原健一の方がうんと早かった。六九年、まだ十九歳の萩原は、演出家になったばかりの蜷川と邂逅する。ザ・テンプターズ時代の一時を共に暮らした江波杏子と蜷川の妻、真山知子（蜷川宏子）が映画で共演して仲よくなり、その縁で十五歳年上の蜷川を慕い、友だちになったのだ。互いの家を訪ね、互いのステージや舞台へ足を運んだ。

蜷川の自伝的エッセイ集『千のナイフ、千の目《まなざし》』には、萩原が登場する。夜中の二時や三時に電話をかけてきた彼に「面白いレコードがあるんだよ。聴いてよ」と受話器から流れるロックを聴かされ、「金子光晴ってどういう人？　ランボーってどういう人？」と質問され、「蜷川さんて、なんでも知ってるんだなあ」と感心される時間が、劇団設立時と一番苦しかった日々に織り込みながら綴られている。

唐十郎の「状況劇場」、鈴木忠志、別役実の「早稲田小劇場」、寺山修司の「天井桟敷」、佐藤信の「黒テント」、蜷川幸雄の「現代人劇場」など六〇年代に台頭したアングラ劇団は既存の新劇への異議申し立てが旗印で、社会の動きと連動していた。「状況劇場」や「現代人劇場」などは上演中にパトカーや機動隊が出動することも、珍しくなかった。

蜷川が脚本家の清水邦夫や俳優の石橋蓮司、蟹江敬三らと六八年に創立した「現代人劇場」と、その後身の「櫻社」は全共闘運動に並走する急進的な作品を上演して、大きな反響を呼ぶ。芝居がアジテーションだった。稽古場には各セクトのヘルメットが転がり、稽古が終わればスタッフも俳優も街に流れてデモに参加、闘争のど真ん中に突っ込んでいった者もいた。七二年、「連合赤軍事件を自分たちにもあり得たこととして背負う」として、殺された十四人を悼み、梶井基次郎の『櫻の樹の下には』から名付けられた「櫻社」は、旗揚げしてすぐに終わりを迎える。闘争の季節は終わっていた。

萩原は、蜷川たちの稽古場にも顔を見せたという。音楽で参加したこともある。ショーケンにとって、そこは教育の場であった。

〈芝居ということよりも、むしろ彼らの感覚から影響を受けたね。彼らの芝居の表現方法は舞台でしか通じない。蜷川さんたちの作っていた演技をそのまま映画に持ち込むと、臭くて全然駄目なんだ。むしろ僕は、彼らの感性を自分の感性に取り入れようとして、蜷川さんと付き合っていましたね〉（萩原健一・絓秀実『日本映画［監督・俳優］論』）

これは二〇一〇年、キャリアを積んだ六十歳の萩原の言葉だが、十代から二十代にかけての時期に、ラディカルで芸術に精通する演出家から与えられたものは、正しく大きなものだったに違いない。石橋蓮司や蟹江敬三という煽動する時代の若者を体現した俳優たちに、子どもの頃から映画が好きで、スターの真似をしたというショーケンが刺激されなかったはずはない。

一九七六年に、萩原と内田裕也のはじめての対談があった。ＰＹＧに関して「オレが引きずり込んだ」と言う内田に、萩原が語っている。

〈ぼくはPYGに参加したとき、本音としてよくわかんないところがあった。グループ・サウンズ解散して、世の中の空気がロックっぽくなったので髪の毛長くして生きちゃえみたいな……。沢田はわかってたんじゃないかな。あの人はオレより歌手として生きる執念が強かったから。……オレは連合赤軍の三流どころで、だれかが最初に旗揚げして（笑い）、それにくっついていったんだけど、つらくて、早くバイバイしたい、いいかげんにしてくれって……そんな気持ちだったな（笑い）〉（「GORO」十二月九日号）

闘争が敗北を重ねる中で、追い詰められた赤軍派と京浜安保共闘という二つの組織が「野合して」生まれたのが連合赤軍だった。萩原がPYGに参加した自分を、指導部に従い、山岳アジトに行って「同志殺し」の当事者となった「兵士」になぞらえたのも、蜷川たちを見ていたことと無関係ではなかったろう。

蜷川は、彼の演技を絶賛する。

〈ショーケンは俳優の仕事を始めた。ショーケンの演技は素晴らしかった。軽さと苦痛がいりまじったようなその演技は、マーロン・ブランドやジェームス・ディーンと同じ系統のものだった〉〈ショーケンこそ、その当時流布されていた演技を一変させた、革命児だった〉（『千のナイフ、千の目』）

しかし、萩原が蜷川演出の舞台に立つことはなかった。演出家は、〈雛段を使った雛祭の夜の『ハムレット』〉（同前）などショーケンのためにいくつかの構想は持っていたようだが、スターのスケジュールの都合がつかなかったのだ。いや、他の演出家も含めて、萩原の俳優人生に舞台はひとつもない。そもそも毎日同じ台詞を繰り返すことになる演劇は、「その時の気持ちのままに演じたい」ショーケンに向いていなかった。

二人が一緒に仕事をしたのは、蜷川が監督し、萩原が民谷伊右衛門を演じた八一年公開の「魔性の夏　四谷怪談より」、一本だけである。伊右衛門は、ある時期、演出家の久世光彦が沢田研二にやらせたい役「JULIE九番」の筆頭にあげた役で、沢田自身もやってみたい役だと口にしていた。実現していれば、日本の代表的な色悪を蜷川×ショーケンVS久世×ジュリーで観ることができたことになる。

沢田研二は、二十六歳ではじめて立った舞台で三十九歳の演出家と対峙《たいじ》した。蜷川幸雄との出会いであった。

蜷川演出／唐十郎作「唐版　滝の白糸」の初演は、ジュリーを迎えて七五年三月十一日から十六日までの六日間、調布にある大映東京撮影所の土埃が立つ特設ステージで上演されている。日本で最初のスター中心のプロデュース公演だった。蜷川にとっては、アンダーグラウンドから商業演劇へ足を踏み入れたために仲間からも孤立無援だった時、唐と仕事をすることによって風向きが変わった、という大切な作品であった。

唐十郎は、知識人や若い演劇人に圧倒的に支持されたアングラ演劇のシンボルだった。共演者は唐の妻で「アングラの女王」と呼ばれた李礼仙（後の李麗仙）に、名脇役の伊藤雄之助。プロデューサーは、アート系映画会社ATG（日本アート・シアター・ギルド）の代表的映画館「アートシアター新宿文化」の総支配人で、その地下に蜷川を演出家デビューさせたアングラ小劇場「蠍座」を作った葛井欣士郎。作家も演出家も相手役も制作も、アングラの極北とも言える布陣であった。

前年の七四年には次世代の演劇人、つかこうへいが「熱海殺人事件」を上演していたが、まだ反逆的で過激なアングラ演劇と芸能界の間には超えられない一線があった。葛井から沢田を口説いて欲しいと頼まれたのが、内田裕也だった。内田は、唐も蜷川もよく知らない沢田が「面白いですね」と周囲の反対を押し切って自分の意思で出演を決めた、と振り返っている。

〈あのときのジュリーがさ、唐十郎・原作、蜷川幸雄・演出の「滝の白糸」、しかも相手は李礼仙だよ、やる？　あいつ偉いよ、唐と蜷川の芝居に出たんだから。スケジュール、メチャクチャきつかったと思うね〉

〈アングラの伝説になってるんだよ〉（『俺は最低な奴さ』）

実現は容易ではなかった。渡辺プロダクション側のプロデューサーとして奔走したのは、同社の制作次長だった池田道彦である。彼は、会社にとって大切な、しかも舞台経験のないトップアイドルをアングラの舞台に出したことで危うくクビになりかけた。

演劇好きの池田は、上野不忍池《しのばずのいけ》に立てられた「状況劇場」のテントで「二都物語」を観た時から、躍動する身体と予定調和をぶちこわす展開、異様な高揚感に満ちた世界に「こんなの観たことがない！」と感動して、同じ学年の唐のファンになっていた。多忙の合間を縫って、「状況劇場」を追いかけた。内田裕也の紹介で、帝国ホテルで会った唐十郎から「沢田研二を是非、李礼仙の相手役に使わせてください」と言われた時は、感激して舞い上がってしまったのだ。

池田が語る。

「よくよく考えてみたら、会社にとっては暴挙ですよね。でも、僕はアートシアターの地下でやった蜷川幸雄の舞台も観ていて好きだったし、彼の才能もわかっていました。沢田研二のためになるし、唐十郎のためにもなるんだとすっかり興奮して、ＯＫしたんです。ジュリーが心強いだろう、喜ぶだろうと思い、音楽は井上堯之でと提案しました」

しかし、周囲の反対は予想した以上に大きかった。事務所に貼られたポスターを見つけた副社長、渡辺美佐は「何？　この変なポスター⁉　えっ、ジュリーが出るの！」と一瞬絶句した後、激怒した。

　着物の裾をはだけた女が片肘をついて横たわり、窓の外には頬に黒子がある美しい若い男と中年の男が親しそうに身体を寄せ合っている。流し台からは血のような真っ赤な水が流れ出す――今では高値がつく「演劇スペクタクル　唐版　滝の白糸」とタイトルがついたポスターの作者は、篠原勝之。若き芸術家たちが、アングラ演劇のポスターを描いていたのだ。六六年に横尾忠則が「状況劇場」のために制作した「腰巻お仙／忘却編」のポスターは、ニューヨーク近代美術館のパーマネントコレクションに所蔵されている。

　池田には、篠原制作のポスターの価値が理解できた。

「その頃の演劇ポスターというのは、役者の写真を飾るのが一般的だったんですね。でも、僕は一見いかがわしく、不穏にも見えるポスターは次の時代のアートだと思っていたので、会社の了解を得ずに完成させたんですよ。でも、前衛過ぎました……」

　あまりの逆風に、池田は新宿のバーに唐を呼び出し「すみません、やっぱり無理です」と泣いて頭を下げるしかなかった。だが、唐は「いや、できます。俺は池田さんを信じていますから」「俺の脚本で必ず沢田研二の新しい才能を開花させてみせます」と、一歩も譲らなかった。

「唐さんの情熱に負けました。僕も常に新しいことに挑戦していくのが芸能プロの生き方だと思っていましたから、一回ＯＫしたからにはと覚悟を決めました。もうやるしかなかった。ジュリーにも、『誰が反対しようがやるよ』と伝えたら、『そうですか、わかりました』って頷いてくれた。その頃のジュリーは、僕がやると言ったら熱意を感じてついていきてくれたんです」

　一連の経緯は、沢田の目にはこんなふうに映っていた。

〈ガリ版刷りの分厚い台本を貰って、やるともやらないとも生返事しているうちに、台本が来ちゃって。こんなの覚えられません、断って下さい、って言ったのに、呑まれちゃったみたいで、やっぱり演りましょうってマネージャーが戻ってきちゃってね〉（「プリンツ21」一九九八年十一月一日発行）

稽古場は、下北沢の小さなスタジオだった。蜷川幸雄は「灰皿が飛んでくる」の噂どおり、役者に「このヤロー！」と灰皿を投げつけても、沢田研二にはどんな時でも優しかった。沢田はひたむきに、はじめての演劇に取り組んでいた。上演が迫った時、池田はとうとう社長の渡辺晋から「お前はクビだ！」と宣告される。が、もはや止められなかった。

〈このキャスティングの力学は、唐十郎のファナチックな傑作と激しくぶつかり、華麗でしかも壮烈な逆転劇となるだろう〉と蜷川がパンフレットに書いた舞台は、ジュリー・ファンがチケットを求めて前日から並び、連日、大映の一番大きな千人収容のスタジオが千二百人もの観客で膨れ上がった。わずか六日間の上演は、スターを中心に置いてロングランで収益を上げる昨今の舞台に比べるといかにも短いが、当代一の人気者のスケジュールを押さえるのはそれが限界だったのだ。

土のスタジオに舞台が組まれ、舞台美術家、朝倉摂の超リアリズムで組み立てられた、荒廃した長屋のセットが、舞台から客席までをほぼ半円型に取り囲んでいた。長屋の物干し台が崩れ落ちる屋台崩しに水芸、客席の頭上を飛び交うクレーン仕掛けの流し台。ここで恋と出世と殺人が織りなす数奇な運命を描いた泉鏡花の『義血俠血』を、唐が大胆に脚色した不条理に満ちたドラマが展開される。ラストシーンは長屋が真っ二つに割れ、その奥からクレーンに乗った李礼仙が登場する仕掛けであった。そして記憶を失くした若者、アリダに扮したジュリーが客席の後ろからなだらかな丘を上って登場する。

公演中、池田は篠原勝之と二人でチケットのモギリをしながらスタジオの入り口に立ち続け、ファンの言動や終演後の会話をチェックした。

「沢田研二は才能ありますから膨大な台詞もしっかり覚えて、蜷川さんの言うとおり演じてました。アングラを観たこともない若い人が押しかけたんです。みんな、いきなり客席にジュリーが現れたり、血が飛んできたりして驚いてましたよ。新しいジュリーを多くの人に観てもらえたことで、僕には達成感がありました」

やがて池田は独立してアトリエ・ダンカンを作り、演劇やミュージカルを作っていくのだが、この時が演劇にかかわるスタートとなった。ジュリーによってビートルズやローリング・ストーンズを知ったファンは、ジュリーによってアングラ演劇と出合うのだ。

朝日新聞は三月十四日の夕刊でこの作品を大きくとりあげ、見出しを「見せ場は多いが…／違和感残る『唐版・滝の白糸』」とした。演劇評論家で当時、朝日新聞の記者であった扇田昭彦の劇評は近頃なかなか見ない辛口で、蜷川の演出は批判され、沢田の演技は〈好感はもてるが、演技者としての幼さは隠せない〉とあった。

沢田と同世代の俳優で演出家、「劇団青い鳥」の芹川藍がこの舞台に足を運んでいる。

「唐十郎のこの世のものとは思われないような世界にあの美しいジュリーが出るというので、チケットを求めて長い列に並びました。生肉が飛び交い、人を喰って生きてるようなアクの強い役者たちの中で、ジュリーただひとりが透明感のある存在でした。とても素直な演技でしたね。今のような精巧なマイクがない時代だから、台詞を言うのも大変だったと思う」

「エリザベート」などで知られ、日本のミュージカル界を索引する演出家、宝塚歌劇団の小池修一郎は少年の頃から演劇好きで、アングラ好きである。慶應大学で演劇研究会に所属していた時に、「滝の白糸」を観ていた。

「確かに、ジュリーの声も李礼仙の声もよく聴こえませんでしたね。二階の急傾斜の桟敷席で観たのですが、みんなズルズル滑り落ちていって、僕はかろうじて隣の人に支えてもらって、落ちそうになりながら見果《みお》せました。消防法も含めて、よくあの二階が崩落しなかったなと思います。一九九八年の夏頃、東宝版『エリザベート』初演のための話し合いをしていた時に、当時の東宝演劇部長と『トートは、二十年前ならジュリーなのだが』と話し合ったものです。彼のようにカリスマ性と大衆性を合わせもったスターは、今はいませんね」

ファンのひとりは、こう回想した。

「汚い狭いところに座らされて、はじめて見るような役者さんたちにもびっくりして、どんな舞台だったのかはほとんど覚えていません。カンカン帽をかぶったジュリーがすぐそばにいて、そこだけが別世界のようでした」

蜷川の妻、真山知子も五十年近く前の舞台を観ていた。

「もう細かなところまでは覚えていませんが、とってもよかったんです。李さんもよかったし、ジュリーも本当に綺麗で、素敵でしたよ。朝倉さんのセットも見事で。あんな舞台、ちょっとないですね。もう一度観たいと思うけれど、李さんも朝倉さんも蜷川もいなくなっちゃって……、叶いませんね」

沢田は三十年以上たって、ラジオで「唐版　滝の白糸」の体験をユーモアを交えながら詳細に語っていた。

「僕は初舞台で、凄い舞台やってるんで」

「とにかく『大きな声を出せ！　大きな声を出せ』と言われてね。スタジオじゃなくなった瓦礫の中に筵《むしろ》で客席を作って。舞台崩しで、スペクタクルになるんですけど、血しぶきは飛ぶわ、僕は客席に入って台詞を言うわ。その時の台本がわら半紙にガリ版刷りで分厚くて、もの凄い台詞の量なんですよ。僕らが三十分くらいわ～っと喋った後に、一番いいとこで李礼仙さんが出てくるんですよ。なんだこの芝居は、李礼仙さん登場のために今まで延々と長い台詞を喋っていたのか、と。もう僕は二度と（舞台は）嫌だと思ってて」（二〇〇八年ＮＨＫ－ＦＭ「今日は一日ジュリー三昧」）

沢田は「二度と嫌だ」と言いながら、八六年、帝国劇場で上演された浅丘ルリ子主演／蜷川演出の「貧民倶楽部」に出演。八九年からは十年にわたって、池田道彦のプロデュースで歌と演劇を融合させた実験的な「ＡＣＴシリーズ」に挑み、時分の花とまことの花を同時に咲かせるが如く、圧巻のパフォーマンスを見せる。その後も、多くの舞台に立ち続けた。

さて、冒頭の帝国ホテルのカフェのシーンに戻ろう。蜷川は、この時が沢田研二との初対面と書いたが、彼の別の話との間に齟齬がある。二〇〇八年、渋谷のシアターコクーンで上演された「道元の冒険」のパンフレットで、同劇場の芸術監督だった蜷川の対談シリーズ「合縁奇縁」に萩原健一が登場して、その時のことが語られていた。それによれば、あの時、帝国ホテルの横を歩いていたジュリーとショーケンは「狼たちの午後」を観た帰りであり、萩原は立ち上がって衆目の中で「アル・パチーノはこんな風にやった！」と演じてみせたのだ。蜷川は、〈ジュリーはチョコンと座ってずっと漫画本を読んでるんだよね〉と、振り返っている。

時のスター二人が並んで「狼たちの午後」を観ていたとは！　アメリカンニューシネマを代表する演技派が実在の銀行強盗犯を演じ、社会派のシドニー・ルメットが撮った映画は、性転換を望む「妻」のために強盗する男が主人公で、同性愛を描いて先駆的な作品である。日本での公開は七六年三月で、試写会だったとしても年が明けたあたりか。「唐版　滝の白糸」は一年前に上演されていた。

濃密な舞台を共有した沢田と蜷川が、一言も交わさないというのは不自然だ。まだ蜷川に馴染んでいない沢田の人見知りが出て、お喋り好きな萩原に「この場を任せた」とばかりに漫画雑誌に逃げ込み、萩原も沢田に気兼ねなく、演出家に観てきたばかりの映画の興奮を伝えたのか。いや、エッセイ「ジュリー」には、〈席に座るとショーケンは、あっと今気づいたように、これ沢田研二です、と紹介した〉とあるので、蜷川が映画のタイトルを間違えた可能性は高い。だとしたら二人は一緒に何を観たのだろう。アル・パチーノであれば、七三年秋日本公開の「スケアクロウ」か。ジュリーが読んでいたのは、「あしたのジョー」が最終回を迎えた後の「週刊少年マガジン」か、「週刊少年ジャンプ」か。

いずれにせよ、ジュリーとショーケンの性格の違いと関係性がよく現れている場面である。そして、「商業主義！」と批判された二人が時代に切り込んでいく頃の風景でもあった。

蜷川が「合縁奇縁」に萩原を招いたのは、彼がさまざまな事件を起こした後に自伝『ショーケン』を出した時だった。蜷川がジュリーのコンサート「架空のオペラ」を演出したのは、一年の沈黙後の沢田研二復活の時である。

〈厚生年金ホールでの最終日、舞台袖でみているとジュリーが駆け込んできた。今日は調子が悪くて駄目だ、と彼は叫んだ。そんなことはないよ、大丈夫だよ、いいよ、ぼくはいった。彼は一瞬黙ると、よし俺はスターだ、俺はスターだ、と呪文のように何度か呟くと再び舞台へとびだしていった。ぼくには、自分と闘っているスターはいつでも美しくみえる〉（前出　日本経済新聞）

蜷川幸雄演出の「唐版　滝の白糸」は、シアターコクーンで、岡本健一、藤原竜也、窪田正孝がアリダを演じて三度再演された。蜷川は、SMAPがCDデビューする前の木村拓哉を唐十郎作品「盲導犬」の舞台に上げ、ジャニーズのアイドルや小栗旬らにアングラの名作やシェイクスピアを演じさせ、育てた。人気者が本格的な演劇に取り組むのがステータスとなるのは、ジュリーが前衛の舞台に立って十五年以上が過ぎてからのことである。

しらけ世代の革命児

戦後、劇場や映画館が建ち並ぶ日比谷は、日本のエンターテインメントの中心地として発展してきた。渡辺プロダクションの系列会社でCMや映画、ドラマ制作を手がける渡辺企画もこの一角、クラシックな三信ビルの二階に事務所を構えていた。現在、東京ミッドタウン日比谷がある場所で、ビルの向かいに洋画専門の日比谷映画劇場があった。七〇年代前半、二十歳を過ぎた頃の萩原健一が通い詰めた映画館である。

制作プロダクションPDSの代表で、「放送人の会」の理事を務める工藤英博は、桃井かおりを女たちのロールモデルにした七九年公開、東陽一監督「もう頰づえはつかない」など時代に呼応する作品を作ってきた辣腕プロデューサーだ。八十代半ばの今も現役だが、渡辺企画の企画制作部長時代はしばしば三信ビルにやってくる十三歳年下の萩原と映画談義にふけり、俳優としてスタートする彼を引き上げた。

数多の作品を作り、数多の俳優と出会った工藤にとって、萩原健一は到底忘れることのできない才能である。

「ＰＹＧが行き詰まり、次の道を模索して斎藤耕一監督の『約束』に出演した頃、俳優でやっていきたいと話してました。彼はヌーヴェルヴァーグなんかもよく観ていましたが、あの頃はアメリカンニューシネマの時代。ショーケンは『スケアクロウ』は凄くいいなと言っていて、僕らは夢中でそんな話をしたものです」

ギャングをヒーローとして描いて映画史上記念碑的な作品となる「俺たちに明日はない」がアメリカで公開されたのは、六七年の八月。萩原が、この映画を始まりとする六〇年代後半から七〇年代初期のアメリカンニューシネマに多大な影響を受けたことは多くが指摘するところである。

映画評論家の大森さわこによれば、ボブ・ディランやジェームズ・テイラーなど人気歌手がニューシネマ作品に俳優として起用されており、海外ではミュージシャンと映画の距離が一気に縮まっていた。萩原健一が映画に出演したのは、時代の要請でもあったのだ。

大森が、ニューシネマの新しさを解説する。

「ニューシネマの時代は、アンチヒーローと呼ばれる人物が主人公となることが多く、世間から見るとそれまで目に入らなかったはぐれ者、チンピラ的な人たちでした。底辺で生きるアウトサイダーを物語の中心にもってくることで、これまでのハリウッド映画では描かれなかった人間の生々しい感情を描いた点が新しかった。ハッピーエンドがお約束だったハリウッド映画の壁を破り、人物たちが死んでしまうのも新鮮でした。反体制への共感、既成概念への反発と読み直しなどが集約されていた。スタジオを出てオールロケで撮るなど、旅を扱った作品が多いのも特徴です。それは新しいアメリカを探す旅とも言われて、日本の若者も自分探しを描いた映画に本当の自分を見ようとしていたのではないでしょうか」

ショーケンの初期作品の多くはこの文脈で語れるが、工藤が萩原をキャスティングした最初のドラマは違って、TBSドラマ「刑事くん」だった。後に萩原と「傷だらけの天使」を作ることになる脚本家、市川森一《しんいち》に懇願されてジュリーとショーケンをゲスト出演させた。萩原は七一年十一月二十二日放送「もどらない日々」に井上タカユキの役名で、沢田は翌七二年四月十日放送の「許されない愛」に出演する。それぞれ、自分たちの曲がタイトルになっている。

「強力なゲストをいれたいということだったんです。市川さんはジュリーとショーケンの熱烈なファンだったんです。彼が結婚した時も披露宴に二人に来てもらいたいと言われ、僕も行ってほしいと頼んだら、あの二人は日劇に出た後、赤坂のレストランへ行きました。その時だったか、ショーケンは『俺たちは渡辺プロの右大臣、左大臣だから』と、えらい古風な言い方をしていましたよ」

七二年五月に開催された日劇ウエスタンカーニバルのメインはPYGで、ジュリーとショーケンはまだ並んで歌っている。ステージを終えた二人は市川の披露宴に駆けつけるのだが、ショーケンを人気俳優にした「太陽にほえろ！」の撮影が始まっていた。

「青春とはなんだ」など青春シリーズを手がけた日本テレビの名プロデューサー、岡田晋吉から「今までにない新しい刑事ドラマを作りたい。軸になる手垢のついていない新鮮な新人を抜擢したい」と、工藤のもとに話があったのは七二年の早い時期だった。

「最初はジュリーを出して欲しいという話でした。でも、彼には新しいバンドでのコンサートの予定がぎっしり入っていたし、ソロ歌手沢田研二の方針を立てていた渡辺晋さんや美佐さんにすれば到底あり得ない話。ジュリーは渡辺プロの将来の大黒柱でしたから。そこで僕は『代わりに素晴らしい素材を紹介します。萩原健一です』と、提案したんですよ。岡田さんはあまりピンと来てなかったようですが、『約束』を観てくれたんですね」

岡田から「ショーケンでいきたい」と返事をもらった工藤が具体的な話を萩原に告げると、彼は「一年も拘束されるんですか」と戸惑い、「すみませんけど、三日考えさせてください」と言った。

工藤は、嘆息して振り返る。

「彼がやると覚悟を決めてからが、大変でした」

萩原は出演する条件として、局が用意する劇伴音楽ではなく「井上堯之と大野克夫で、ロックでいきたい」と主張し、衣裳合わせの日に、衣裳部にある従来のものを拒否して「ベビードール」で誂《あつら》えた三つ揃いのスーツ姿で現れた。役の「坊や」というあだ名も、「僕は坊やじゃない」と言って、「マカロニ」に変えさせた。新人俳優の従順や遠慮とは無縁のスターは「嫌だ」を連発して、キャスティングや撮影にもどんどんアイデアを出していった。

「革命を起こしたようなもんですよ。局でそんな我がまま聞いていいのかという声が上がっても、ショーケンの可能性を認めてくれた岡田さんは次々難題を突破して、その手腕は凄かった」

岡田晋吉が、雑誌の萩原健一特集で、ショーケンを語っている。

〈挫折の美学みたいなものはショーケンが仕込んでくれたんです。だから、ショーケン以前と以後と、テレビドラマの主人公のキャラクターが全然違っちゃったんじゃないですか〉(「スタジオ・ボイス」二〇〇〇年八月号)

七二年七月に始まった「太陽にほえろ!」の主演は石原裕次郎だが、ショーケンのドラマであった。あんなリアルでカッコいい刑事ははじめてで、大野克夫作曲／井上堯之バンド演奏のサントラが茶の間を席捲した。だが、萩原はたちまちマンネリを感じてしまう。

「アイデアが煮詰まってきた時に、ショーケンは刑事が人を殺すことがあってもいいんじゃないかと言い出した。ジュリーが周囲の反対を押して、殺される役で出てくれたんです」

十二月一日放送の二十話「そして、愛は終った」に沢田研二がゲスト出演して、近親相姦の果てに人を殺めてマカロニに射殺される大学生を演じた。二人のファンが世田谷区砧《きぬた》にあった国際放映に殺到した伝説の回である。現場にいた工藤にも、忘れられないシーンとなった。

「殺した後のショーケンの演技が凄かった。膝から崩れ落ちて、『ごめんなさい、ごめんなさい、起きてくれ』って泣きながら謝るんですよ。それは彼のアドリブ。半世紀も前のことなのに鮮明に記憶に残っています」

撮影を終えたジュリーは、PYGのステージで「ショーケンは凄かったんだよぉー」とファンを前にその演技を真似してみせた。

しかし、萩原の忍耐もこのあたりまでだった。深夜問わず脚本家や監督に電話して思いついた演技や演出を伝えていた彼が、「俺、もうアイデアなくなった。毎日毎日同じことじゃ疲れる」と、局に降板を願い出るのである。

「例をあげれば、マカロニが署に帰ってきて廊下を歩くシーン。まっすぐに歩くと書いてある脚本からちょっとでも外れると、やり直しとなるわけです。でも、ショーケンは段取り芝居が我慢ならず、『廊下の右側を歩くか左側を歩くか、その時の気分次第だろ。窓開けて唾吐く時もあるし、立ち止まって煙草を吸う時もあるんだから、カメラはそこを全部追え』って言うんですよ。それがリアルな芝居だって。確かにそのとおりなんですが、やっぱり、演出側との間に壁がありますよね。でも、それが彼の生き方であり、人生観なんですよ」

降板の願いが叶ったのは一年後だった。立ち小便をしている時に暴漢に刺される最後のシーンは、アンジェイ・ワイダ監督「灰とダイヤモンド」のズビグニエフ・チブルスキーに刺激された萩原の「犬死にしたい」という希望で、以降、番組では殉職が新人刑事に踏襲されていく。マカロニの後にやってきたのが松田優作のジーパンだった。

オイルショックが起こった七三年、工藤は萩原のためにTBSで時代劇「風の中のあいつ」をプロデュースする。清水次郎長の天敵、アンチヒーロー黒駒勝蔵を主役にしたロードムービーだ。安井かずみ作詞／平尾昌晃作曲の主題歌を、沢田研二が歌った。ジュリーの「風の中のあいつ」が流れる中を、スーツ姿のショーケンが東京の街を歩くのがオープニング。勝蔵が激しい雨の中はじめて人を斬るシーンでは、ジュリーの歌声が大音量で流れた。

「バラードのいい歌なんですよ。マネージャーを通してお願いしたら、ジュリーは忙しいのにすぐOKしてくれたんですよ」

七四年夏、萩原は、学生運動末期の空気が色濃く漂う神代辰巳《くましろたつみ》監督作品「青春の蹉跌」で教え子を殺すエリートを演じて、その年の「キネマ旬報ベスト・テン」で最優秀主演男優賞を受賞する。同じ年の秋には、「傷だらけの天使」が始まった。しらけ世代の旗手の誕生だった。

「『太陽にほえろ！』を完投したら好きにやっていいよと、土曜十時枠を岡田さんがショーケンのために用意してくれたんです。彼は視聴率をとっていましたから。普通なら企画書書いて、局の制作会議やら営業会議でOKもらってGOとなるんですが、これはそういうのをすっ飛ばしてわ～っと走り出したんですよ。その代わり予算がなくて、監督だけは贅沢しようってことになりました。東映の深作欣二さんに工藤栄一さん、東宝の恩地日出夫さん、日活の神代辰巳さんら、各社のエース級の個性派ばかりを揃えようとなりました。ショーケンでやると言った時、どの監督も面白そうだとふたつ返事でOKしてくれた。監督同士の競争心があるから、みんな、深夜ロケをやったりして凝るんですよ。そしたら、深作さんが二本撮っただけでかなり予算に食い込んでしまって」

萩原健一と水谷豊が「アキラ」「アニキ」とじゃれ合う「傷だらけの天使」は、大きな力に挫折していくチンピラ探偵を描く。監督だけでなく脚本家も俳優もいかにも目利きが選んだラインナップで、衣裳提供にデザイナーの名前がクレジットされたはじめてのドラマだった。ショーケンが劇中で着た菊池武夫のメンズビギの服は瞬く間に完売し、八〇年代に爆発するDCブランドブームの導火線となる。そこには、工藤曰く「ショーケンの時代を先取りする天性の嗅覚」が詰まっていた。

「今までの大人たちの頑張りとは違い、どうしたらカッコいい生き方なのか、ショーケンは形から入るんですよ。服や髪形、車とか。ただセックスシーンに暴力シーンとやりたい放題のところがありましたから、PTAのワースト1になったり、視聴率も六%から十%しかとれない時期がありました。いつ打ち切りになってもおかしくない状況で、国際放映で撮っていたらプロデューサーの清水欣也さんが何度も局から呼び出されるんです。放送コードにひっかかるシーンで、こてんぱんにやられるわけです。でも、清水さんはわかりましたと言いながら一切修正しなかった。本当にショーケンはお世話になったんですよ」

「傷だらけの天使」と「前略おふくろ様」の日本テレビ側のプロデューサー、清水欣也は〈ショーケンというのはやっぱり夢の男だわな〉(「スタジオ・ボイス」二〇〇〇年八月号)と語っている。

日本中の男たちが熱病に罹ったように「傷だらけの天使」のショーケンに熱狂していた頃、工藤は、TBSの演出家、久世光彦からある相談を持ちかけられていた。革新的なドラマを作りたいので協力して欲しい、と懇願されたのである。

「彼がこだわったのは沢田研二。どうしても彼を連続ドラマに起用したいということで、この時にはすでに『悪魔のようなあいつ』というタイトルも決まっていました。久世さんは以前にも、別の企画で渡辺晋さんに面談したことがあったものの、うやむやに終わってしまったんですね。そこで今度はなんとしても実現させたいので、晋さんにラブレターを書こうと思うのだけれどと言われ、本当に熱心で、僕もそれはいい考えだと思いました」

それが、久世が「日蝕は起こるだろうか」というタイトルで書きあげた長い、長い企画書であった。

「その結果、久世さんの熱意が晋さんに届いて、ジュリーが主演するはじめての連続ドラマが生まれたわけです。この作品に関しては、僕は何度か現場に足を運んだくらいですが、脚本家については注文をつけさせてもらいました」

当初、企画書にあった脚本家は、「傷だらけの天使」の脚本にも参加し、後に市原悦子の「家政婦は見た！」を書くことになるベテラン、柴英三郎の名前だった。

「柴さんは高名な脚本家であり、その力量は十分にわかった上で、『今の沢田研二をドラマで書く人は、普段から彼に関心を抱いているだろう同じ世代の人のほうがいい。若手を抜擢してはどうですか』と、久世さんに伝えたんです」

その時、工藤の頭の中にあったのが、「青春の蹉跌」の脚本家で、神代辰巳のチーフ助監督を務め、ショーケンや桃井かおりなど時代そのもののような俳優たちと交流し、彼らと近いところにいる長谷川和彦だった。一回会って話してみてください、と背中を押した。

「長谷川和彦に会った久世さんは、もの凄く彼を気に入ったんですね。脚本を担当することが決まって、長谷川君が報告をくれました。脚本料がびっくりするほどの高額だったようで、とても喜んでいました」

こうしてBL史に刻まれる名作が誕生しようという時期に、人気絶頂期のスターたちは前後して結婚という選択をするのである。七五年四月、二十四歳のショーケンはモデルの小泉一十三《ひとみ》と結婚。六月、ジュリーも二十六歳でザ・ピーナッツの伊藤エミと結婚する。男にも適齢期なるものがあった時代とはいえ、ジュリーとショーケンが二人とも同じ時期に結婚するとは。この時は今よりもっとアイドルの結婚は致命傷になりかねなかったのに、彼らにはそうした風潮に抗いたいという思いも、抗えるという自信もあったのだろう。ことにアイドルという括りから全力で逃走していたショーケンは。当時の週刊誌は、今をときめく二人の結婚話に占領されていた。

比叡山のフリーコンサートの前に延暦寺で挙式した沢田研二のおよそ一月前、五月に、萩原健一は明治チョコレートのコマーシャル撮りのために飛んだシドニーで船上結婚パーティーを開いている。そこには、十月から日本テレビでスタートする「前略おふくろ様」の脚本家、倉本聰や、市川森一、井上堯之、大野克夫、大口広司、清水欣也らと共に工藤も参加し、全員白いスーツ姿でショーケンの結婚を祝った。

当時の工藤は、ショーケンにとっては頼りになって、甘えられる存在だったに違いない。結婚式の一ヶ月ほど前、「週刊プレイボーイ」四月二十二日号には、「〝シラケ〟世代の若者は任俠世界のヒーローにシンクロする」のタイトルで、工藤が労をとった萩原と日本一の映画スター、高倉健の対談が掲載されていた。

「ショーケンには高倉健に会いたいよぉ、菅原文太に会いたいよぉ、黒澤明に会ってみたいよぉとせがまれました。でも、彼の家に行った時、吉本隆明と福田善之と小田実の本があったんです。『錦を飾る』の錦を綿《わた》と読んだとか、漢字が読めないと言われましたが、そんなことを言えば他にだって読めない俳優はいるんですから。時代の寵児と言われ、トップランナーとして疾走し続けるために、あいつはもの凄く努力してたんですよ。常に時代の先頭を走る緊張感を漂わせていました」

結婚の年の秋、萩原が短髪で板前見習いサブちゃんを演じた「前略おふくろ様」がスタートする。同作の誕生にも、当然、工藤がかかわっていた。萩原を天才と評価してきた倉本聰が、「今、ショーケンの主役で持ち込めばテレビ局はノッてくれると思うので、なにか考えていきませんか」と、プロデューサーに声をかけてきたのである。

「その頃、倉本さんは富良野でなかったけれど、もう北海道にいらして、上京の度に打ち合わせをしていました。同時に進めていたのは、ショーケンのアルバム制作だったんですが、そのために音楽雑誌で一般公募した詞の中に『前略おふくろ』というのがあったんですよ」

地方から東京に出て、板前修業をしている若者が、母に近況報告する手紙形式の詞であった。七五年八月にリリースされた萩原健一のアルバム「惚れた」に収録されている一曲である。

「なんか微笑ましくて、歌にするのはいいなと思ったんですね。ちょうど倉本さんと企画を話していたので、ドラマにするのもいいと思いつき、『これ、どう?』と言ったんですよ。倉本さんはお母さんを亡くされたばかりで、僕も早くに母親を亡くしていて、あの詞が心にきたんですね。倉本さんのタイトル案は、当初『サブは流れる』だったんですよ。サブがいろんなところで修業するという意味でね。ところが、スポンサーの一社がライオン油脂で、ライバルの花王せっけんが『ザブ』という商品をちょうど売り出すところだったので、ダメとなったんです。それで、『前略おふくろ様』に。歌の題名のままではドラマのタイトルとしては座りが悪いので、様をいれることになったんですが、そこからの出発でした」

「傷だらけの天使」と違い、「前略おふくろ様」は金曜九時からのゴールデン枠で放送されるため、視聴率をとらなければならないという宿命を背負っていた。そのため、当初、万全をとって梅宮辰夫が演じた板長を、小林旭でという案が先行していたという。

「僕は三度、小林旭に会いに行って、『萩原健一が主役でも俺はかまわないよ。出演する可能性はあるから』と言ってもらい、出演がほぼ決まったんです。ところが旭さんの興行が多く、撮影のスケジュールが取れなくなって、『申し訳ないけれど出られない』となった。梅宮さんはざっくばらんに事情を話したら、本当に気持ちのいい人でね。『そんなこと説明しなくていいですよ。僕、やりますから、よろしくお願いします』と言ってくれたんです」

現場では、ショーケンは今までのやりたい放題の演技を封印してきた。

「そこのところは、ショーケンは賢いですよね。今まで、任されて自由奔放にやってきて、走りっぱなしできたじゃないですか。だから、今回は一歩成長するために、倉本さんに賭けたんですね。倉本さんの脚本は、間をおいたり独特の表現がありますが、それをショーケンは台詞も間も、すべて忠実に演じたんですよ。サブになりきったんですよ。そこは見事にやりとげましたよね。大衆性、庶民性という新たな魅力を勝ち取ったと思います」

「前略おふくろ様」のサブちゃんや、桃井かおり演じる「恐怖の海ちゃん」の佇まいに若者世代は熱中し、料亭「分田上《わけたがみ》」の人間模様に視聴者はひきつけられた。金曜日の夜は、多くの人が日本テレビにチャンネルを合わせたものだ。この作品で若者のカリスマはお茶の間の人気者ともなって、俳優萩原健一の実力と人気を広く知らしめたのである。

翌七六年には、「前略おふくろ様Ⅱ」がスタートした。しかし、その大切なクランクインの日、生田スタジオに主役の姿はなかった。

工藤にとっては悪夢の日となった。

「セットも組まれて、共演者もスタッフも待っているのに、来ないんですよ。そしたら電話がかかってきて、トラブルが起こっていた……。どれだけみんなに迷惑をかけたか。信用を失っていくじゃないですか。僕はただただ謝るしかありませんでした」

七七年、萩原は渡辺企画を離れて自分の会社を立ち上げる。慰留する渡辺晋に、彼は「お世話になりました。僕はこれから心づもりがあるので、ひとりでご迷惑かけないようにやっていきます。どうか勘弁してください。今までありがとうございました」と丁寧に頭を下げて去って行った。それから一年後、工藤は退社してＰＤＳを設立。プロデューサーがショーケンと仕事をしたのは、萩原健一が生涯で最も輝いた時間だった。

それからのショーケンは、黒澤作品に出演するなど俳優としてのキャリアを重ねる一方で、さまざまな事件の当事者となり、世間から身を隠していた時期もあった。その頃に知遇を得たのが、母と呼んだ作家の瀬戸内寂聴である。瀬戸内は最後の最後までショーケンを慈しんで愛し、彼のステージに通い、幾度も対談相手として招いた。自身の長編小説『私《わたくし》小説』の作中作「いわし」は、萩原の書いた作文を、彼に断った上でほとんど手を入れないで使ったものだと記している。

〈役者としての才能以外にも、ショーケンにはいろいろな才能があります。ひとつは、ものを書く才能。あるとき、彼がひらがなばかりの作文を書いてきました。ショーケンは十代半ばで芸能界に入り、勉強もしていなかったから、その頃はあまりに漢字を書けなかった。でも、その作品はとてもよかった〉

〈ちょっとフォークナーの小説みたいで、魅力ある作品でした。その後、ショーケンは漢字や文章のことなどずいぶん勉強したようだけど、苦労したと思います〉（瀬戸内寂聴・萩原健一『不良のススメ』）

当時、萩原が「いわし」を一所懸命書いている姿を目撃している人がいる。「俺、書いたものを瀬戸内さんに誉められたんだよ」と嬉しそうに語る彼を見た人もいる。いくばくかは作家や編集者の手が入っているとしても、原風景が投影されたような胸が痛くなるほどの淋しさが通底する小説は掛け値なしの名作である。

二〇一九年三月二十六日、ショーケン死す。

後年の萩原を知る人は、「本当に腹の立つオヤジでしたが、小生はその才能に感服していました」と書いて寄こした。大野克夫は、「ショーケンが他界したと知ってしばらくは何も手につかなかった」と言葉を詰まらせた。

そして、工藤が語る。

「もうあいつが可哀想で、可哀想で、万感胸に迫るものがありました。ただ病気で、奥さんに看とられて静かに息をひきとったと聞いて、安らかに逝ってよかったなと彼を支えてくれた人たちと安堵したんです。それぐらいみんなに心配かけたんですよ、彼は。役者としての訓練を受けたわけでもなく、自分の感性だけで時代を創った天才です。あんな俳優、他にいません」

時代を眩しく照らしたふたつの太陽のひとつが、沈んだ。

ゴールデン街を歩く二人

カメラが斜め後方からとらえた全裸のジュリーがヨットから海に飛び込み、きれいなクロールで泳いでいく——一九七四年七月二十八日日曜日、日本テレビで放送された「青春★沢田研二真夏のロックンロール at 日比谷野外音楽堂」の冒頭シーンである。沢田初のドキュメンタリー番組は、ジュリーがインディアン風の衣裳でシャウトした、全国縦断コンサート初日のライブ映像を中心とした九十分の番組。撮ったのは、沢田と同じ四八年生まれの映像作家、佐藤輝であった。

石岡瑛子より五年早く時のスーパースターを裸にした佐藤は鬼才と呼ばれ、その前衛的な演出方法でジュリーや矢沢永吉、尾崎豊ら数多くのミュージシャンの映像作品を手がけて、内田裕也がスーツを着てハドソン川を泳いだ八五年パルコのCMの撮影者でもある。九一年、沢田研二デビュー二十五周年の武道館ライブ「ジュリーマニア」を撮った時は、三十曲を歌ってステージを駆けるシンガーを十三台のカメラで追いかけ、楽屋でメイクするスターを撮ってDVDのオープニングに置いた。

中野にある事務所で、佐藤が語る。

「化粧する姿なんか撮られるのは嫌だろうに、僕が『撮っていいかな？』と聞くとやってくれるんですね。彼はひとりで編集室にやってきて、僕が編集するのを長椅子に座って見てるんですよ。はじめて沢田研二を撮った時は、ジュリーがまだやっていないのは何だろう、どうしたら番組として惹きつけられるだろうかと考えて、思いついたのが裸でした。まだ沢田と話したこともなかった頃でしたが」

佐藤は、七〇年に発足した日本初の独立系番組制作会社、テレビマンユニオンに、最年少の二十一歳で参加。だが、その独創的な作風はしばしば幹部と摩擦を起こし、七四年には独立してテル・ディレクターズ・ファミリィを作ることになる。この時、元ザ・タイガースのマネージャー、中井國二も会長職にあったキャロルの事務所、バウハウスを辞して佐藤と行動を共にした。事務所名を考えたのも、名刺のロゴをデザインしたのも中井だった。

「中井さんとは、キャロルを撮った時に仲よくなったんですよ」

沢田研二の番組は、佐藤が美空ひばりのドキュメンタリーと共にテレビマンユニオン時代に公募で勝ち取った企画であった。「この人を落とせば大丈夫」と中井から教えられ、渡辺プロダクションの制作次長、池田道彦に直接当たって、了解を得た。

時のトップスターを裸にすることについては、誰の許可も求めなかった。撮影当日、湘南沖のヨットの上で閃き、「素っ裸で海に飛び込んでくれない?」と直接、沢田に交渉したのだ。「角度で見えないようにするから。しばらく泳いだらカットと言うからそこまで泳いでね」の注文に、彼は「いいですよ」とあっさりうなずいた。野外ライブのためか野球のためか、海に飛び込むジュリーの脚にはくっきりと日焼けの跡が残っている。

九四年、NHK衛星第二で佐藤の仕事を俯瞰《ふかん》した「もうひとつのヒーロー伝説~映像作家・佐藤輝の世界　美空ひばりから尾崎豊まで」が五夜連続で放送された。第三夜は沢田研二を中心とした回で、「青春★沢田研二~」や、桜吹雪が舞い散る中で仰臥するジュリーの幻惑的な姿が流れ、沢田自身もインタビューに応じている。そこでスターは、佐藤への信頼を語っていた。

「だいたいが突飛なことをやらされる質《たち》なんですよ。で、その時に断らない。渡辺プロという大きなプロダクションにいたので、構造としては大事にされるんだけど、やっぱりイメージを壊したいというか、僕の方も渡りに船というところがあるわけですよ。保守的にならずにすむ。だから、外の人が『こういうことをやったらいい』と言ってくれることが、僕は面白かったし、好きだったし」

「青春★沢田研二~」は全国のジュリー・ファンを狂喜乱舞させ、佐藤の事務所に母親同伴で女の子が礼を言いにやってきたほどであった。番組はスイカがタイトルに出てきてポップに弾け、ライブシーンは躍動感にあふれて、超弩級のカッコよさでジュリーが迫ってくる。今ではあたり前になったライブシーンのバックショットからの撮影を許したアーティストは、この時の沢田研二がはじめてだった。貴重なインタビュー映像も差し込まれ、「幸せか」と聞かれると、二十六歳のジュリーは絶頂にいるスターの恍惚と不安を隠さなかった。

「確かに幸せやけど、ブランコに乗ってるみたいな感じでね。ブランコの鎖は両手でしっかり持っててんと、あれは落ちそうになるからねえ。曲芸師やないから、手を離すとごちょ～んと落ちそうやし、後ろからドーンと突かれたりなんかすると一発で落ちてしまうみたいなね。そういう感じがしますね」

このドキュメンタリーは再放送されたものの、今では見ることが叶わない伝説の番組となった。他にも、その当時でさえ超レアな映像があったからだ。街を歩くジュリーとショーケンのツーショットである。ジュリーは「危険なふたり」でトップシンガーの座を手にして「追憶」を歌い、「太陽にほえろ！」で若手俳優ナンバー1となったショーケンは、いよいよ「傷だらけの天使」が始まろうという時期。

佐藤が、ジュリーのドキュメンタリーにショーケンを出そうと考えたのはいたってシンプルな理由だった。

「僕はライブ映像だけ撮っておけばいいというのは、嫌なんですよ。で、ジュリーと誰かを一緒に撮りたいとなったら、ショーケンしかいないじゃない。あの時のショーケンは、出る作品とか自分の出方って、もの凄く慎重にやってた時代だし、一筋縄ではいかないとわかっていたので、池田さんたちを総動員して、口説きました。ようやく彼がやってもいいかとなった時、担当のディレクターと会いたいと言われ、僕は沢田とは会っていないのに、ショーケンと喫茶店で話したんですよ。地下鉄で待ち合わせて、ゴールデン街で飲んで欲しい。それだけの企画なんだけれど、特に内容については言われもしなかった。あの人は全然飾らないざっくばらんな人で、ただどんな男か見てやろう、こいつに任せてもいいかということだったんだと思う」

いざ撮影という時、佐藤は二人に「移動する間は喋ってもいいし喋らなくてもいいから、好きにやってくれ」と告げて、何の演出もしなかった。

「全編アドリブです。僕は、花を飾ったテーブルをはさんでスターを対談させるなんていう番組に一矢《いっし》報いたいという気持ちがありましたからね。話すのはどこだってできるじゃない。美空ひばりさんの時は岡林（信康）と一緒にちょっと歌ってもらったりして、矢沢の時はユーミンと茅ヶ崎の海岸で立ち話してもらった。ジュリーとショーケンが地下鉄に乗ってゴールデン街で飲むって、それだけで素敵じゃない？」

当時は、小さなハンディカメラはなく、カメラとＶＴＲの一体型もなかった。佐藤は、スタジオの大きなＶＴＲを「一切傷つけない」と頼み込んで局から借り出し、四人がかりで地下鉄から新宿ゴールデン街までを撮影した。

「あの当時あの映像が新鮮に映ったのは、そういうこともあったんですね。テープはオープンリールだからちょっとでも斜めになると止まってしまうし、大変でした」

並んで歩いている二人の後ろに沢田のマネージャーがいて、ファンの姿も映っている。極秘で進めていたはずなのにファンにはバレていた。

「僕は、事前にゴールデン街の関係者に一升瓶二本を持って挨拶にも行きました。すべて計算してやっていたのにたったひとつ計算外だったのは、ドアが開かないくらいにあの小さな店の前に何百人ものファンが押し寄せたこと。沢田とショーケンにマネージャー、スタッフも含めて八人か九人が閉じ込められた状態になり、結局、誰が誰だかわからないようにバーッと逃げようと決めて一斉に逃げたんですよ。翌日が海での撮影でした」

こうして撮られた映像は、現在、編集されたものがYouTubeに流れている。番組ではいくつかのパートに分けて放送されていたが、全編を説明するとこんな具合だ。

白とピンクのストライプのブラウス、ジーンズ姿の沢田研二と、チャコールグレイのパンツに胸を大きくはだけた白いシャツ姿の萩原が赤坂見附で丸ノ内線に乗る。車中、二人並んで座席に腰掛けて、手持ち無沙汰で煙草をくわえる沢田に、大股開きであくびをする萩原。新宿三丁目で降りて、地下鉄のホームから改札へと上がっていく。深夜零時。「煙草ないの?」と萩原が聞いて、「あるよ。あげる」とバッグから煙草を出す沢田。「最近喫うようになったの?」と聞く萩原に、「最近、多いのよ」と沢田。二人は煙草を喫いながら仕事の話をして、沢田が「今度野球のチーム作るの。ジュリーズっていうの」と話す。ゴールデン街の遊歩道を歩いて一軒の店に入るなり、「ちょっとオシッコさしてくださーい」とトイレに入った萩原は、「オールドがいいなぁ」とオーダー。沢田が「ロック」と注文すると、「ロックを歌うからロックだってさ」と萩原が言い、「ポップス歌うからポップコーン」と沢田が応じる。

沢田の服装は、七月三十一日放送の「寺内貫太郎一家」にゲスト出演した時と同じものなので、ドラマ撮影の夜に撮られたのだろうか。この時、ジュリー二十六歳、ショーケン二十四歳。今なら二次創作が何作も生まれそうな、最高にカッコいい二人の幸福なシーンである。

萩原が本格的に俳優へと舵を切って以降、彼の番組に沢田がゲスト出演し、沢田が主演のドラマを撮った時は萩原がゲストとして出るという形が続いていた。沢田がレコーディングのためにロンドンへ発つ時は、PYGのメンバーとして萩原も空港へ駆けつけている。「太陽にほえろ!」

で萩原が演じたマカロニ刑事が殉職した時は、アートシアター新宿文化地下の蠍座でファンを集めて「早見淳を悼む夕べ」が開かれ、沢田も井上堯之や岸部修三（現・一徳）らと参加して、「追悼の言葉」を贈った。

少なくとも七三年まで「ヤング」の所属タレントの欄には、PYGの名前があった。沢田と萩原のツーショットは多くの雑誌に載っており、二人一緒の露出は渡辺プロの方針というより、彼らにしてみれば仲間としてのごく自然な行動だったようだ。二人は私的な時間も、井上堯之や萩原の部屋でお酒を飲みながら過ごしている。

七二年八月の十日間、沢田と萩原はテレビの特番のために、夏休みもかねてギリシアへ出かけた。CM撮影もあった沢田はイスタンブールでスーツケースを盗まれ、CM用の衣裳も、地中海の島をめぐる豪華客船のパーティーで着るスーツも、「俺、二着持ってきたから」と言う萩原のスーツを借りることになる。この時のジュリーは「ベビードール」で誂えたものらしきベージュのスリーピース姿で、シャツの衿を出していた。どこかで沢田が、ネクタイをせず、ジャケットの外にシャツの衿を出すスタイルは「ショーケンと僕が始めたもの」と語っていた。あの時代、野口五郎や西城秀樹ら男性歌手がこのスタイルで歌っていたが、二人のファッションが伝播したのだろうか。

七三年の早春に放送されたニッポン放送「沢田研二のすばらしい世界」のゲストは、主演映画「股旅」が公開される頃の萩原健一だった。沢田は、「重い腰を上げて、今日は我等のショーケンが来てくれました」と相棒を迎える。暴力をテーマに「唐獅子牡丹」「股旅もの」「学生デモ隊と警察官」というミニドラマを二人で演じながら、トークをする趣向。演じ終わると、ジュリーは「ふっははは」と笑い、ショーケンも「笑っちゃダメだよ」と言いながら笑ってしまって、まるで高校生である。ＧＳ時代の芸能誌には、互いを見つけると声を上げて駆け寄るジュリー＆ショーケンとあるので、出会いからこんな調子だったのだ。

その年の秋に発売された「週刊ＴＶガイド」十一月十六日号は「ジュリー＆ショーケン」特集であった。サブタイトルが「愛にも似たその友情の秘めたる絆とは」。二人を追ったグラビアに、互いを語り合うインタビューページが続き、二人に近い人たちがジュリー＆ショーケンの友情について意見を開陳した、計十一ページの企画。当代の人気者二人の関係を〈男だけの〝美学〟〉〈ゆるぎない友愛の姿〉と讃えた。

二人のインタビューは互いへの愛情と信頼に満ちて、共有してきた時間と目指すところが集約されている。沢田研二は、自分にとってショーケンはどういう存在なのか、客観的に言葉にしていた。

〈現状に甘えず、金もうけに堕さず、納得できる状態になるまでやっていく、とこういう目的意識が、二人に共通しているということだと思います〉

〈ショーケンはいつも真剣なんだ〉

〈ぼくにはとっても尊いことというつるんです〉

萩原健一は、もう少し感情的に沢田への気持ちを語っている。

〈オレがあいつの良さを認めることができること自体、それだけですごく嬉しいんだ〉

〈あいつが誰かにやられたら、必ずオレはすっとんで行く。あいつもそうしてくれるよ。オレはあいつを信じているんだ〉

萩原の言葉は嘘ではなかった。

同特集のリードには〈今年の「レコード大賞」の最有力候補、沢田研二〉と紹介されていて、ジユリーが「危険なふたり」で歌謡界最高の権威ある賞をその手にするのではないかと予想されていた時期のもの。だが、予想は覆るのだ。雑誌発売日の二日後、十一月十一日、東京プリンスホテルで部門賞を発表する「速報！日本レコード大賞」がTBSテレビで生中継され、冒頭の「大衆賞」のトップバッターにジュリーの名前が呼ばれたのである。大晦日に発表される大賞は五人の「歌唱賞」受賞者から選ばれるので、この時点で沢田のレコード大賞はなくなった。

白い衣裳をつけたジュリーが「危険なふたり」を歌って二コーラス目、ハプニングが起きる。ジーンズのスーツ姿に赤いマフラーを巻いた内田裕也が客席から現れてステージに上り、歌唱中のジュリーに「頑張って」と声をかけ、手を差し出して去っていった。戸惑ったろうにジュリーは握手に応えて、何事もなかったように歌い続けた。

その場に居合わせたある人は、番組収録が終わった直後、会場横の廊下で「なぜ沢田が大衆賞なんだ！」と関係者に詰め寄る内田裕也軍団の姿を目にしている。そこには萩原健一の姿もあった。目撃した人が言う。

「ちょっとした騒ぎになってました。もちろん、沢田さんは知らないと思いますよ、あの人はそういうことをする人じゃないから。今でも知らないんじゃないですか」

その数日後、十一月二十日発表の歌謡大賞は、沢田研二が「危険なふたり」で受賞する。しかし、大晦日のレコード大賞発表は紅白歌合戦と並ぶ国民の年中行事のようなもので、高視聴率を稼ぎ、発表会場から紅白のステージへ駆けつける姿は歌手にとっては文字通り晴れ姿だった。この七三年のレコード大賞は、リリースされて間もない五木ひろしの「夜空」が受賞した。

内田裕也の行動が間違っているのは言うまでもない。ただ誰よりも人気者だったGS時代から歌謡界の中心で疎外され続けてきたジュリーが、ようやく真ん中に立てるという期待があったのだろう。納得できない賞レースへの不満と沢田の悔しさを思っての内田の行動で、そこにショーケンも共振したのではないか。

七七年、沢田研二が「勝手にしやがれ」でレコード大賞を獲った時、TBSはサプライズゲストとして祝福してもらおうと、ショーケンを会場の帝国劇場に呼んだ。すでに萩原は渡辺企画を離れ、自主制作したドラマ「祭りばやしが聞こえる」で大きな借金を背負った頃だが、快く応じた。

発表までの間、萩原と一緒に控室にいた、沢田のマネージャーだった森本精人の証言。

「『この大晦日の忙しい時に呼び出しやがって』と怒られたけど、来てくれたんですよね。『おい、本当に獲れるんだろうな、獲れなかったら俺は帰るぞ』と言って、モニターを見てました。やっぱり、ショーケンはジュリーを尊敬してましたからね。あの二人は本当に仲よかったんですよ。佐藤輝さんが撮った二人を見た時は、模範生のジュリーが煙草を吸ったりして、アウトローのショーケンに近づこうとして多少無理しているように僕には見えましたが」

大賞発表後、舞台に上がってマイクを向けられた萩原は「遅いくらいです」とコメント。トロフィーを手に、グログラン地の赤いジャケット姿で「勝手にしやがれ」を歌うジュリーの後ろに、作詞作曲の阿久悠と大野克夫、編曲の船山基紀、加瀬邦彦、岸部一徳とシローー、森本太郎が立っている。井上堯之の横で、黒いスーツにグレイのネクタイを締めたショーケンがはにかんで手拍子する。彼は、歌い終わった沢田の胴上げにも参加した。

「週刊TVガイド」のジュリー&ショーケン特集にコメントを寄せているのは市川森一、井上堯之、加瀬邦彦、ポリドールレコードのプロデューサー佐々木幸男、中井國二、安井かずみという顔ぶれだった。

佐々木は、こんな話をしていた。

〈ピッグでもショーケンは一歩しりぞき常にジュリーに花をもたせていた。ジュリーはまたショーケンをよくフォローしていたんですけど、かつて花形だった人間にそう簡単にできる事じゃないですよ〉

市川と佐々木と中井は、ジュリーとショーケンが単なるライバルで終わらない理由として、同じことを指摘している。GSという戦国時代を生き抜いてきた者同士の無言の畏敬の念、同時代を生きる仲間意識、もっと大きな敵（既成のもの）がいることを知っているのだ、と。背中合わせで闘いながら古い時代を切り裂いていく二人の姿は、周囲から見ても眩しいものだった。

佐藤輝が、「青春★沢田研二〜」にショーケンを呼んだのは、ジュリーのスターらしくない自然な素顔を撮影したいと思ったからである。

深夜の赤坂見附駅のホーム。新宿方面行きの電車のドアが開く。先に乗ったジュリーが「うん？」と友だちの姿を探して振り返ると、ショーケンが「へっへっへ」とニコニコして飛び込んでくる。二人、顔を見合わせて嬉しそうに笑う。佐藤の演出なき演出が描き出した、スーパースター二人の素敵な姿だ。

友であり、「恋人」であり

萩原健一がその生涯でライバルと認めた男はただひとり、沢田研二である。彼が「恋人」と呼んだ男もただひとり、沢田研二だけであった。

「週刊TVガイド」七三年十一月十六日号のジュリー&ショーケン特集で、脚本家の市川森一は、萩原が「太陽にほえろ！」に沢田をひっぱり出した時の言葉を引用して、ふたりの関係を語っている。市川が、殺人犯となった大学生をマカロニ刑事が射殺するその回「そして、愛は終った」の脚本を書いた。

〈〝殺す行為と殺される側の間には、必ずホモセクシャルがないと成立しない。最初に床を共にする女と同じほど重要なんだ。それにはジュリーしかいない〟と。ジュリーも〝ショーケンになら殺されてもいい〟という。まさしく精神性ホモです。これは友情の純化した姿だと思いますよ〉

萩原は同じ特集で〈ジュリーじゃなきゃできない役だったと思う。殺人犯なんだけどジュリーなら許してくれると思い、利用しちゃったんだけど〉と話している。

ＰＹＧのステージで、ジュリーとショーケンが男同士のキスを演じることがあった。デヴィッド・ボウイがギターのミック・ロンソンとゲイ的なパフォーマンスを見せるジギー・スターダスト・ツアーがスタートしたのは七二年初頭なので、それより早いか、同時期の振り付けは、二人の時代への感度が飛び抜けて鋭かったことになる。ジュリー曰く、〈あれはショーケンとケイコの時、ああでもこうでもないって作るんです〉（「ヤング」七二年六月号）。

六〇年代のアメリカは、公民権運動からの流れで女性やセクシュアルマイノリティなどさまざまな差別が可視化され、家族の枠にとどまらない社会的な人間関係の結び直しが試みられて、現在より多様化への志向は強かった。

そうした時代に生まれたアメリカンニューシネマには、男同士の絆を描く作品が多い。ショーケンのドラマ「傷だらけの天使」や、映画「アフリカの光」に影響を与えた「真夜中のカーボーイ」も、ニューヨークの底辺に生きる若者ふたりを描いた作品である。日米共に六九年の公開で、成人指定にもかかわらずアカデミー作品賞を受賞した。

映画評論家の大森さわこは、生涯十本のうちの一本だと評する。

「電気も暖房もない部屋で暮らすふたりの生活は悲惨ですが、ダスティン・ホフマンとジョン・ヴォイトの温かみを感じさせる演技のおかげで、彼らの絆にこちらも心動かされていく。誰も理解できなかった人間同士が結びつくのですが、それははぐれ者同士の共感で、テーマは孤独。ゲイ的表現も含めて、これまでタブーとされていたことが商業映画の中で描かれて、ニューシネマの中でも革新的な作品の一本です」

この映画に触発された創作者は、少なくない。数多の名作を世に送り出し、「カリフォルニア物語」「BANANA FISH」「YASHA 夜叉」等で男同士の強い絆を描いた少女漫画家、吉田秋生《あきみ》もそのひとりである。吉田は、高校の時に名画座で「真夜中のカーボーイ」を観て立ち上がれないくらいのショックを受け、物を描くようになった、と話していた。

〈相手がいなければ死んでしまうようなギリギリの魂の結びつきってありますね。それも単に肉体的な死じゃなくて、精神的な死とか、自我の死とか、そういうすべての死につながるぐらい、相手と結びついているようなものだったんです、『真夜中のカウボーイ《ママ》』っていうのは〉

〈レズビアンとかホモセクシュアルだったら男女の恋愛とまったく同じことになるのかもしれないけど、そうじゃない感情で結びつくっていうのはどういうことなのかな、っていうのが、私にとってやっぱり『真夜中のカウボーイ《ママ》』以来の、永遠不滅のテーマのような気がするんです〉（藤本由香里『少女まんが魂』）

このインタビューで吉田は、「カリフォルニア物語」で犬死にのように命を落とすイーヴは「傷だらけの天使」の水谷豊だ、と語る。沢田研二主演の「悪魔のようなあいつ」にインスパイアされて中島梓がBL文学を拓いていったように、萩原が「傷だらけの天使」で見せた男同士の絆もまた、男性だけではなく女性たちをも強く触発するものだった。この二人によって生まれたものの、なんと多いことか。日本中の女がジュリーに夢中で、日本中の男がショーケンにシビれていた頃の話だ。

市川森一は「精神性ホモ」と表現したが、そもそもPYGは男たちの連帯の場所であった。ニューシネマで男同士の絆を確認した萩原は市川らと共にそれを作品に生かし、演技にも生かす。ショーケンが「傷だらけの天使」で少年たちを含む男性のカリスマとなるのは、ファッションや物言いも含めたそのふるまいが極めて先駆的だったからだろう。ジュリーの美貌は真似ることはできないが、ショーケンのふるまいは真似ることができなくもない。

岸部一徳は、男に愛される萩原の魅力をわかった上で、ジュリーとショーケンの違いを的確に指摘している。

〈男っぽさとか、なにかを頑なに通すとか、そういうのは沢田のほうがぜんぜん強いんですよ。でもそうは見られていない。ちょっとしたときに出てくるんだけど、沢田の場合はなに言っているんだと反発される。ショーケンが同じことをしたら格好いいになるんですよ〉

〈そういうふうにずっと生きてきたショーケンもしんどかったのかもしれない〉（「ユリイカ」二〇一九年七月臨時増刊号「萩原健一　ショーケンよ、永遠に」）

渡辺プロダクションのファンクラブ誌「ヤング」にはスターへ「50の質問」というコーナーがあって、七二年の二月号にジュリーが、五月号にショーケンが登場している。ここでの二人の答えが対照的なのだ。たとえば「今、一番興味あることは？」に、沢田は〈さあ……。別にないみたい〉と答えているのに対して、萩原は〈日本の政治。中国問題〉との返答。読書についての質問では、沢田が〈本はまったくだめ。マンガ位で〉、萩原は〈読む方だな。特に小田実のものなんかいいね〉。萩原は別の号でも高橋和巳を読んでいると話して、二人の性格の違いというか、関西人である沢田は自分を飾ることはしないが、萩原は、若者に支持される作家の名前を口にしてかくあるべき自分を強く出している。

同誌の七一年十一月号には、萩原が〈右耳は全然聞こえません〉と自身を紹介している「スター精密検査」というページがあった。中学時代水泳部だったため、中耳炎を悪化させていた逸話は、GS時代から語ってきた。ショーケンの右耳に右手をおいて歌うスタイルも、時に大声で話すため傍若無人に見えるふるまいも聴こえない耳のせいだったのだが、こうしてすべてを曝け出そうとするのも、ショーケンのひとつのスタイルであった。

七三年二月、ブームだった上村一夫の漫画「同棲時代」がTBSでドラマ化され、沢田研二と梶芽衣子が次郎と今日子を演じ、萩原もゲストで出演した。その初夏に出た沢田の特集雑誌に、ジュリーとショーケンの対談がある。ショーケンが偽悪的に「女抱きたいよなぁ」などと迫っていく場面もあって、ジュリーは何を言われても答えようがないというふうで、最後には大笑いする。昨今のアイドルでは交わせない会話だ。

ジュリーが言う。

〈何でも一番になる方がいいわけよ。友達だしね、お互いにうまくいってるし、僕は嬉しいです、だけじゃないわけよ僕らはもう〉（深夜放送ファン別冊「JULIE 沢田研二のすばらしい世界」一九七三年六月）

ショーケンが言う。

〈それは井上孝之（堯之）という一人の人間を通してからかも知れないけど……裏切れない友であり恋人なんだ。俺、ホモじゃないけどネ……〉（同前）

ここで「恋人」と言ってしまうショーケンに、言わせてしまうジュリー。井上堯之の名前が出てくるのは男たちの連帯の話だからで、ステージでのキスの演技も、「恋人」と呼ぶことも社会への反抗、常識を覆し既成概念を壊していくロック精神そのもののふるまいだった。だが、もちろん、互いに誰が「恋人」でもいいわけではなかった。

萩原健一にとって、沢田研二は出会った時から尊敬すべき相手であった。大下英治の『ショーケン 天才と狂気』には、小倉一郎に「ジュリーを無条件で尊敬してるんだ。喧嘩がめっぽう強いんだ」と話す萩原のエピソードが登場する。萩原自身は、GS時代の出来事として、大阪でGS大会があった後、暴力団に拉致された時の逸話を自著に記していた。沢田と萩原と堺正章と布施明の四人が無理矢理車へ乗せられ、連れて行かれたクラブで「歌え！」と強要されたという場面である。

〈ぼくは黙ってた。泣きそうな顔しているのもいれば、「歌っちゃおうよ」と言ってるのもいたけれど、キッパリと断ったのが沢田です。ヤクザに、面と向かってこう言った。／「歌えないよ」／偉い。こいつ、度胸あるなあ、と思った〉（『ショーケン』）

ジュリーもショーケンも、中高時代は不良だったと公言している。だが、萩原が女の子にモテまくった軟派であるのに対して、沢田はモテはしてもまったくの硬派で、あの頃の京都の中高生の間では「岡中の沢田」の名は鳴り響いていた。岡崎中学時代、野球部で一緒だった親友、山田正樹が語っていた。

〈沢田は、級長なんかもやってるくせに、俺たちが喧嘩をしていると飛び込んできた〉（「女性自身」七四年六月一日号）

山田はここで、喧嘩に明け暮れても宿題を忘れたことのない親友の真面目さも話している。

瞳みのるは、ファニーズ時代、「ナンバ一番」で演奏を終えた帰りに難波で喧嘩になり、一発でヤクザをKOした沢田の蹴りを見た時の気持ちを書いていた。〈沢田の喧嘩の強さは僕の脳裏に焼きついて、以後口喧嘩はともかく、彼と殴り合いの喧嘩は絶対にしないようにと心した〉(『ロング・グッバイのあとで』)

沢田自身の弁はこうだ。

〈仁義なんてないから、喧嘩なんて。先手必勝です〉(『我が名は、ジュリー』)

王子様のジュリーと不良のショーケン。ファンが抱くイメージとは違って、沢田と萩原では喧嘩の場数も強さも比べ物にならなかったろう。少年の頃から任侠映画を観て、高倉健への憧憬を募らせた萩原にしてみれば、寡黙でありながら喧嘩が強く、いざとなれば何事にも動じない沢田に対して、歌に対する誠実さも含めてコンプレックスを感じないはずはなかった。

ザ・タイガースのマネージャーだった森弘明は、七〇年夏頃に沢田と内田裕也と新宿二丁目で飲んだことがあった。その時の出来事を、思い返す。

「私が若さゆえに裕也さんの言うことにいちいち突っかかっていたんです。裕也さんはとうとうキレて『表に出ろ!』ってことになったんですが、ジュリーは笑いを浮かべて、裕也さんの袖を引っぱって『裕也さん!』とたしなめてくれました。裕也さんは、別の時に、『いつまでたっても、沢田と会うとあがっちゃって、ドキドキしちゃうんだよな』と言ってました」

ショーケンが内田裕也のようにジュリーにドキドキしたとは思わない。けれど二人並べて語られることが多い時期、萩原は何かにつけて沢田のことを口にした。芸能週刊誌でGS時代を自己批判した時は、GSスターを否定しても沢田研二は別だとわざわざ断っている。「傷だらけの天使」の第十八話「リングサイドに花一輪を」でも、木暮修役の萩原の口からジュリーの名前が飛び出す。屋台で水谷豊演じるアキラがアニキに「探偵やめてボクサーになる、歌手になる」とからむシーンだ。

〈萩原「ああなってみろ、なってみろ。新御三家でも何でもよう。新御三家だぞ」／水谷「西城秀樹抜いてやるからよう、じゃあ」／萩原「野口五郎は」／水谷「抜いてやるよ」／萩原「郷ひろみは」／水谷「抜いてやるよ」／萩原「でも、ジュリーは抜けないだろう」／水谷「はじめっから問題じゃねえや」／萩原「ブッ　じゃあ、俺は」〉

アドリブのシーンである。先述の対談では、〈沢田研二が俺より歌がうまいと同じように、俺は沢田研二より芝居はうまいよ〉と言っていたが、萩原は何冊かの著作でも「俺は沢田とは違う」という言い方をする。GS時代もPYG時代も、個性の違いで互いを輝かせた二人。いかに自分はジュリーと違っているか。ショーケンはジュリー・コンプレックスをバネに自分の居場所を求め、アイデンティティを強化していったように映る。

大野克夫は、ショーケンの気持ちをこう見ていた。

「二人とも魅力的ですが、魅力の色合いが違う。ショーケンはきっと、歌はダメだったけれど役者は俺が一番だと思ったんですよね。そこでなら沢田研二に勝てると。だからまだPYGがある頃に、芝居のほうへ行っています」

一方、沢田研二にもショーケン・コンプレックスはあった。岸部一徳が〈むしろ沢田は自分にはない格好よさをショーケンは全部もっているといつも感じていたと思う〉（「萩原健一　ショーケンよ、永遠に」）と言うように、沢田自身、ショーケンのステージに感電しファンになってしまったと言う。

〈あいつには仕事上で羨ましいと思うことがいっぱいある。自分の個性をしっかりと大切に育てて、その延長でもって仕事を選んでいるでしょう〉

〈ショーケンだからこそできるんだと思いますよ〉（前出「週刊TVガイド」）

仕事に向かう真摯さと惜しみない努力は、二人に共通している。だが、やりたい放題、ルールも法律も破滅も無視して暴走していく萩原の生き方は、責任感が強くて真面目な沢田には到底選べないものだった。ただある時期からショーケン・コンプレックスを吹き飛ばすかのように、彼は縛られていたものから自分を解き放ち、政治的発言も辞さず、意思のままに歩き出すのだ。

二人の競演を見ることができたのは、八〇年代半ばまでだった。七八年八月十二日、ナゴヤ球場で行われた「ジュリー・ロックン・ツアー'78」にショーケンが飛び入りして、大歓声の中で「自由に歩いて愛して」を一緒に歌う。その前夜は、名古屋市公会堂で開かれたショーケンのライブにジュリーが飛び入りしている。八一年一月、老朽化による取り壊しが決まった日劇の「サヨナラ日劇ウエスタンカーニバル」のステージには、ジュリーもショーケンも立っている。この時、内田裕也と二人が鼎談して、「互いがいたからここまでくることができた」と語り合った。

八五年、萩原健一主演の鈴木清順監督「カポネ大いに泣く」に沢田研二が出演、田中裕子が萩原の相手役であった。九三年には、NHK大河ドラマ「琉球の風」に、萩原が島津義久の御典医を、沢田が琉球王を演じて共演。二人が同じ作品に出演したのはこれが最後となった。「カポネ〜」公開年に出版された半自叙伝で、沢田が語る。

〈ショーケン自体は違うところへ行っているからね。いい意味でも僕のこと、もう相手にしないと思うのね〉（『我が名は、ジュリー』）

バブルな八〇年代は、挫折の美学を体現した俳優、萩原健一にとっては苦闘の時代の始まりとなった。大麻所持で逮捕されるなど、トラブルも続く。

集団創作で知られ、八〇年代小劇場ブームの一翼を担った「劇団青い鳥」の演出家で俳優の芹川藍は、萩原と同じ五〇年生まれ。仲間と「型を決めずに心の中にあるものを出していこう」と女性だけの劇団を旗揚げしたのは、「傷だらけの天使」放送の年だった。

芹川が、その失速さえ深い共感を抱かずにはいられないという大好きな俳優を語る。

「七〇年代ってもの凄くモヤッとした時代だった。幸せに向かって走っているから危なっかしいものが好きになるんです。ショーケンはまだ野性が残っているライオンみたいなもので、芝居で絶対嘘はついていません。見ていると緊張を強いられるけど心が震える。でも、嘘をつかない演技ってもの凄く精神的に消耗するんですよ。青い鳥も、みんなが四十歳になった頃から型を作りたくなった。ショーケンを見てたらウルウルする時がありました。何度も結婚して、何度も逮捕されて、いろんな監督や共演者と喧嘩して、ああしてないと自分を保てなかったんじゃないかとさえ思う。彼は、自分が幸せなところにいるのが嫌だったんですよね」

後年の萩原は、尊敬していた監督や脚本家、自分とは演技法が違う共演者を批判するようになり、沢田への批判もあった。著作やインタビューで六九年のウッドストック体験を語り始めたのは、二〇一〇年頃からだった。十九歳の時に、安井かずみの当時の夫に連れられてウッドストック・フェスティバルへ行ったというエピソードである。

安井と結婚していた新田ジョージは離婚後にウッドストックへ赴き、三日間カメラを回して、翌年、そのドキュメンタリー映画を大阪万博のカナダ館で公開した。だが、その時の同行者は弟とアメリカ人の友人で萩原ではない。

新田が証言する。

「何かの間違いじゃないですか。僕は、ショーちゃん（田辺昭知）とは仲よかったけれど、ショーケンのことはほとんど知りません。サンケイホールでウッドストックの上映会をした時にスパイダースに演奏してもらったので、テンプターズも来てたかもしれないね」

なぜ六十歳の萩原にウッドストック体験が必要だったのか。なぜ関係者への批判を始めたのか。死期を悟ってかくあるべき自分を強めていったとすれば切ないが、そこはショーケン研究者の論考に委ねたい。

もうジュリーとショーケンが会うこともなくなってから、ジュリーにはかつてのヒット曲を歌わない時期があった。ザ・テンプターズ時代の「エメラルドの伝説」や「神様お願い」をライブで歌うショーケンの呟きを聞いた人が、いる。こんな呟きだ。

「沢田も、もうちょっと往年の曲をやってやればいいのにな。ファンを喜ばせてやればいいのに」

萩原健一にとって、自分と肩を並べるべき存在はいつだって沢田研二ただひとりだった。沢田に批判を向けたその自伝で、松田優作をライバルと言われることを断固拒否して言うのである。

〈ライバルだったと言えるとすれば、沢田研二です〉(『ショーケン』)

二〇一九年のまだ浅い春、ショーケンは静かに逝った。その四十四日後、五月九日に沢田研二のライブツアーがスタート。東京国際フォーラムのステージに立った沢田は、二曲目を歌い終えた後に突然、「さすがにショーケンが死んだ時はこたえた」と語り出す。

「昔のこととはいえ、ショーケンといえばジュリーと言われちゃうんだよ。ショーケンはそんな奴じゃないぞ。もっと凄い奴だぞ。俺なんて生き方が上手じゃない。ショーケンはもっと上手じゃなかった。俺は足元にも及ばない」

共に歌い、笑い、愛し、闘い、競った魂の片割れのようであった盟友の喪失に、ジュリーは涙を飛ばして叫んだ。

「俺はあいつが大好きなんだ！」

第５章

歌謡曲の時代

「君をのせて」の不発

ジャズマンだった渡辺晋と妻の渡辺美佐が、ミュージシャンの生活安定と地位向上を悲願として渡辺プロダクションを創業したのは一九五五年のことだった。東京芝浦電気（現・東芝）が家庭電化時代の幕開けとなる自動炊飯器を発売、日本住宅公団（現・都市再生機構）が発足して文化生活という言葉が流布した戦後の復興著しい年に、二十七歳と二十六歳の若き夫婦によって日本のショービジネスは、興行からの脱皮を目指すのである。

高度経済成長期に入った六二年、渡辺プロは著作権を管理するシステムを海外に学び、芸能プロとしてはじめての音楽出版、渡辺音楽出版を設立。クレージーキャッツの植木等が歌う「スーダラ節」から、レコード原盤制作に着手した。それまでの邦盤はレコード会社専属の作詞家と作曲家が作って専属歌手が歌うのが一般的であったため、レコード会社が独占していた原盤制作に乗り出したことは、業界のシステムを根幹から揺るがす革命となった。

渡辺音楽出版は、原盤制作と楽曲の管理の他、作曲家や作詞家のマネジメントも手がけた。すぎやまこういち、村井邦彦、平尾昌晃、山上路夫、なかにし礼、岩谷時子、安井かずみといった時の才能が集まり、渡辺プロ所属でないアーティストも同社に原盤制作を任せた。東宝映画の「若大将」、加山雄三が弾厚作のペンネームで作曲した曲には岩谷時子の詞がついて、「君といつまでも」など一連のヒット曲を生んでいく。

二〇一七年まで渡辺音楽出版の社長を務めた中島二《に》千《ち》六《ろく》が、原盤制作を手がけた経緯を説明する。四〇年生まれの中島は六五年に入社して以来、音楽制作に携わりながら、長く創業者夫妻の傍にいた。

「音楽出版というのは、そもそも知的財産管理の会社です。でも、渡辺音楽出版の場合はプロダクションから出発したので、管理と同時に制作も始めることになった。当初は原盤制作のイニシアチブはプロダクションがとっていて、渡辺プロのマネージャーが担当になって作っていました。中井國二が一から作り上げたザ・タイガースのレコードは、中井が中心になって制作したんです。渡辺企画や東京音楽学院ができて、六〇年代の終わりにはアーティストを発掘し、育て、売り出していくというグループのシステムが出来上がる。その時期から出版にも担当がつき、プロのマネージャーと一対となってレコードを作っていくという形になっていきました」

ソロになって以降ヒット曲を連射していく沢田研二の担当者、木﨑賢治が渡辺音楽出版に入社したのは、ちょうど渡辺グループの体制が完成した頃の七〇年であった。

槇原敬之やBUMP OF CHICKENなどのプロデューサーとしても知られる木﨑は沢田より二歳年上、四六年に東京で生まれた。アメリカン・ポップミュージック好きの少年で、中学生でもうFEN（現・AFN）を聴き、自分で曲を作っていた。音楽は趣味でいいと考えていたので、東京外国語大学時代は母校の高校の英語教師になるつもりだった。ところが時は全共闘運動の真っ只中、キャンパスがロックアウトされて教育実習に行けないばかりか就職活動もままならず、一年をバイトで過ごした後、同社に入社する。渡辺美佐がプロデューサーとして、大阪万博のステージにディートリヒを招いた年だった。グループの大卒九期生として外国部に配属され、翻訳の仕事からスタートした。

「僕はノンポリでしたが、学生運動のおかげで教師になれず音楽の道に進んだんだと思うことがあります。高校時代の友人で数学者の秋山仁に『音楽はいいよな、著作権があるから。定理っていくら考えても自分のものじゃなくてみんなのものなんだよ』と言われたけれど、入社してはじめて、出版社と言っても本を出すのではないのだと知ったんです」

木﨑が夜、会社でピアノを弾いていると、レコーディングのために平尾昌晃が作った曲の採譜を任された。録音機のない時代に曲を作り始めたので、楽譜は書けたのだ。外国部の仕事がない時には、レコーディングの現場にも立ち会えるようになった。

「ブルー・コメッツやザ・ハプニングス・フォー、タイガースのレコーディングも見学に行きました。最後のアルバムを作っている時です」

タイガースが解散し、PYGが結成される七一年初頭には、「こんな風にするともっといい曲になるんじゃないですか」と口にしていた。ある日の会議で、PYG担当だった先輩に「木﨑は制作に向いている」と言われ、その日から六、七人しかいなかった制作部へ異動になる。

「僕はPYGがアルバムを作るのも見てましたが、時間がかかりすぎて凄く大変で……。先輩は、もうPYGをやりたくなかったから僕にやらせようと思ったんじゃないかなぁ。アルバムの後の曲から僕がPYGの担当になり、二曲シングルを作り、その一曲はアメリカで出したいと思って、アメリカの出版社に英語詞を依頼し、イギリス人のミュージシャンに英語の発音の指導をお願いし、ジュリーに歌ってもらいました。結局、出せなかったんですが」

当初七一年十一月発売を告知され延期になった、七二年八月発売の「遠いふるさとへ」と、同年十一月発売の「初めての涙」のことである。リリースされた順でいくと、木﨑が手がけた沢田研二の最初の楽曲は、七一年十一月発売のソロデビュー曲、「君をのせて」。ソロシンガー・ジュリーの誕生の瞬間から、スターと一緒に歩き出したのだ。

木﨑は、沢田に対して「ジュリー」と呼びかける。

「僕のほうが年上でも、音楽の世界では向こうのほうが大先輩で、大スター。スタッフの中には沢田君と呼ぶ人もいましたが、僕はとても呼べなかった。音楽プロデューサーとしての僕は、沢田研二によって育てられたところがあります。彼の楽曲を作っていくことでヒット曲のセオリーも、人生のいろいろなことまでも教えられました」

桑田佳祐や玉置浩二など、名だたるアーティストがカバーする永遠のスタンダードナンバー「君をのせて」は、「合歓《ねむ》ポピュラーフェスティバル'71」の参加曲であった。

作家で音楽プロデューサーの佐藤剛によれば、「合歓ポピュラーフェスティバル」は、作曲家の中村八大が日本楽器（現・ヤマハ）の総帥、川上源一に主催を依頼し、渡辺晋の全面的なバックアップのもとに「フリーランスの作曲家に作品発表の機会を与え、新しい才能を世に出そう」と六九年に始めたコンテストだ。同じ年にスタートし、中島みゆきをはじめ多くのシンガーソングライターを輩出した通称ポプコン、「ポピュラーソングコンテスト」がアマチュアを対象としたコンテストであるのに対して、こちらの参加者はプロの作曲家。だが、未知の才能にも門戸は開かれ、グループサウンズ（GS）出身のかまやつひろしや加瀬邦彦、クニ河内、さらにプロとアマチュアの境界線上にいたフォークシンガーたちも参加することができた。

戦後のポピュラーミュージック史を調査研究してきた佐藤が、このフェスを渡辺プロが後援した理由を解説する。

「新しい市場開拓にも繋がる革新的なイベントを実行するためには、業界のリーダーだった渡辺プロに協力してもらうことが不可欠でした。中村八大と晋さんはジャズバンド、渡辺晋とシックス・ジョーズを一緒に組み、渡辺プロの草創期には中村八大は所属アーティストでもあった。共に、音楽業界を近代化したいという願いがあったんです」

渡辺プロのファンクラブ誌「ヤング」七一年九月号で、「ピッグ秋の地方公演は」と題した記事の中に、沢田研二のポピュラーフェスティバル出場と、参加曲は未定であることが記されている。翌十月号「PYGの話題」には、年末に日生劇場で沢田の初リサイタルが開かれること、十月四日からロンドンでソロアルバムをレコーディングし、中の二曲がシングル盤として十二月一日に発売される予定であること。合わせて〈「合歓ポピュラー・フェスティバル'71」の参加曲「君を乗《ママ》せて」（岩谷時子作詞宮川泰作曲）をレコーディングし、10月21日（予定）に発売することになった〉とあった。

実際には、「君をのせて」は十一月一日に発売されている。ロンドンで収録されたアルバム「JULIE Ⅱ」は十二月二十一日に、そこからシングルカットされたソロ第二弾「許されない愛」は、翌年の三月十日に発売された。

宮川泰の妻、禮子は、渡辺晋から「ジュリーのソロデビュー曲を」と依頼があったこと、詞は宮川が気心の知れた岩谷時子に頼んだことを覚えていた。

当時、宮川のマネージャーも務めていた中島が振り返る。

「あの音楽祭に沢田研二を出場させようと決めたのは、晋さんです。誰に曲を作ってもらおうかとなった時、フェスに向けて意欲を燃やしていた宮川さんに頼むことになったんでしょう。作品作りに関しては宮川さんとチーフマネージャーの中井國二らでやって、晋さんにも相談してますね。沢田の最初のソロだからロックぽいものではなくて、タイガースでやってきた曲の流れをくむ流行歌で、宮川さんと晋さんだから、ちょっとジャズの匂いがしますよね」

戦後のポピュラーミュージック史に大きな足跡を残した宮川泰は、佐藤剛の言葉を借りれば「日本の宝」である。シックス・ジョーズのピアニストで、岩谷時子と組んだ「恋のバカンス」や

「ウナ・セラ・ディ東京」などでザ・ピーナッツをスターにし、フェスの第一回では、伊東ゆかりが歌った「青空のゆくえ」でグランプリを受賞していた。タイガース時代からソロ歌手・沢田研二を構想していた渡辺晋は盟友の作った曲の完成度の高さを認めて、急遽ソロデビュー曲のレコーディングを早めたのではないか。「君をのせて」のレコードジャケットはそのために撮影されたものではなく、ＰＹＧのステージで歌うジュリーである。

宮川泰はこの作品を自分の最高傑作と口にし、「理想的な歌謡曲」と語った。七十五歳で亡くなる五年前、二〇〇一年に放送されたＮＨＫの昼の番組で、沢田研二へこんなメッセージを届けている。沢田が、朝ドラ「オードリー」に出演した時だ。

「あれからずいぶん時が過ぎましたが、ピアノの前でメロディを口ずさみながら、サビはジュリーの色っぽさが出るようにと、自らジュリーになったつもりで声を張り上げたことを覚えています。君の色気は天下一品。男が惚れる色気です。千年に何人かのスーパースター・ジュリー」「孤高のピアニスト宮川泰は、ジュリーのファンということをお忘れなく」（ＮＨＫ「スタジオパークからこんにちは」）

番組には、数多作った詞の中でもこの作品が好きだという八十四歳の岩谷時子も、コメントを寄せた。

「歌詞を作ってから、私は（最初のシングルなので）責任を感じて、気にいられたのかなあ、直した方がいいのかなぁと心配でお目にかかりにいきました。どこかのホールの楽屋でした。私は『あれでよろしかったのでしょうか』とうかがうと、白いガウンの沢田さんは低く腰をかがめて『はあ、ありがとうございます』と一言、丁寧にお辞儀をしてくださいました」

六十歳の沢田が、ソロシンガーらしく歌いあげる曲やコンテストへ出場することへの抵抗は強かったのに、会場では前向きになった、とフェスの思い出を語っている。
「当日行くと、楽屋で宮川先生の周りの人たちが噂してるんです。『「君をのせて」はいけそうですよ』とか言うわけです。私すぐその気になる質で、参ったなぁと思いながらも内心凄く嬉しくてね。じゃあ、ちゃんと歌わなきゃとか思っているわけですよ」(二〇〇八年放送NHK-FM「今日は一日ジュリー三昧」)

しかし、発表時の「君をのせて」は、喝采で迎えられたわけではなかった。

一九七一年十月三日、日本楽器が三重県志摩に作った合歓の郷ミュージックキャンプでは、永六輔司会で「合歓ポピュラー・フェスティバル'71」が開かれていた。衿にパイピングをほどこした黒いベルベットのスーツに格子柄のシャツ、ネクタイを締めた沢田研二が登場したのは、太陽が西に傾き始めてもなお厳しい夏の暑さが残る午後三時過ぎであった。

空席が目立ち始めた野外ステージに、二十三歳のジュリーの歌声が流れる。客席後方で出場曲を聴き続けていた中島二千六の耳に、ジュリーの歌声が心地よく届いた。
「彼の独特の甘い声で、ああとてもいいなぁと思いました。沢田研二のゆとりのある甘い声で歌うのが、あの作品のひとつの魅力なんですね。いい作品に仕上がっている、今まで聴いた参加曲の中で一番いいんじゃないかと思ったくらいです。ただ野外ステージで客席がガヤガヤしていたので、せっかくの曲が映えないなと感じたのも事実です。『青空のゆくえ』のように空とか、大空へという歌でないとウケないのではないかという思いが頭を掠めました」

中島の危惧したとおり、「君をのせて」は無冠に終わる。グランプリを獲ったのは、上條恒彦と六文銭が♪銀河の向こうに/飛んでゆけ♪と歌った、小室等作曲の「出発《たびだち》の歌」だった。渡辺プロの人気も実力もある歌手は、フォーク調のデュオ、トワ・エ・モワ以外誰も入賞できなかった。「君をのせて」は、ジュリーが表彰式の途中で会場を出たところで、追加の形で宮川に作曲賞が贈られたという。

佐藤剛は、本来ならば名曲として評価されるべき曲が賞に選ばれなかった原因は審査員の構成にあった、と分析する。同フェスの審査員は、芸能プロと関係の深い評論家や新聞記者ではなく、日本楽器の各支店から選ばれた十八人のアマチュアの音楽ファンだった。

「前年からフォーク出身のシンガーソングライターの曲がヒットしていたので、宮川さんは自分が編曲しないで、『小さな日記』や『花嫁』などを手がけた青木望に編曲を頼んでいます。地味な編曲です。だから万全を期して臨んだわけですが、何度も集計し直さなければならなかったほど、予想外の結果になった。ルポライターの竹中労が渡辺プロ批判を始めていたし、PYGに『帰れコール』が起こったように、最大手のプロダクションの、誰が見てもスターに対する反発もあったのでしょう。その反発が、長髪で無名のフォークグループが自作自演した『出発の歌』をグランプリにしたとも言えます。時代ですね。誰も予想しなかった結果に終わったことで、イベントそのものが翌年から開催できなくなりました」

全共闘運動の火の手が上がる頃にGSブームと並走して岡林信康がプロテストソングを歌い、六八年にはザ・フォーク・クルセダーズの「帰って来たヨッパライ」が大ヒット。七一年は、はしだのりひことクライマックスの「花嫁」や北山修&加藤和彦の「あの素晴しい愛をもう一度」、赤い鳥の「翼をください」がヒットし、八月には、吉田拓郎が「人間なんて」を延々一時間歌い続けた伝説の「第三回全日本フォークジャンボリー」が岐阜県中津川で開催されていた。尾崎紀世彦の「また逢う日まで」や五木ひろしの「よこはま・たそがれ」など歌謡曲にもパワーがあった時代だが、若者のシンパシーは自分たちの心情を歌うフォークシンガーへ向かう。

沢田自身は、「君をのせて」について、率直な感想を口にしていた。

「タイガースの『僕のマリー』と同様に凄い思い出がある曲ですが、ポピュラーコンテストで『ソロでやれ』みたいなのが嫌で嫌で、もうひとつノラないような中で、事務所が考えたものをやらされていたというような。『いい曲だと思うけど、僕にはもうちょっとビートルズのようなとかストーンズのようなとか、そういう曲が作れないものなのかしら』って思いながら歌っていたということなんですけど。それにしたって、よくあんな若い頃に、こんな難しい歌を歌ってたもんだと思いますよ」(「今日は一日ジュリー三昧」)

テレビの歌番組で宮川泰自らがピアノを弾いた「君をのせて」は、PYGのステージでも歌われている。オリコン最高位が二十三位、期待されたほどのセールスを上げられなかった曲に対して、若い頃の沢田は拒否感や苦手意識を口にした。だが、これがグランプリを獲って大ヒットしていたならば、「カンツォーネを歌う布施明のように」と望む上層部の意向には抗えず、時代を挑発するジュリーの姿は見られなかったかもしれない。そう考えると、名盤であるソロデビュー曲の不発もまた、スーパースターへと駆け昇るための必然と言えやしないか。

沢田研二は、自らプロデュースした九八年のアルバム「第六感」に岩谷時子作詞/宮川泰作曲「永遠に」を収録し、シングルカット。二〇〇〇年のアルバム「耒タルベキ素敵」の一曲「孤高のピアニスト」は、宮川の曲に沢田が詞をつけた作品である。

二十五歳だった木﨑は合歓の郷に行ったのにフェスでのジュリーの歌唱も、レコーディングの時の歌唱ももう覚えていない、と苦笑する。

「激しい曲が好きだった当時の僕はいい曲とは思っていても、しっくりとはこなかったんですよね。でも、最近は、気がつくとこの歌を口ずさんでるんですよ」

♪君をのせて夜の海を／渡る舟になろう♪と歌う「君をのせて」を聴いた時の思いを、演出家の久世光彦はこう書いた。

〈目を瞑ると満天の星の世界が浮かび、《銀河鉄道》が遠ざかっていく光景が見えた。やわらかな揺籃《ゆりかご》に揺られながら、どこか《永遠の場所》へ運ばれていくようだった〉

〈美しいメロディに包まれて、言葉がキラキラ光っていた〉（『マイ・ラスト・ソング』）

「君をのせて」の「君」を男だと確信した久世は中島梓に脚本を依頼して、沢田研二と内田裕也のドラマを作る。それが、七八年にTBS「七人の刑事」の一作として放送された「哀しきチェイサー」であった。そして、沢田が敬遠していた曲を歌いたいと思うようになるのは八〇年代に入って以降、運命の君に出会ってからだろう。「ジュリー三昧」では「自分の十指、いや三本の指に入る曲」と語り、二〇〇一年の「スタジオパーク」でもこう話している。

「できることなら、毎回コンサートの度に歌いたいんですけれどね」

二一年五月、東京国際フォーラムで「ソロ活動50周年ライブ『ＢＡＬＬＡＤＥ』」がスタートした。早川タケジがデザインした茄子紺の衣裳を着けたジュリーは、「こんな時に駆けつけて下さって本当に嬉しいです。最後までどうかごゆっくり」と跪《ひざまず》いて挨拶し、コロナ禍で一年そのステージを待ちわびた「君」たちへ、嚙みしめるように歌い始めた。

♪風に向いながら　皮の靴をはいて

肩と肩を　ぶつけながら

遠い道を歩く♪

「危険なふたり」の挑戦

連合赤軍事件で世間が騒然とする一九七二年の早春、前年の十二月に発売されたアルバム「JULIE Ⅱ」からシングルカットされた沢田研二のソロ第二弾「許されない愛」が、リリースされた。山上路夫が作詞し、加瀬邦彦が作曲した楽曲はオリコン最高位四位の大ヒットとなり、ジュリーから「元タイガース」の冠をとって、その年の日本レコード大賞歌唱賞をもたらし、井上堯之バンドを帯同した沢田を紅白歌合戦のステージへ誘うことになる。政治の季節が終わった時代の転換期に、ソロシンガー・ジュリーの快進撃が始まったのだ。

沢田研二のヒット曲を作ってきた木﨑賢治にとっても、「許されない愛」は音楽プロデューサーの原点となった曲である。「JULIE Ⅱ」はロンドンでレコーディングされたが、収録曲を集めたのは渡辺音楽出版の新人ディレクター、木﨑だった。

「その時の僕はただ曲を集めただけなんですが、『許されない愛』はベルギーのアダモのような感じのものをと作った曲でした。これがヒットしたことで、ヒットする曲とはメロディが自分の思うよりソフィスティケイトされていない、はっきりしたものがいいのだと気づいたんです。それからこういう曲を作りたいと頭に浮かぶようになり、自分の頭で描いたものを制作していきました」

この時代の人気歌手は年四枚のシングルと、半年に一枚のアルバムを出していた。「許されない愛」から三ヶ月後、六月にジュリーは「あなただけでいい」を歌い、九月には「死んでもいい」を歌う。二曲とも売れたが、木﨑は曲調がどんどん重厚になっていくので、次の曲は軽くしようと考えた。

「ソロ五曲目として、川口真さんの作曲した別の曲（『淋しい想い出』）があったんですが、これは重すぎるなと感じて、『もうちょっと明るい、ビージーズっぽい曲を』と加瀬さんにお願いしました」

それが、七三年一月発売の「あなたへの愛」だ。この楽曲まで沢田研二のチーフマネージャーは、ザ・タイガースを育てた中井國二だった。スタジオではあまり口を出さない中井が、「ここの歌詞が気になるよね」と言ったので、木﨑は、作詞家の安井かずみに歌詞を直してもらう。

「その頃だったかな、レコーディングの時に、中井さんに呼ばれて『これ聴いて。今度やろうと思ってるんだ』と言われて聴かされたのがキャロルでした。すっごくよかった。それから中井さんはキャロルの方へ行ってしまうのですが、僕にとって中井さんと制作次長の池田道彦さんは渡辺プロの良心でした。バカヤローが挨拶のような会社が嫌でしょうがなかったので、二人がいなかったら早々に辞めていたと思います」

中井が去って、沢田研二のプロデュースを自ら願い出たのは、ザ・ワイルドワンズを解散した後の加瀬邦彦である。海外では地位が確立していたプロデューサーという職業も、日本ではまだ認知されていなかった。彼は、渡辺プロの契約社員となってジュリーのステージをプロデュースしていくことになる。加瀬はその思いと自らの役割を「わが友、沢田研二」と題した記事で語った。

〈ぼくはもともと裏方が好きだった。演出と作曲。キミの曲を作り、ステージの演出をする。自らのイメージをキミに託して表現する。こんないいかたが許されるならば、沢田、キミはぼくの分身だ〉（「ヤングレディ」七四年一月二十一日号）

加瀬がスターを分身と思う感覚は、木﨑にも共通するものだった。

「渡辺プロで手がけた男の歌手には、吉川晃司や大澤誉志幸に対しても自分の分身が歌っているように思うことがありました。でも、ジュリーの場合はもっともっと中に入り込んでる感じがあった気がします。何も知らない、一番多感な頃からやっていたからでしょうか」

加瀬邦彦のプロデューサーとしての仕事は、「危険なふたり」から本格的に始まった。池田に「次はロックンロールやろう」と言われた木﨑がポール・アンカの「ダイアナ」のレコードを携え、加瀬の家に通って作った曲である。

ロックンロールだったのは、当時、キャロルが人気だったからか。池田はもう覚えていないが、その上で彼は語った。

「僕はワイルドワンズのマネージャーもしていましたから、加瀬とはとても親しかったんです。だから加瀬ありきというか、彼がやりたいことを後押ししたんだと思います」

この時期、沢田は大阪・朝日放送の音楽バラエティ「シャボン玉プレゼント」で「ダイアナ」を歌うことがあり、マネージャーだった森本精人は、加瀬に「あのロカビリー、ジュリーに似合った？」と聞かれた。森本は、この時のことをよく覚えていた。

「ジュリーは『歌はその人のものだから』という考えだったので、他の人の歌は歌いませんでした。ただ、フランク永井さんのジャズベースの曲ならいいとかはあって、『ダイアナ』も歌ったんですね。それがとても甘くて、ジュリーによく似合ってましたから、加瀬さんにそう答えました。そうしたら、『危険なふたり』が出来てきたんです」

木﨑は、曲が出来上がった時の会議室の模様を記憶している。そこには加瀬がいて、沢田研二がいた。

「あの♪美しすぎるぅ〜♪というところは、最初は音が下がっていたんです。地味だなと思ったので、僕が『上に行ったほうがいいんじゃないですか？』と意見を言うと、ジュリーが『こういうのどう？』と言って、パッとあのメロディを歌ったんですよ。あそこのメロディはジュリーが考えたんです」

沢田も、二〇〇八年放送のラジオ番組でこのエピソードを披露した。

「僕が作った『コバルトの季節の中で』のサビ、♪あなたを〜♪の部分は、加瀬さんが『こうしたらいいよ』と直してくれたところなんですよ。僕のは、同じ音でいってたんですけどね。で、同じように僕が『ここはこうしたい』と言ったことが、『危険なふたり』の時にあったんですよ。♪美しすぎるぅ〜♪が、最初は同じ音の高さのままだったんですよ。『これで借りは返したから』って、加瀬さんに言われて。僕らにはそういうことがありました」（「今日は一日ジュリー三昧」）

同じ番組の中で沢田は、「危険なふたり」が当初はB面で、どうしてもA面にしたくて池田宛ての手紙を事務所に残した、と語っている。

一〇年に私が生前の加瀬邦彦を取材した時、彼も同じ話をした。

「もうひとつの曲（『青い恋人たち』）も僕の曲だったんだけれど、そっちはしっとりしたバラードだったんで、社長が『こっちのほうがジュリーに合ってる』ってA面にしちゃったの。僕は『そういうものは今まで歌ってきたから、ポップなものを』と直談判したんだ。『こういうのは日本じゃ売れないよ』と言われたけど、『今の時代なら売れます。だからこれをA面にしてください。タイトルはよくないから変えます』と説得した。それでジュリーと一緒に『キャンティ』にズズ（安井かずみ）を呼んで、『絶対オリコン一位にするからタイトル変えて』って頼んだの」

加瀬が沢田のために作ったはじめての曲は、ワイルドワンズで植田芳暁《よしあき》が歌った「愛するアニタ」だという。実際にレコーディングされた曲は、タイガース六枚目のシングル「シー・シー・シー」で、作詞は安井かずみ。沢田がタイガース時代に出したソロアルバム「Ｊｕｌｉｅ」の詞も、全曲、安井が書いている。「危険なふたり」の詞は、曲ができた時に加瀬が、「一番自分と合う作詞家」安井に依頼したものであった。当時の沢田のラジオ番組を聴くと、加瀬と安井がゲスト出演した時にはジュリーの声がはしゃいで楽しそうで、三人の親密さが伝わってくる。

全国のジュリー・ファンの代表を自称した作詞家は、「危険なふたり」のタイトルは仕事の帰り、沢田を助手席に乗せていた時に考えついたものだと、女性週刊誌で話した。

〈ちょうど雨あがりで、ジュリーは例によって「乱暴な運転はあかんよ」なんていったけど、私は車の運転はうまいつもりだから、平気、平気といって飛ばしていた。そのとき、ちょっとスリップしたの。「ああ、危ない！」「危険だよ」という言葉が出て、そのあと家に帰ったとき「危険なふたり」というタイトルが浮かんだの〉（「ヤングレディ」七四年三月十一日号）

物を擬人化して表現するのは七〇年創刊の「ａｎａｎ」から始まったとされるが、三九年生まれの安井かずみはそれより早い時代に、ペンやチョコレートを指して「この子たちはね」と話すセンスの持ち主だった。生涯に約四千曲の詞を書き、日本の音楽シーンをポップで洒落た言葉で彩りながら、日本ではじめてミニスカートをはいたファッション・リーダーでもあった。その才能と時代の匂いを全身から放射する生き方で、六〇年代半ばから九四年に五十五歳で亡くなるまで女性たちの憧れであり続け、今なお彼女を超えるファッション・アイコンは現れていない。

安井は、「常にジュリー・ファンの心理とクロスして詞を作っている」と公言した。彼女が、♪年上の女《ひと》　美しすぎる〜♪　♪それでも愛しているのに♪と綴った「危険なふたり」を、加瀬は、永遠に叶わぬジュリーへの片思いから生まれた願望だと解説する。

沢田は安井が亡くなった年のツアーを「Ｚｕｚｕ　Ｓｏｎｇｓ」とし、彼女の歌だけを歌って、友人でもあった作詞家を悼んだ。

木﨑は、詞の出だしが、「ふたりは今日まで」となっていたのがしっくりこなくて、安井に「今日までふたりは」としてもらう。最後の仕上げのミキシングは、細野晴臣が暮らす狭山市のアメリカ村の米軍ハウスで行った。

沢田の楽曲のレコーディング・エンジニアは「あなただけでいい」以降、タイガース時代からのポリドールの名匠、前田欣一郎から吉野金次へと替わっていた。

後に沢田のアレンジャーとして貢献することになる船山基紀が、吉野の役割に言及している。〈沢田研二さんの曲は、同じ時代の他の歌謡曲に比べ音の奥行きが違っている、と言われたことがあるが、それは吉野金次のテクニックに他ならない。エンジニアによって音の響きはまったく変わる〉（『ヒット曲の料理人　編曲家・船山基紀の時代』）

日本のフォーク&ロックの草創期から音づくりを手がける吉野は、沢田研二と同じ四八年生まれ。木﨑は、ＰＹＧのシングルを作っていた時に、「ドラムが板を叩いてるみたいな音ですね」と言って前田を怒らせて、仕事ができなくなった。困っていた時、はっぴいえんどの「風街ろまん」を聴いて「いい音だなぁ」と感心したエンジニアとスタジオで出会い、「お願いします！」と頼んだのである。

「『危険なふたり』の時は、ちょうど細野さんが『ＨＯＳＯＮＯ　ＨＯＵＳＥ』というアルバムを作っていた時で、吉野さんが機材をすべてアメリカ村の家に運んでいたので、そこでミックスをやるしかなかったんです。細野さんと林立夫さんと鈴木茂さんと松任谷正隆さんがレコーディングしていたので、キャラメル・ママも一緒になって、みんなでミックスしたみたいな形になりました」

七五年発売の沢田のアルバム「いくつかの場面」の録音には井上堯之バンドの他に細野晴臣や鈴木茂、林立夫、大滝詠一も参加した。木﨑を起点として、歌謡界のメインストリームとカウンターミュージックを先導したサウンドが交差したのである。

こうして完成した楽曲を聴いたポリドールの担当者は、「何これ？　郷ひろみが歌うみたいな歌じゃない？」と首を傾げた。その頃、郷ひろみ・西城秀樹・野口五郎の新御三家と、七一年十月にスタートしたオーディション番組「スター誕生！」出身の森昌子・桜田淳子・山口百恵の花の中三トリオが人気者だった。「スター誕生！」以降、アイドルの年齢はどんどん若年化して、七〇年代歌謡曲の時代を花咲かせることにもなる。

円が高騰し、変動相場制へ移行した直後の七三年四月、「危険なふたり」はリリースされるやヒットチャートを駆け上がり、ジュリーの衣裳を手がける早川タケジの登場もあって、加瀬が狙ったとおりオリコン一位を獲得。その年の第四回日本歌謡大賞に輝いた。

実は「危険なふたり」には、強力なライバルが存在した。久世光彦演出の「時間ですよ」で浅田美代子が歌う「赤い風船」が同じ日にリリースされると、毎週、高視聴率ドラマの劇中で歌われる曲の威力は凄まじかった。筒美京平作曲の「赤い風船」を作詞したのは安井かずみ。

加瀬は、この曲を抜くためにチーム力を結集させたと私の取材で話した。

「あれが凄い人気になっちゃって、どうしても抜けないんだ。ズズに『どっちの味方なんだ』って文句言うと、『決まってんでしょ、こっちよ。あっちは別に書きたくなかったんだから』って言うんだよ。アッハハ。なんとかしなきゃいけなかったので、レコード会社も含めてみんな集めて会議やって、プロモーションして頑張って、それでようやく一位になったの」

加瀬の従弟である山田昌孝から届いた読者ハガキに、こんな一文が記されていた。

「私の弟が加瀬の家に泊まった時、沢田氏もいて、三人で何枚もリクエストハガキを書いて、夜中にポスト巡りをしてハガキを投函したと聞きました」

この微笑ましいエピソードは、「危険なふたり」の時だろう。ファンに対してはリクエストを呼びかけることなど絶対にしない矜持の持ち主が、加瀬とその従弟と一緒にせっせとハガキを書いていた。トップの決定を覆してA面にした加瀬初のプロデュース作品を、どうしても一位にしなければならなかったのだ。

沢田研二の曲で歴代三位の売り上げを記録した楽曲は、彼にソロシンガーとしての覚悟を迫ることにもなった。

〈かりにも一番になっちゃった、かといって、誰も本当にそれは認めてないみたいな雰囲気を自分で感じていたから、勝負はこれからや、という気持がありました〉（『我が名は、ジュリー』）

木﨑もまた、この曲で新たなヒット曲の法則を自分のものとする。

「アーティストって、存在に重みが出てくると曲も重くなっていきがちですが、『危険なふたり』でそれでは重量感がありすぎることになりダメなんだと確信できました。そこからは、売れれば売れるほど軽いものをやっていかなくてはいけないという考えで作っていきました。それでも沢田研二の重量感があるから、軽くなり過ぎることはないんです」

七三年八月には「胸いっぱいの悲しみ」が出て、翌七四年三月「恋は邪魔もの」と安井かずみ作詞／加瀬邦彦作曲の楽曲が続き、七月に出した二人の作品「追憶」は五十八万枚のヒットとなって、ソロで二回目のオリコン一位を獲得。この前後から海外で活躍するアーティストを育てたいという渡辺美佐のプロデュースで、ジュリーには海外を視野にいれた作品や活動も増えていく。

スターと木﨑の信頼関係は早くから生まれていた。「恋は邪魔もの」だったか、レコーディング中に、木﨑がドラムの原田裕臣に「バスドラムを変えて欲しい」と注文をつけて揉めた時、沢田が通りがかりに「キー（木﨑）がディレクターだから」と言って問題が解決したこともあった。

「その時に、少しは認めてくれているんだと自信になりました。周囲の人がよく怒られるのは見ていたし、僕も一度怒られたことがあるので凄く緊張してやっていたけど、ジュリーの仕事で後味の悪いことって一切なかった。決断したことはやるし、嫌なことは最初に嫌だと言って、途中で覆すことはありませんでした。男らしいなと、いつも見てました」

一度決めたことは変えない。ジュリーはライブで歌う曲順も変えたがらなくて、木﨑にはその姿勢は沢田の信条のように映った。

「ライブのリハーサルをやってから、加瀬さんと『あのパートが盛り上がらないので曲順を変えよう』と提案することがありました。でも、『アレンジを盛り上がるようにすればいいんじゃない？』とジュリーは言いました。大事なことは一度決めたら変えたがらないんです。生き方もそうですよね。歌い方もそう。キャリアを重ねると普通は癖が出てくどくなるのに、沢田研二や桑田佳祐や小田和正は、メロディの歌い方はレコーディングした時と変わりません。ポール・マッカートニーも、マイケル・ジャクソンもそう。それは聴いてる人を裏切らないからです。ジュリーと仕事をしてから、僕は一度こだわったものを簡単には捨てないでいろいろなものを作ってきたつもりです」

一方で沢田は、物事が行き詰まった時、うまくいかない時には、「その逆を考えたらいいいんじゃないか」とよく口にした。木﨑にとっても、その後の指針となった。

「『逆も真なり』と言うんです。当時の僕は若くて、その言葉の意味がよくわかってませんでしたが、経験を積んで物事の本質を言い得てる言葉だと思うようになりました。詞のワンフレーズを反対の言葉にすると引き締まる。メロディやコンセプトもサウンドも、すべてそうです。制作の過程で行き詰まった時、この考えで何度も救われました」

沢田は、女性誌のアンケートで好きな言葉に「逆も真なり」を挙げていた。なぜ、若い沢田から木﨑を覚醒させる言葉が出てきたのか。

「ジュリーは早くに社会へ出て、多分一日を普通の人の一週間や十日間に匹敵する経験と熱量で仕事をしていたと思います。凄い勢いでいろんなことを学んでいったんでしょう」

沢田研二の前に、歌謡界の巨星、阿久悠が現れたのは、スターの結婚の年でもある七五年のまだ早い時期であった。

尾崎紀世彦の「また逢う日まで」や、ペドロ&カプリシャスの「ジョニィへの伝言」など次々とヒット曲を生んでいた阿久悠は沢田より十一歳年上で、当時は三十代後半だった。日本テレビの「スター誕生！」の審査員として都倉俊一らと毎週日曜朝にテレビに出演、「せんせい」で森昌子をスターにし、渡辺プロ一強の時代からプロダクションが群雄割拠する時代へ移行するきっかけを作ったこの番組の企画者でもあった。

阿久は自著に、渡辺プロから一流歌手用の詞の発注がなかなかなくて、敵と思われていたのかもしれないと、記している。七二年には同プロに所属していた伊東ゆかりや森進一の曲を書いているし、木﨑も同じ年に、萩原健一のソロデビュー曲「ブルージンの子守唄」を阿久悠作詞／加藤和彦作曲で作っていた。渡辺プロから敵と思われていたと書いたのは、阿久の誇張だろう。

ただ確かに、沢田研二の曲を書くまでには時間がかかった。ジュリーに阿久悠の劇的な詞が合うとは、誰も考えなかったのだ。それだけにＴＢＳの久世光彦から、沢田研二主演のドラマのストーリーを考えて欲しいと依頼された時の喜びは大きかった。恋心さえあったジュリーとようやく巡り逢えた興奮を、阿久が綴る。

〈作詞の注文ではなかったが、とにかく同じ世界を構築するというチャンスが巡って来たのだから、一種昂揚して快諾したのである。大仰な言い方をすると、遠い遠い道を歩きながら何かの捻れで合流する瞬間が訪れたような気がした〉（『夢を食った男たち』）

「敵」が最高の味方になった七五年春、ポップス界の覇権は完全にジュリーの手に握られたのである。

阿久悠のダンディズム「勝手にしやがれ」

国連が国際婦人年を宣言した七五年の夏、暮れに時効を迎える三億円事件の犯人を沢田研二が演じた「悪魔のようなあいつ」がTBSで始まった。久世光彦プロデュース、長谷川和彦脚本のドラマの原作を手がけたのは、作詞家の阿久悠である。劇中、ジュリーが歌った「時の過ぎゆくままに」も、無論、阿久の詞だった。ドラマに先行して、上村一夫画で原作漫画が「ヤングレディ」に連載されており、ドラマ化決定を告知する号には、沢田と阿久の対談が掲載された。そこで作詞家は、三度、新聞や雑誌で熱烈なラブレターを書いたとスターに告げて、沢田との仕事に意欲を見せた。

渡辺音楽出版の沢田の担当ディレクターだった木﨑賢治は、渡辺プロダクションの制作次長、池田道彦と共に「時の過ぎゆくままに」の誕生に立ち会っている。はじめに阿久が書いた詞はボツになり、次に書いた詞が採用されたという。木﨑は池田から二つの詞を見せられた。

「詳しくは覚えていませんが、阿久さんが最初に書いた詞はいわゆる歌の詞という感じでした。僕も二回目のほうがいいと思いました」

ボツになったのは、恐らく、原作漫画の第六章、主人公・可門良がギターを弾いて歌う場面の「もしもあの時ナイフがあったなら」から始まる詞であろう。タイトルのないこの詞はその後二度漫画に登場して、我々が知る歌詞は七章以降最終回までの全話に挿入されている。

「時の過ぎゆくままに」というタイトルは、久世と阿久が映画「カサブランカ」のテーマ曲、「アズ・タイム・ゴーズ・バイ」の日本語訳をそのまま いただいたものだった。三五年生まれの久世は、沢田研二と内田裕也でドラマ「哀しきチェイサー」を撮った時も探偵事務所にハンフリー・ボガートのポスターを貼り、このジャズを流した。三七年生まれの阿久は、後に沢田に「カサブランカ　ダンディ」で、♪ボギー　ボギー／あんたの時代はよかった♪と歌わせた。二人の世代には、ハードボイルドなイメージのボガートこそが男の美学の体現者であった。

原作漫画とドラマの違いからして、あの歌詞には久世の美学が強く投影されたものと思われる。演出家は自著に「時の過ぎゆくままに」をこう書く。

〈日本では珍しく、乾いたデカダンスが漂う歌だったと思う。いまでも、あのうねるようなイントロを聴くと、沢田の酷薄な美貌が薄闇の中から浮かび上がってくる〉(『マイ・ラスト・ソング』)

出来上がった詞に誰が曲をつけるのか。伝説化したエピソードだが、久世は話題作りも考えて、荒木一郎、井上堯之、井上忠夫、大野克夫、加瀬邦彦、都倉俊一という人気作曲家六人に発注する。贅沢な競作の結果、選ばれたのは大野の曲だった。

大野克夫は、久世に呼ばれ、井上堯之と一緒にＴＢＳへ出かけた日のことを覚えていた。

「六人で競作するという話を聞いて、井上は、『とんでもない。作るなら、俺か大野のどちらかにさせろ！』と、怒りました。私は目の前にもう詞があるし、頭にはメロディが浮かんでいるので、一刻も早く帰って曲を完成させたいという気持ちでいっぱいでした。ドラマで沢田研二がギターの弾き語りをするというので、指二本で押さえられるＥマイナーでいこうと思いました。自宅に帰るとすぐピアノの前に座って三時間ほどでデモテープを作り、翌日に久世さんのところに持って行ったんです。早く聴いてもらった方が有利ですから」

六曲すべてを聴いたのは阿久と久世たちドラマのスタッフと、沢田は聴かされていないが、木崎は聴いた。

「他の人の曲は職業作曲家として手練《てだれ》の曲で、どの曲もポップで煌《きら》びやかな感じでした。その中で圧倒的に大野さんの曲だけが渋く光っていました。大野さんは本当にいい曲を作るのですが、あの時もわざとらしくない、フォークソングっぽいリアルなメロディでした。その時代のメロディだったんですね」

沢田には当初、この曲への忌避感があり、「ドラマの中でなら」と歌うことを受け入れた。七キロの減量をして挑んだドラマであった。二〇〇八年のラジオでは、こう語る。

「また難しい曲だと思ってね。もうサビの♪時の過ぎゆくままに～♪　難しいなと思いながら。それとやっぱり、詞がね、その当時は尾崎紀世彦さんの詞も全部、阿久悠さんだったし。だから強烈な詞を書く人だなと、どこかで自分には合わないなって気分でいて」（「今日は一日ジュリー三昧」）

八月に発売された「時の過ぎゆくままに」は、オリコンで五週連続一位を獲得し、累計九十一・六万枚を記録、沢田研二のシングルでは歴代最高のセールスとなる。この年のレコード大賞も視野に入る勢いで、公称百万枚突破記念パーティーも開かれた。だが、大賞を受賞したのは、同じ渡辺プロ所属の布施明の「シクラメンのかほり」で、小椋佳の楽曲であった。前年には、やはり渡辺プロの森進一が、吉田拓郎の作った「襟裳岬」でレコード大賞を受賞している。五木ひろし、沢田研二、布施明、森進一が四天王と呼ばれた時代だった。

レコード大賞は逃したものの、BL文化を拓いたドラマが生んだ楽曲は、ジュリーに「頽廃の美」や「耽美」という新たな表象を付与し、二十七歳になったスターの頬に陰りを刻んでその存在をいっそう特別なものにしていく。そして、阿久悠と大野克夫という天才二人が、「座付き作家」の如くジュリーの曲を作っていく出発点となったのである。

阿久悠は、「歌謡曲ベスト100を選ぼう」と題した小林亜星との対談で、「スター誕生!」が輩出したアイドル全盛の時代に奮闘していた男性歌手は?と問われた時、即答している。沢田研二だ、と。

〈あれだけ強烈に個性を感じさせてくれる歌手は少ないですからね。彼も普段は実に男っぽく振る舞うんだけれども、日常と非日常の落差が激しい〉(「文藝春秋」九九年十月号)

七七年五月、阿久悠作詞/大野克夫作曲「勝手にしやがれ」がリリースされる。沢田は二度の暴行事件を起こして一ヶ月の謹慎をし、前年の賞レースも紅白歌合戦も辞退していた。復帰一曲目の「コバルトの季節の中で」も、次の「さよならをいう気もない」も売り上げは期待したほどではなく、渡辺晋から「絶対に一位にさせろ!」と厳命が下った復帰三曲目だった。指揮を執ったのは、「枚数売るのは歌謡曲だ」とする池田道彦だった。

当時の阿久悠は、「スター誕生!」からデビューして社会現象にまでなっていたピンク・レディーの作詞家であり、そのイメージの推進者であった。ピンク・レディーの曲をディズニーの世界観で書いた阿久は、沢田研二にヌーヴェルヴァーグを代表する映画のジャン゠ポール・ベルモンドのような、カッコ悪い男を演じさせたいと考えたのである。

しかし、阿久から届いた詞を読んだ木﨑は不安になった。

「安井かずみさんの詞は読み返さなければわからなかったのに、『勝手にしやがれ』はさっと頭に入って、粗筋のようで情感が少ない感じでした。まず、こんなに単純でいいのか、と。それから、ここに出てくる情けない男はまるで沢田研二が下北沢でお酒を飲んでいる時みたいで、リアルすぎる感じになったら嫌だと思いました。阿久さんの詞には、僕が恥ずかしくなるような、上の世代の言葉が時々出てくるんです。最後の♪ワンマンショーで♪というところもそうで、凄くあざとくて、ダサいなと感じたんです」

木﨑は、阿久悠の出先を訪ねて「アラン・ドロンみたいな二枚目の詞をもう一曲作ってください」と頼んだ。阿久は怒っていなくなったが、その後、曲が先にあるなら作ってもいいと承諾してくれた。それが、「サムライ」のカップリング曲となる「あなたに今夜はワインをふりかけ」だった。

録音の日、沢田はグアムでの撮影から戻ったばかり、風邪気味で少し鼻声だった。先に歌った「勝手にしやがれ」を、木﨑は3テイクでOKにする。ディレクターの危惧は、スターの歌を聴いて吹っ飛んでいた。あの♪ワンマンショーで♪が、ひどくカッコよく聴こえたのだ。

「『危険なふたり』みたいな、ちょっと中性的な歌い方だとダメだったと思いますが、情けない詞を今までにないくらい男らしく歌ったんです。沢田研二には、それまでの自分にないものに挑戦して勝ち取っていく力がありました。情けない男をカッコよく、使い古された言葉を甦らせて新しい価値観を生み出せる人をスーパースターと呼ぶんだと感じました」

大野克夫は、「勝手にしやがれ」の勝利はジュリーの歌唱にあると語る。この曲は、詞を目の前にすると自然とリズムとメロディが浮かぶという大野が、苦戦した曲だった。

「詞とにらめっこしても、レコーディングが明日に迫っているのにまだできなかった。しょうがないと家に帰ってピアノの前に座ると、♪タタタターン、壁ぎわに〜♪のあの出だしが出てきたんです。木﨑の助言で16ビートを８ビートに変えています。木﨑はいいヒントをくれますよ。でも、あの曲がよくなったのは、沢田研二の歌い方ですね。私の考えていたよりも二百％以上、本当に歌唱力は凄かった」

新曲の録音までに、沢田のもとには大野の作ったデモテープが届けられている。大野にはデモテープを集めたアルバム「幻のメロディー」シリーズがあるほど、完成度の高いものだ。ジュリーはそれを繰り返し聴いて、練習するのだろう。

沢田の歌唱力について、木﨑が続ける。

「大野さんの歌うデモテープと違うのは、そこに煌びやかさやスケール感が加わるんです。派手さや明るさがプラスされて、ジュリーが歌う度に曲が成長していきました。『危険なふたり』の時はまだ少し声が細くて喉で歌っていたかもしれません。『勝手にしやがれ』からは新曲を録音する度に表現がよくなるだけじゃなくて、声がよくなっていった。太くて、艶やかで、滑らかで、しっとりした声で、倍音がよく出ていたんだと思います。少年から男になったくらいの声の変化を感じました」

木﨑は、阿久の事務所を訪ねた時、居合わせた作曲家の三木たかしに「沢田研二ほど滑舌のいい歌手はいない。羨ましいよ」と声をかけられたことがあった。

「彼のヴォーカリストとしての凄さは、矛盾する二つのことをやってしまうこと。滑舌がいいのに譜割りをたっぷり歌えるんです。大谷翔平が、柔らかなフォームで遠くまで飛ばすのと同じです。ドラムの人が『ジュリーの歌を聴いてドラムを叩いてるとテンポが遅くなってしまう』と言いましたが、頭の入りは早く、ギリギリまで留めていられることで歌詞が入ってきやすくなって、色気もグルーヴ感も出る。いろんなアーティストをやってきましたが、あそこまでたっぷり歌える人はなかなかいません。プレスリーなど向こうの人はできる人が多いんですが、ミック・ジャガーを聴いて身に付いたのかもしれませんね。日本でも井上陽水や小田和正、桑田佳祐、吉田拓郎、山下達郎はできますけれど」

昭和の名曲とされる楽曲に関しては、様々な逸話がある。羽田健太郎のピアノに続き、イントロでティンバレスを叩いたパーカッショニストの斉藤ノヴにとっても、忘れられない仕事となった。

沢田より二つ年下の斉藤は、沢田や大野と同じ京都の出身で、中学時代にはやんちゃ仲間から「岡中に沢田という凄いヤツがいる」と聞いていたし、同級生の姉が大野と結婚して、二人の先輩には敬愛の気持ちを抱いてきた。編曲の船山基紀に呼ばれて、「ここに派手な音いれて欲しい」と言われた時、頭に浮かんだのは、タイガースの二枚目のシングル「シーサイド・バウンド」でジュリーが叩いたティンバレスだった。

斎藤が興奮ぎみにその日を振り返る。

「自分が歌う日でもない、カラオケ録音の日なのに沢田さんがおられたんです。お会いしたのはこの時がはじめてです。僕がティンバレスを叩いてみると、『これ、いいやん』と言われ、嬉しかった。スタジオミュージシャンとしていろいろな現場に行きましたが、普通の歌手とは全然違っていました。音楽的に凄くピュアというか、ミュージシャン仲間というか、自分の歌う楽曲に責任を持っておられて。スタジオにはみんなで一緒になって創っている一体感があり、チームなんだなと感じました」

木崎も、同じようなことを言った。

「仕事が忙しくて来られない時は任せてもらってやっていましたが、それ以外はずっとスタジオにいてくれました。沢田研二が他のアイドルや歌手と違うのは、そこ。それから自分のバンドを持つことにこだわっていたことですね。貫いたからカッコよかったんです」

「勝手にしやがれ」は曲が完成した時点で、池田道彦に替わって新しいマネージメントプロデューサーがやってきた。彼にはこの曲はピンとこなかったようで、木崎に「これはこれで頑張るから、次はもっといい曲を作れ」と言ったが、加瀬邦彦と立てた戦略は巧みであった。「衣裳は普通にしよう。スーツにして色を派手にすればいい」と提案。その上でピンク・レディー・ブームを睨み、「テレビにどんどん出よう、振り付けをやろう」と方針を固めたのである。

七〇年代に入るとカラーテレビの普及率が白黒テレビを大きく上回り、衣裳や振りというアイキャッチは歌の大きな要素になっていた。ジュリーは、一ヶ月に五十本もの番組に出演することになる。

沢田研二がプロの振り付けを受けたのは、タイガース時代のほんの初期だけであった。「君だけに愛を」の黄金の人指し指も、自分の気持ちのままに客席を指したまでで、ステージで走り回り、全身を激しく揺らすのもミック・ジャガーの影響はあるにせよ、身体の芯からアドレナリンが噴き上げるからだろう。この時も専門家の振り付けは拒み、ただし、能を研究するために来日中のアメリカ人ダンサーにパントマイムと身体の動かし方を学んだ。

「勝手にしやがれ」が最初に披露されたのは七七年五月二十三日、フジテレビの「夜のヒットスタジオ」だった。クラシックな型の、レモンイエローという目をひく色のスリーピースにシックな柄のネクタイ、衿にマーガレットの花、ボルサリーノのパナマ帽を被ったジュリーがマイクの前に立った。

新曲の公開をドキドキして見守っていた木﨑は、はじめてこの曲が完璧になったと感じた。

「録音の時は、他の人とやる作業なので妥協点を見つけてＯＫを出すことも多く、『勝手にしやがれ』の時も、八十点くらいでした。ところが、スタジオで早川（タケジ）さんの衣裳と、帽子を投げたりする沢田研二のあの振りを見た時、八十点だった曲が百点になりました。ジュリーがピンク・レディーと違うのは、それを自分で考えているところ。凄いなと思った。ビジュアルの力を思い知ることにもなるのですが」

♪行ったきりならしあわせになるがいい♪と歌う直前にパナマ帽を投げるのも、ジュリーのアイデアだった。日本全国の小中学校では、女の子たちはピンク・レディーの振りを真似、男の子たちは校舎の窓から帽子を投げていた。男のジュリー・ファンが急増するのも低年齢層のファンが増えるのも、この曲がきっかけとなる。

「勝手にしやがれ」は、七七年度の歌謡大賞とレコード大賞の二冠を制覇、大晦日のレコード大賞授賞式で、仲間に囲まれたジュリーは「嬉しいッ」と感情を爆発させた。

同年の十一月には、沢田が「名曲だらけ」と太鼓判を押すアルバム「思いきり気障な人生」が、発売されている。ジュリーに創作意欲を刺激された阿久悠が全曲任せて欲しいと願い出た一枚で、作曲はすべて大野克夫。ここから阿久悠＆大野克夫作品のアルバムが三枚続き、シングルも七七年九月「憎みきれないろくでなし」、七八年一月「サムライ」、五月「ダーリング」、八月「ヤマトより愛をこめて」、九月「ＬＯＶＥ（抱きしめたい）」、七九年二月「カサブランカ　ダンディ」、五月「ＯＨ！ギャル」と二人の作品が続く。気障と男の痩せ我慢という阿久悠のダンディズムを、沢田研二が演じた時間であった。

阿久悠の詞が歌謡界を占拠した時代の自分の曲を、沢田はこんなふうに見ていた。

「阿久悠さんの詞はもちろん個性的で素晴らしい。だけど作曲は、都倉さんじゃなければ、ピンク・レディーはああなってないっていうのは、やっぱり、ありますもんね。僕なんかは、やっぱり、大野さんじゃなかったらああなっていない」（「今日は一日ジュリー三昧」）

大野克夫のもとには他の歌手からも作曲の依頼が殺到した。西城秀樹への曲の提供が続いた時は、沢田が「大野さん、他の人に作る時はワシのよりうまい曲を作らないでね」と言ったこともある。

大野が笑って述懐する。

「ジョークでそんな言い方をしましたね。まさか嫉妬したりして。私はほめ言葉と受け取って、よしよし、わかった、わかったと嬉しい気持ちになりました。他の歌手に書く時も一所懸命書きますが、自分が最高だと思っているヴォーカリストの曲を作る時は彼に成り代わって作るくらいの気持ちになります。バックで演奏していた時も、沢田研二のためにという意気込みがありましたから」

阿久悠は、しばしば「沢田研二でなければ歌わせませんよ」と語った。確かに彼のダンディズムは、木﨑が感じたように一時代前のものと映った可能性はある。地上何メートルかを浮遊する、リアルから遠い場所にいるスターが歌ってこそ物語が立ち上がることを、阿久はわかっていたのだ。歌謡曲の時代を率いた作詞家は、何を書いても何を語っても、ジュリーへ最上級の賛辞を捧げた。

木﨑賢治が、沢田研二×阿久悠×大野克夫の成功を考察する。

「阿久悠さんは、あの頃の作詞家で唯一アーティストのキャラに負けない詞をぶつけてきた人でした。そこに大野さんが繊細な曲をつけて、沢田研二が歌うことで華やかさが加わっていく。この三人の複雑なギャップがいい効果を生んだんです」

沢田は、木崎の名前を挙げてスタッフへの感謝を語っている。

「『ヤマトより愛をこめて』の時に、『今回の歌は阿久悠さんの詞で、(映画「さらば宇宙戦艦ヤマト」の)プロデューサーの構想をまとめただけだから、次は自分たちが作り出したものをやろう』と言ってくれて。凄く前向きに。今も変わらず、今も彼は頑張っていると思うんですけど。そういう縁の下の人がいっぱいいて、やってたんだと思うんです」(「今日は一日ジュリー三昧」)

七七年、キャリア・ウーマンという言葉を流通させる女性誌「ＭＯＲＥ」創刊。七八年、山口百恵は、♪馬鹿にしないでよ♪と「勝手にしやがれ」のアンサーソング、阿木燿子作詞／宇崎竜童作曲の「プレイバックＰａｒｔ２」を歌う。自立と自己実現を求めた「女の時代」の八〇年代へと向かう時期に、耳にシンビジウムの花を飾ったジュリーは、♪ききわけのない女の頬を／ひとつふたつはりたおして♪と歌って時代を挑発し、女を、男を、誘惑していくのだった。

第6章

時代を背負って

「夜ヒット」のトップスター

カラーテレビの世帯普及率が白黒テレビのそれを追い抜いたのは一九七二年、ジュリーがスーパースターへの助走となる「許されない愛」を歌った年である。パソコンも携帯電話もなく、エアコンの普及率は低く、お茶の間という空間で家族が集まってテレビを楽しんだ七〇年代は、聴く音楽が見る音楽へと移行。民放各局では歌謡番組が花盛りで、毎日のように生放送されていた。

この時代をジュリーに伴走したのが、「危険なふたり」から沢田研二のプロデューサーとなった加瀬邦彦である。二〇一〇年一月二十四日、ザ・タイガース解散の日にザ・ワイルドワンズと活動することを発表した六十一歳の沢田は、取材で加瀬を「恩師のような存在」と評した。

加瀬より少し早い時期に、沢田研二のマネージャーとなったのが森本精人であった。森本は、カラーテレビの時代を生きることになるジュリーを十年の長きにわたって支えた。

「まだプロジェクトを組むなんて時代じゃありませんでしたが、加瀬邦彦に安井かずみ、早川タケジ、木﨑（賢治）らのジュリー専科のチームが結成された頃です。僕が長くジュリーのマネージャーでいたのも、チームだったからだと思います」

そもそもアーティストの管理、企画、売り出し、営業までを任される渡辺プロダクションのマネージャーは、「演歌からロック、ドリフターズまでを担当する」もので、独立のリスクがあるため一人のアーティストに長くつかないという不文律があった。なのに森本は「君をのせて」半ばから、一時は離れてもまたジュリーのところに戻ることになる。彼がマネージャーだった時に沢田研二は歌謡大賞を獲り、レコード大賞も獲ることになって、森本を「福の神」と呼ぶ人もいた。

森本は沢田の二歳年上で、四六年兵庫県の丹波篠山《ささやま》に生まれ、早稲田大学卒業後の六九年、全盛期の渡辺プロに入社した。同期にキャンディーズを育てた、現・アミューズ会長、大里洋吉もいて、「花の八期生」のひとりである。

「僕は教師志望で、人を育てるという意味ではマネージャーも同じだなと入社したんです。大里君のように自分でクリエイトして天下をとるタイプではなく、調整型。ジュリーとは同じ関西出身、気心は通じました」

七三年六月に発売された「深夜放送ファン別冊　JULIE 沢田研二のすばらしい世界」には、「沢田研二ミュージック・ファミリー」と題して、ジュリーを支える仲間とスタッフの写真が掲載されている。加瀬に安井に、井上堯之、大野克夫、岸部修三（現・一徳）、原田裕臣ら井上バンドのメンバーにポリドールの担当、森本に宣伝担当、カメラマンの武藤義もいて、総勢二十人が沢田を囲んでいる。森本は言う。

「彼には才能だけではなくて人間力がありましたから、誰もがジュリーのためにとなるんです。僕も、マネージャーの何たるかを彼に学びました。ジュリーがいなかったら今の僕はありません」

チームに久世光彦と阿久悠という最強の戦力が加わったのは、七五年春だった。だが、「時の過ぎゆくままに」で王冠に手が届こうかという時に、アクシデントは起きた。

その年の十二月、沢田は東京駅新幹線のプラットホームで、ファンをバカにした駅員に頭突きするという騒ぎを起こした。この件は相手も自分の非を認めて示談に終わるが、翌七六年五月、博多発東京行きの新幹線車中で、「いもジュリー」と揶揄した男と喧嘩になる。週刊誌が騒いで、新聞も追随。五月二十五日の朝日新聞には、示談に応じた相手が「女性自身」に「殴られた」と情報を持ち込んだ事件の背景が載った。

社長の渡辺晋が自宅謹慎一ヶ月をスターへ言い渡すのは、事が起きてひと月後だった。沢田は「第五回東京音楽祭」への出場と、民放の歌番組二十三本の出演をとりやめなければならなかった。

五年後、沢田が喧嘩を振り返った。

〈ほんと、こわいもんなしだったもん、ぼくはあのころ。何を言ってんだ、そっちがそう言うんだったら、こっちは天下の沢田研二や、という気があったからね。けんかして何が悪いんじゃ、という感じがあったから。そういうものはちゃんとお灸すえられるのね、コチンと〉(「月刊プレイボーイ」八〇年九月号)

森本は頭を丸め、謹慎中の沢田の自宅に通った。前年に結婚した森本は、四月に娘が生まれたばかりだった。その娘が、Mr.Childrenのアートワーク等で知られる、アートディレクターの森本千絵である。だが、沢田のマネージャーでいる間、森本の頭を占領していたのは妻や娘ではなく、スターだった。

「もうジュリー命でしたね。子どもの顔を見ない日が何日もありました。ジュリーが謹慎するんですから、僕も一緒に責任を背負おうと思い坊主になったんです。ジュリーはギターを弾いて、歌ばかり作っていました。なぜか暗い曲が多かったです」

七六年一月九日から九月二十四日まで、スポーツニッポン紙上で石原信一によるルポ「ザ・スター沢田研二」が連載された。そこには七五年度の所得番付で沢田が歌手部門第十位だったことなどと合わせて、二つの騒動の経緯が記されている。沢田も、現在進行形で心境を語っていた。

米を口にせず、マラソンを欠かさず、コンディションを崩さないように努めながらひたすら曲を作り続けた日々。いつもなら仲間と祝う誕生日も静かに過ごした。美しさと冷たさと傷つきやすさと泣き虫で、「ガラスのジュリー」と呼ばれた沢田が、これを機に変わる。芯の強さが表に現われ、ガラスが鋼鉄になったほどの変化だったと、あるファンは言う。

そして、この躓《つまず》きの時間がエッジーなビジュアル化へのステップとなったことは、よく知られたジュリー伝説のひとつだ。自叙伝にはこうある。

〈あの一件で、自分でいままで積み重ねたある種の信用とかいうのを、自分でつぶしてしまったわけだし、それはなんとかして自分の力で取り戻さなきゃならない〉（『我が名は、ジュリー』）

二〇〇八年のＮＨＫ-ＦＭ「今日は一日ジュリー三昧」では、謹慎中に音楽番組を見て自分ならどうするのか作戦を練り、リハーサルの時に三台のカメラ割りを全部覚えてカメラ目線で迫った、カメラ目線を始めたのは自分だ——と話している。

いわば背水の陣で臨んだ復帰戦だった。完全なる勝利は謹慎開けから一年後、復帰第三弾の「勝手にしやがれ」が、もたらした。

森本は、木﨑賢治から大野克夫が作ったデモテープを聴かされた時のことを忘れない。

「あの♪チャチャッチャチャッチャーン♪というイントロを聴いた瞬間に鳥肌が立つほど興奮して、『木﨑、この曲絶対大ヒットするから、すぐレコーディングしよう』と言いましたから」

七七年大晦日、沢田研二は念願のレコード大賞に輝いた。その直後、帝国劇場からＮＨＫホールへ向かう車中、森本が「おめでとうございます」と祝意を口にすると、沢田に「喜ぶなっ。来年の大晦日にまた喜べるかが問題やろ」と怒られた。

「ジュリーはそれぐらい自分に厳しい人なんです。実は、オリコン一位を続けていた『勝手にしやがれ』が一度二位に落ちたことがありました。どうしても言いにくくて報告しなかったら、『なんで正直に言わないんや。悪いことも報告してくれ』と、怒られています。僕も意地がありますから紅白に出演している間に策を練り、終わってから『来年は一年三百六十五日歌いましょう』と言いました。ジュリーも、『よっしゃっ!!』って」

見せる歌番組に先鞭をつけたのは、月曜夜十時に放送されていたフジテレビの「夜のヒットスタジオ」だった。六八年十一月の初回から八八年二月の千回まで、二十年にわたり司会を務めた芳村真理は毎週スタジオにいて、スターたちの成長と栄枯盛衰を見つめてきた。ジュリーと最初に会ったのは、ザ・タイガースがはじめて出演した日、廊下の向こうから「トランプのハートのエースみたいな子」が歩いてきたのだ。

「他のメンバーもいたんでしょうね。でも、他には何も見えなくて、切り絵みたいにジュリーだけが浮かんで目に飛び込んできたんです。非常に特別なものを感じました」

芳村が、ジュリーに大きな変化を感じたのは「時の過ぎゆくままに」の頃だった。今までにない曲調だったこともあるけれど、彼がまとう空気がどこか変わったのだ。番組の売りのひとつは、ファッションモデルだった芳村の衣裳にもあったのだが。

「クリツィアのなんでもない白いブラウスを買って、『ヒットスタジオ』で着るつもりだったんです。そうしたらジュリーがリハーサル（曲は「白い部屋」）で同じブラウスを素肌にさりげなくひっかけて歌っていて、とても素敵で。私はファッションに関しては誰にも負けないと自負していたのに、まさか異性がライバルになるとは。ダメだ、こりゃと思って、一度もこのブラウスは着ていません。山口百恵ちゃんの引退間際もそうでしたが、あの時期のジュリーは今までの百五十％くらいのオーラでした。そうしたら、結婚しましたね」

スタジオ中がジュリーに圧倒されていた。和田アキ子は「ジュリーがいる」とスタジオの隅で固まり、都はるみはオープニングメロディでジュリーにマイクを渡して、頬を染めた。南沙織や太田裕美やキャンディーズなど、ジュリーと会いたいがために芸能界に入った女性アイドルも多かった。一方で郷ひろみや田原俊彦ら若手男性アイドルは、ジュリーを超えたいとライバル心を燃やした。

芳村は、スターたちの憧れが沢田研二だったと言う。

「女でも塗っていない頃に紫がかった口紅とか、どんどん中性的になっていって、精神的には完全に武士のジュリーがそれをやるからよかったんです。あの時代のひろみ君は、しょっちゅうニューヨークに行ってヴォイストレーニングを受け、ダンスを磨き、金髪にして一所懸命だった。トシちゃんも一番になりたいわけです。だから毎回腐心して来るのだけれど、どうしても『ヒットスタジオ』では一番になれなかった。ジュリーがいるから。スタジオでガタッと差がついてしまうんです。もう男も女もついていけなくて、カッコよすぎて手がつけられなかった。あそこまでいけたのはジュリーだからですね。本物のスター、昭和の怪物です」

田原俊彦は「阿川佐和子のこの人に会いたい」に登場して、最初に買ったレコードが沢田研二だと話した。

〈俺も実はこっそりジュリーの後を追いかけてた意識があるんですけど、自分含め誰も勝てなかったもんね〉（「週刊文春」二〇二一年八月二十六日号）

千昌夫は森本に、「ジュリーが自分の田舎に来てくれるなら一億円出す」とまで言ったとか。

当時、四天王ともビッグ・フォーとも呼ばれていた一人、五木ひろしも最も意識したライバルは沢田だと回顧する。

〈ピンク・レディーという怪物アイドルが出てきて、自分も含めたみんなが戦意喪失してしまう中、唯一、ビジュアル面も含めて彼女たちに対抗できたのがジュリーだった〉（スポーツニッポン二〇一五年七月二十八日）

ある時期から「ヒットスタジオ」はジュリーの新曲のお披露目の場にもなって、さまざまな名場面を生んでいくことになる。プロデューサーの疋田《ひきだ》拓《たく》が「他に負けないジュリーを撮りたい」と、熱心だった。芸能記者がスタジオで待ち構え、他局の歌番組のスタッフが注視するその時、加瀬も早川も木﨑も、ジュリー・チームはフジテレビに集結する。

木﨑は、いつも緊張してスタジオのジュリーを見つめていた。

「あの頃のヒットスタジオは、生でミュージックビデオを作っている感じでした。衣裳、表情、振り、照明、カメラワークなどで曲が何倍もの説得力を持ちました。沢田研二はリハーサルから衣裳を着けて歌うので、テレビ局のスタッフもいい絵が撮れると凄い熱量があった。他の出演者もみんな見に集まっていました。それは、ジュリーがそれだけのものを表現するからです」

新曲披露の度に、ジュリーはセンセーションを巻き起こす。人々は彼の変身から目を離すことができない。傍らにいる木﨑でさえ、カメラの前で日常から非日常へと跳躍するスターの豹変ぶりに目を見張った。

「普段は気配を消しているのか、加瀬さんのほうが派手だったほど。録音スタジオに入るのはジュリーがいつも一番で、僕が遅れて行くと最初は気づかないことがあって、あれ、いたんだという感じでした。ところが、『ヒットスタジオ』の楽屋では真逆で、衣裳を着けてメイクを始めると、近寄りがたいオーラが出て話しかけられなくなりました。ステージでもそうです」

芳村真理が「忘れられないシーン」として挙げたのは、「ヒットスタジオ」で歌う二度目の「サムライ」だった。ビジューを入れ墨のように飾ったシースルーを素肌に着けて、革の軍服姿のジュリーが♪片手にピストル　心に花束♪と歌い出して、フルコーラスを歌い終わる頃、上半身を狙っていたカメラが一気に天井まで上がり、俯瞰で全体を映した。五十枚の畳の上に立つジュリー。カメラが再びアップになると、顔の正面の短刀にライトが当たり、キラリとクロスに光った。

沢田もこの時のことが印象的だったようだ。

「阿久悠さんがこれだけ凄い詞を書いてくる、大野さんがこんだけ凄い曲を出してくる。じゃあ、僕は何をすればいい？ってことですよね。衣裳決まりました、小道具決まりましたという時に、それをどう使うかですよ」

「最後に短刀をキラキラ十字に光らせる、これをわざとらしくなくやるのが、難しいところなんです」（「今日は一日ジュリー三昧」）

スターとテレビ局の間にいて意思疎通を図るのは、マネージャーの役目である。森本が、疋田の「五十畳の畳の上で歌って欲しい」という要望を伝えた時、沢田は「あの『サムライ』は和じゃない、洋なんだから畳は合わない」と首を横に振った。疋田は「とりあえず見て欲しい。納得いかなかったら外すから」と応じて、結果、あの場面が生まれた。

森本は、しみじみと述懐する。

「ジュリーがここまでになったのは、久世さんの存在とか、疋田さんのように煽ってくれる歌番組のディレクターたちがいたからだと思っています。早川タケジさんもそうですよね。新しいものへ挑戦する扉を開いてくれました。ジュリーはそういう刺激をみなさんにもらって糧にしてきたんです。僕の仕事は、それぞれの人が一番気持ちよく実行できる場所と方法論を選ぶことでした」

一月発売の「サムライ」から始まった七八年は、五月に「ダーリング」、八月に「ヤマトより愛をこめて」、九月に「ＬＯＶＥ（抱きしめたい）」がリリースされて、毎回更新されるビジュアルとパフォーマンスは圧巻であった。ビジュアルについて沢田は「とにかく前と違うことを」と言うだけで、早川タケジにすべてを任せた。

後輩のアーティストたちが熱烈にジュリー愛を語る時はこの時代の話が多いのだが、タンゴ歌手の西澤守は七八年二月から一年を沢田の付き人として過ごしている。沢田より十歳年下の西澤にもスタジオで会う人気者たちが、ピンク・レディーも新御三家も誰もがみな、ジュリーをリスペクトしているのが伝わってきた。

「沢田さんはとてもストイックな方でした。夜の九時以降は食べ物を口にせず、私はお酒を飲んでる姿も見たことがありません。衣裳にも楽曲にも、一切文句は言わない。車の中では大抵助手席に座って、カセットをカチャカチャしながら『ヒットスタジオ』で歌う曲やツアーの曲を聴いていた。いつも横で沢田さんの歌を聴いていましたが、あの張り、低音と高音のバランス、もう憧れでした。吸入に通う耳鼻科の先生に『喉がかなりプロの歌手っぽくなってきたね』と言われて、とても嬉しそうな顔をしていたのを覚えています」

木﨑も、沢田が新曲などを自分で判断することはなかったと証言する。

「『タイガース時代、自分があまり売れると思わなかった曲が売れて、マネージャーがいいと言った曲がウケたから』と言っていました。沢田研二にはブランド志向がありません。僕は、作詞作曲編曲に新人を多く連れてきたんです。大物の人って、自分と見合うだけのネームバリューを求めがちですが、ジュリーにはそれがない。まだあまり実績のなかった船山基紀さん、伊藤銀次さんやベーシストだった後藤次利にアレンジしてもらうとか、佐野元春や大澤誉志幸に曲を書いてもらったのも彼らが新人の時でした。自分が歌えばどんな曲でもいい曲になるという自信があったのではないかと思います」

七八年のジュリーには、二年連続のレコード大賞がかかっていた。本命・沢田研二、対抗・山口百恵、三番手・西城秀樹の下馬評の中で賞レースを制したのは、ピンク・レディーの「UFO」

だった。彼女たちの曲は「ウォンテッド」も「サウスポー」も「ＵＦＯ」も、百二十万枚以上という驚異的なセールスを記録した。

大賞発表前、最優秀歌唱賞にコールされた時、複雑な表情を見せた沢田は「ちょっと残念ですけれど、喜びたいと思います」と発言。批難されることにもなるのだが、「一等賞獲りたい」と言ってみたり、野心を口にすることは彼のガソリンだった。

〈たとえばショーケンほど、また矢沢永吉ほど、自分で言うことによって自分をふるい立たせるって感じではないけれども、やっぱり自分自身でハッパかけてるのよね〉（「月刊プレイボーイ」八〇年九月号）

最優秀歌唱賞のトロフィーを手にして三時間後、沢田研二は紅白歌合戦のステージで、ポップス歌手としてははじめてのトリを務めた。紅組は、「プレイバックＰａｒｔ２」を歌う山口百恵。沢田が大トリだった。

多くの歌手が憧れ、栄誉と思う紅白歌合戦の大トリを、沢田は喜んで受けたわけではない。ＮＨＫは「勝手にしやがれ」を希望したが、彼が望んだのは新曲を歌うことで、「大トリなんて歌を聴いてもらう場所じゃない」と、出場歌手全員が応援する中で歌うのを嫌がった。

森本は、沢田が歌い終わってから後ろに集まった他の歌手全員を映してもらうようにと、ＮＨＫと折衝した。

「ジュリーにはよく、『テレビに映るのは俺なんだ。ちゃんとチェックしてくれ。それを護るのがお前の仕事だろ』と注意されました。ジュリーの気持ちを代弁して局に伝える時にズレがあると、怒りましたね。『普通はそうかもしれないが俺はそうじゃない』と、大トリの時もそうでした。僕はジュリーが気持ちよく歌えることを一番に考えていましたが、向こうの事情もあるので、両方の言い分をどうチョイスするか、ピンポン球のように行ったり来たりすることがありました。今となれば、あんな贅沢な苦労はありません」

七八年の大晦日。白いシャツに黒い蝶ネクタイ、黒い衿、金色の刺繍をほどこした赤いサテンのジャケット姿のジュリーが、「LOVE（抱きしめたい）」を歌って、キャンディーズが解散し、サザンオールスターズとYMOがデビューした年を歌い納めた。七二年前後から開花したニューミュージックの台頭で、音楽シーンは変わり始めていた。

ジュリーのために

山口百恵が♪勝手にしやがれ　出ていくんだろ♪と「プレイバックPart2」を歌ったのは、七八年だった。翌七九年の秋には、「スター誕生！」が生んだアイドル、石野真子が「ジュリーがライバル」を歌う。

七九年の沢田研二は、「カサブランカ　ダンディ」で快調にスタートを切った。パナマ帽にボロボロのジャケット、ジーンズのジッパーを開け、ウイスキーを口に含んで霧のように吹くパフォーマンスに、テレビの向こうの小さな視聴者たちはノックアウトされ、水やジュースを口から飛ばす。模倣は最高の賛辞、ジュリー・ムーブメントは続いていく。

「カサブランカ　ダンディ」は、レコーディングに井上堯之バンドが参加していることで音楽ファンの関心を集めた。ジャケットにバンドのメンバーの顔が並んだ「恋は邪魔もの」のように、井上バンドが演奏し、ジュリーのバンドへの強い思い入れを感じさせる曲もあったが、井上バンドが録音に参加しない場合もあった。曲によって演奏者は違う。

井上堯之によれば、その理由は、演奏印税が美空ひばり並みに高く、楽曲に対して文句ばかり言うなど、井上バンドの扱いにくさにあった。

「カサブランカ　ダンディ」の作曲・編曲を手がけた大野克夫は、こう説明する。

「沢田の曲は、絶えずグループの音というと井上バンドで録音するのが常でした。私は曲作りの時には、特にバンドを意識して作っていません。あくまでも出来上がった曲に関して一番よい方法を考えます。そこで、『カサブランカ　ダンディ』は井上バンドでレコーディングしようと決まったのです。まあグループのサウンドがぴったりの曲でしたから、あの曲を作る時には頭にチラッとあったのかもわかりませんが」

沢田が、七九年十二月発売の音楽誌で、音楽評論家の北中正和を相手に井上バンドへの愛と信頼を語った。

〈しっくりくるのは井上堯之バンドの音のほうがしっくりくるんですよね。「カサブランカ・ダンディ」の時がそうだったんだけど、肌が合うという感じなんですよね。難しいこと、新しいことをするというより、やっぱりどっかちがうね、という感じになる〉

〈いつも時間をとって一緒に練習してくれるから。本番と同じ状態で練習しているぜいたくなクセがついてるでしょ。テレビのショー番組やなんかで、他の人と一緒にうたったりすることになると、まるで自信がなくていつもと顔つきが変りますもんね〉（「ミュージック・マガジン」八〇年一月号）

この年の紅白歌合戦の沢田研二は、例年のようにそのために誂えた特別な衣裳ではなく、お馴染みのボロボロジャケットのスタイルで登場して「カサブランカ　ダンディ」を歌った。間奏の時、司会の山川静夫が「伴奏は、いつもジュリーと一緒の井上堯之バンドのみなさんです！」と、仲間を紹介した。七二年の紅白初出場の時から、ジュリーの後ろには井上バンドがいたのである。

「新しいロックを」と志を掲げてPYGが出発したのは七一年の一月だった。その年の四月に発売されたデビュー・シングル「花・太陽・雨」は期待された数字には届かず、野外ロックフェスティバルでは「帰れコール」を浴び、地方公演は入らない。八月のファーストアルバム発売を前に、渡辺プロは早くもテコ入れに動き出し、六月にPYGファンクラブの全国支部長を集めてメンバーとの会議を開いている。その模様が、ファンクラブ誌「ヤング」七一年七月号に掲載されて、「もっとテレビに出てほしい」「もっとやさしい曲を」といったファンの要望に、リーダーの井上が「みなさんの不満を解消していくのが重要なテーマだ」と応じていた。

十一月、ソロデビュー曲「君をのせて」発売。七二年一月号の「ヤング」には沢田研二ファンクラブの発足が告知され、二月号で、PYGを招集した中井國二の上司、池田道彦が今後の方針について、PYGはヴォーカリストの沢田、俳優の萩原健一、井上堯之グループはサウンド面で、と三本柱でやっていくと方針を示した。ザ・タイガース時代に出した、沢田のソロアルバムが売れ続けているという事情もあったのだ。

ひとりで歌うことを拒み続けた自分の背中を押したのは井上だったと、沢田は北中のインタビューで答えた。

〈でも仕事関係の人で、堯之さんにいろいろ言う人が多かったみたいね。堯之さんから、会社と相談して一人でやってみろ、PYGはバラバラになるわけじゃない、解散するんじゃないと説得されたんです〉(同前)

この時、沢田が渡辺プロに出した条件が、「いつもPYGのメンバーが一緒にいてくれるなら」だった。池田道彦が振り返る。

「ジュリーがそう望むんですから。他にピタッとくるバンドがないんですから。何よりジュリーと気が合ってた。僕も井上堯之とは長い付き合いをするんですが、穏やかな人柄で、人をのせるのもうまいし、なかなかの男なんです。ミュージシャンだし、先輩だし、音楽的なことを相談できるし、何でも聞いてくれて、アレンジからバンドのコミュニケーションまでやってくれるバンドリーダーだった。ジュリーも彼らとの関係の中であれほど成功したのだと思います。僕もプロデューサーとしてあれこれ注文する時、井上堯之がまとめてくれるから頼りになりました」

テレビ出演の時もツアーの時も、ジュリーは井上バンドを帯同した。沢田は二〇〇八年放送のラジオで、「許されない愛」を出した頃のコンサートの数は昼夜合わせて年百二十本と多忙さを語って、こう続ける。

「ファンの人からもらったセキセイインコが、帰ってくると死んでいたり。それでも井上さんたちと一緒だったからねえ」（「今日は一日ジュリー三昧」）

一九七四年に、沢田が内田裕也と樹木希林（当時・悠木千帆）を相手に心中を語るという「週刊明星」の企画があった。そこでも彼はバンドへの一途な思いを語り、内田は、沢田がグループのメンバーが苦しいときに自分の給料からみんなに支払った、というエピソードを口にした。

マネージャーだった森本精人の目にも、井上バンドは沢田研二にとって唯一無二の相棒だと映っていた。

「ジュリーはよく、堯之さんの家に行ったり泊まったりしていました。僕も、堯之さんには感謝しきれないくらい感謝しています。飛行機も新幹線も全部、堯之さんたちがジュリーの隣に座ってくれました。本来なら僕が隣に座って守らなければならないのですが、当時はロードマネージャーなどいないので、チケットの手配から会場警備のチェックまで全てを俯瞰で見なきゃいけなかった。みんなにコーヒーを飲んでもらっている間に荷物を車に積み、コンサートの間にホテルへ行って部屋割りをして、レストランを予約して。しかも宿泊先まで押しかけてくるファンがいたので、エレベーターの前に椅子を置き寝ずの番をしていましたから」

「ヤング」の読者欄に、「ジュリーに叱られた。ごめんなさい」という投書があった。ファンの間では知られた話だが、若い頃の沢田はステージでしばしば感情をあらわにした。客が開けたままの扉やカーテンに邪魔されるとマイクを投げて帰り、カメラのフラッシュが光るし歌うのをやめ、騒ぐファンを叱りつける。泣き出すファンもいた。

「コンサートひとつとっても、みんな、全身全霊でやっていたんです。ジュリーは完璧主義者で、武道館だけじゃなくて、地方でも一ステージ一ステージが真剣勝負でした。騒ぐのはいつも同じ顔ぶれで、ジュリーが怒っても『また怒られた、顔覚えてもらった』と喜ぶんですから。そんな場面を収めてくれたのは、いつも堯之さん。ホテルの部屋でずっと話してくれて、ジュリーのメンタルを全てケアしてくれていました。客に対する温かい心とか、スタッフへの思いやりとか、全部、堯之さんが教えてくれたんだと思います」

沢田より七歳年長の井上堯之は神戸出身で、元ザ・スパイダースのリードギター。もともとはスリージェットというコーラス&ダンスグループの一員で、スパイダースに入ってから大野克夫に習ってギターの名手となった努力の人であり、大野と並ぶPYGの音楽的支柱であった。萩原健一主演のドラマ「傷だらけの天使」(大野と共作)や「前略おふくろ様」などの音楽を担当し、八七年のレコード大賞を受賞した近藤真彦の「愚か者」を作曲。二〇一八年に、七十七歳で逝去した。

井上は、沢田研二と組んだ理由を、中島梓の取材で語っていた。

〈GSっていうのは、市民権をなかなか得られない、認められにくい存在だったですよね。だから沢田とやる最大の魅力っていうのはそこだった。同じ反発を沢田に託したってことがある〉

（「バラエティ」七九年二月号）

ＰＹＧは、反社会的な若者の風俗としてしか扱われなかったグループサウンズの象徴二人を旗印に弔い戦を戦い、敗北したのだ。井上はそこで引くことができず、バックバンドであることの苦痛を抱えながらジュリーと一緒に歩いていくことになる。バックバンドであることに耐えられなくなった時は、自分たちのバンドでコンサートを開くという形で不満を解消していたが、七三年、沢田が「危険なふたり」で日本歌謡大賞を獲ると、彼は早くも、「社会的評価を得たので僕の役目は終わった。やめさせてくれ」と申し出る。

七九年に上梓された井上の自著には、こうある。

〈そのとき、沢田はこういった。「堯之さん、それじゃ、カッコウよすぎるよ」って〉

〈それで、もしつづけるなら、何の役にもたたないよ、と彼にいった。それでも、ぼくを必要とするならそれでいいと。うしろでギターを弾くことしかできないんだよ、とね〉（『ミュージシャンをめざすキミへ』）

「悪魔のようなあいつ」の音楽担当を降りた井上に、沢田は「なんで、ぼくの仕事をしてくれへんねん」と泣いたという。井上には、この仕事が彼のためになるとは思えなかった。

〈沢田の曲を書かないんだよ、ぼくは。こんな長いつきあいで3曲しか書いてない。ショーケンのステージでは、60〜70パーセント、ぼくの曲をやってる感じなのに〉（同前）

井上の著書やインタビューからは、バックバンドであることの屈辱と焦燥、愛する同志、沢田が自分の志向とは逆の売れ線へ走っていくことへのジレンマが伝わってくる。

だが、大野克夫は「そういう風に言いたかったんじゃないでしょうか」と、長く一緒にやってきた仲間の心中を推察した。

「井上の葛藤は、沢田とは別のところにあったと思います。『悪魔のようなあいつ』の音楽を降りたのは、久世（光彦）さんとモメたんですね。インストゥルメンタルのメインテーマを作った時、私はピアノのメロディで仕立てたんです。井上のはギターでコードばかりだったので、久世さんが『メロディはどれ？』って聞いてきた。『メロディというより、この全体が俺の作ったテーマだ』と井上が言うと、久世さんは『メロディがないとちょっと辛いね』と言いました。沢田研二の仕事で表立って出て行こうとした時に、そういうことになってもどかしいものがあったんでしょう。私が沢田の曲を作っていくことに、コンプレックスがありましたから。もともと彼にギターを教えたのは私だったので」

大野自身は、バンドの地位ということにはほとんど関心がなかった。

「地位が低かろうが高かろうが、沢田研二と一緒に仕事ができるんだからいいじゃないかというのが私の考えでした。確かに、ステージで井上バンドが三分間ぐらい演奏する時はファンのトイレットタイムになったりすることは、ありました。でも、それは仕方ないというか、当たり前のこと。ジュリーのステージなんだから。井上もそのあたりはわかっていたはずです」

井上堯之バンドが渡辺プロから独立して、ミュージシャンのための事務所、ウォーターエンタープライズを設立したのは七五年だった。岸部修三が井上バンドを辞めて、一徳と名前を変えて俳優に転身した時でもある。岸部は、技術的についていけなくなっていたと音楽から離れた理由を話しているが、大野たちは岸部のベースを買っていた。

「我々はサリーのベースで十分よかったんですよ。『太陽にほえろ！』のサントラの時もサリーのベースは凄く動いていて、私はとてもいいなと思っていました。こちらはこうして欲しい、ああして欲しいとは言いませんから、彼は自分で下がっていったのでしょう。逆に、バンドの仕事が飽き足らなかったのかもしれませんね。久世さんに呼ばれて、芝居の仕事が始まっていましたから」

井上バンドのひとつの転換期であった。社長に就いた井上堯之にとってウォーター設立は、沢田研二のバンドをやり続けるための手段であった。

森本精人は、それを彼らの「ジュリーのバックバンドに徹する」という覚悟の現れだと受け止めた。

「同時に、自分たちのバンド活動もしていくという宣言でした。盛り上がった筋肉のイラストがついたTシャツを作って、張り切ってました」

ウォーターの副社長となり、同時に設立した音楽出版、ウォーミュージックの社長となった大野が、この時の経緯を思い返す。

「ウォーターを設立するにあたって資金が必要だったので、沢田のバックをやるからという条件で渡辺プロとお金の交渉をしたんです。高額なお金でした。フルバンドで演奏する場合は普通一回に七万円くらいですが、我々は一回四十万円請求したんです。それはもう異例の高さなんですよ。でも、沢田研二がバンドで歌いたいと要求してるということですね。我々バンドだけでもいいし、フルバンドがいても、我々が演奏してそれにフルバンドが加わる形で頼むという条件でした。それが沢田の考え方だったので、渡辺プロは要求を飲み、ウォーターにお金が入ったということです。私は音楽を作るだけの人間なので社長には興味はないのですが、井上が平等にと言いまして」

会社設立にあたって井上は、中井國二に声をかける。その頃、中井はキャロルの事務所、バウハウスの会長を辞めて、映像作家の佐藤輝とテル・ディレクターズ・ファミリィを興して一年。佐藤のもとに井上から「中井をくれ」と電話が入ったのだ。

ウォーターは、麻生レミと井上ウォーターバンドのツアーなど井上たち自身の音楽活動の他、ハウンド・ドッグを売り出し、萩原健一のツアーや松田優作のステージも手掛けた。

イベント・プロデューサーの伊藤成一は、バウハウスで中井と出会い、後にウォーターに誘われた。日比谷野外音楽堂で行われたキャロル・ラストコンサートの舞台監督でもあった伊藤が、ウォーターを語る。

「人情味があって、いいものを作るためなら手弁当でもやるよという人が集まってました。みんな、中井さんのセンスに惹かれて集まってくる感じで、中井さんと井上さんたちは互いに信頼し合い、ショーケンもよく事務所に来てました。ただ経営の舵取りをする人がいませんでした」

伊藤は、中井がバウハウスを去った理由も知っていた。

「キャロルって、みんなが言うほど売れてなかったんですよ。PTAが不良の音楽だと騒いで全国ツアーは入らず、満員になったのは最後の日比谷くらいでした。中井さんは『沢田のスケジュールもらって、一発コンサートやろうか』と言って、バウハウス主催で今の国技館のあるところ、日大講堂でジュリーの一万人コンサートを開いてます。沢田さんは事情を知って、協力してくれたんだと思います。堯之さんの家で打ち合わせをした時も、来てました。それで回転資金は確保できたんですが、中井さんもきつかったんでしょう」

七三年のクリスマスイブに、東京・両国の日大講堂で開かれた「一〇〇〇一人のビッグ・イベントI am Dancing」のプロデューサーは、中井國二。彼のコメントが「ヤング」にある。

〈むろんメインは沢田だが、今迄バックで目立たなかった井上バンドも前面に出てくることになるでしょう〉（「ヤング」七三年十二月号）

PYGを、いやGSを起点とした男たちの連帯は強固なもので、それはキャロルにまで波及していたことになる。

伊藤は、沢田と井上バンドがツアーのリハーサルをしている合歓の郷で、野球の試合をしたことを覚えていた。ウォーター・チームには中井やデイヴ平尾がいて、井上や大野はジュリーズのメンバーだったとか。

野球について訊ねると、大野克夫の声がほころんだ。

「ツアーに行くと家族のようなものですからね。一緒にご飯食べて、ずっと一緒に過ごすわけですから。野球も楽しんでいましたよ」

野球チーム、ジュリーズができたのは七四年、沢田研二が二十六歳の時だったので、彼の背番号は26になった。それからはツアーで全国を回る時は、前日か翌日かの一日を野球の日に当て、地元の主催者やスタッフと試合をするのが、一行の息抜きだった。ユニフォームも好きなドジャース風、阪神タイガース風など十種類ほど揃え、そのどれかを野球道具と一緒に楽器車に載せるのは、マネージャーの任務であった。

森本には忘れられない試合がある。七九年秋、大阪の千里丘《せんりがおか》にある毎日放送のグラウンドで、MBSチームと対戦したのだ。ピッチャーは沢田で、キャッチャーはドラムスの鈴木二朗、大野がセカンドで、井上はセンター、ファーストとライトはキーボードの羽岡利幸やベースの佐々木隆典、バンドのボーヤもいて、森本がショートを守る。一点リードして迎えた九回裏、2アウト、一塁二塁にランナーを置いて、代打で登場したのが、「ヤングおー！おー！」で、小林繁の形態模写が人気沸騰中の明石家さんまだった。

森本は、破顔した。

「さんまさんが打ったのは、ボテボテのショートゴロだったんですよ。そのままセカンドの大野さんに投げれば終わりだったのに、僕は一塁に投げてしまって、それがゴロゴロと転がってセーフになって。次の人がチームの四番で、逆転サヨナラホームランを打たれてしまったんです。ジュリーは、一週間くらい口きいてくれませんでした。あの時は辛かったなぁ……。今でこそ笑い話ですけど、みんな、投げて打って走るのに真剣でした。ジュリーは何をやっても手を抜きませんからね。大野さんや堯之さんがミスしても文句は言えませんので、代わりに僕が怒られました。怒られても、ジュリーと井上バンドが一緒に楽しそうにしているのが嬉しかったんです」

八〇年が始まろうという時、沢田は井上バンドとの未来を予想する。

〈PYGの時代から始まって、音楽的な面でもプライベートなことでも、ずっと一緒にやってきたわけですし、お互い不必要にならないかぎり一緒にやっていきたいですね〉（前出「ミュージック・マガジン」）

いつもジュリーと一緒の井上バンド。沢田研二が歌い続けるために選んだ最高最強のフォーマットは、九年目を迎えようとしていた。

井上堯之バンド、離脱

スーパースターという称号を掌中に収めてからも、沢田研二は攻撃をやめなかった。広告の時代を動かすアートディレクター、石岡瑛子と組んでパルコのキャンペーンに裸身で登場し、世間に衝撃を与えたのは七九年初夏だった。プロデューサーの加瀬邦彦と共に、自ら石岡のもとを訪れて「一緒に仕事をしたい」と願い出たのである。

この時、パルコの一連のポスターと、八〇年出版の写真集『水の皮膚』を撮影したのは、写真家の鋤田《すきた》正義。沢田より十歳年長の鋤田は、七〇年代初頭にT・レックスのマーク・ボランとデヴィッド・ボウイというグラムロックを代表する二人を撮って、加藤和彦やYMOら多くのミュージシャンが被写体になりたいと切望した写真界の伝説である。

鋤田は、顔見知りの石岡から「デヴィッド・ボウイ撮った人しかいないでしょ、ジュリーを撮れる人は」と口説かれ、プロジェクトに参加、当代一の人気者のオーラを目の当たりにした。

「最初に撮ったのは、モノクロームの新聞広告ですね。上半身裸のスタジオ撮り。僕はポートレートやメンズファッションを撮ってきて、相手の動きに任せきりで撮るんですが、その時もそうでした。彼は『歌いながらやろう』と言って、僕が好きな『時の過ぎゆくままに』や『勝手にしやがれ』を歌ってくれて、撮りました。ライブみたいなもんですよね。観客は石岡さんら数人で、凄く有り難く感じました。売れっ子の自信に満ちていて、僕はファインダー越しに覗いているわけですが、テレビを見てる全国のお茶の間に直接繋がっているような感覚を覚えたんですよ。今、俺のこの興奮はそのままジュリーを見てるお茶の間の興奮じゃないか、そう感じたんです」

杉本英介のコピー「時代の心臓を鳴らすのは誰だ」が躍る全面広告の反響は大きく、続いてポスターとCM撮影がフィリピンの小さな島、シコゴン島で行われた。

鋤田は、石岡が沢田研二を裸にするというコンセプトに力を入れているのを理解した。

「その証拠に、日本人観光客が来ないところを選んでやったんです。普通の飛行機が飛んでいなくて、第二次大戦時代の座席がない飛行機をチャーターして島に乗り込みました。この時はマネージャーではなく、加瀬さんが来てましたね。二人は凄く仲がよかった。夕方から水辺のところでジュリーが裸になったんですが、石岡さんもスタイリストもみな裸なんです。ジュリーはスターと言っても別格でしたから、ディレクターに力と熱意がなきゃ、浮かばれません。空気としてジュリー側にもやる気がありました。ジュリーは超売れっ子だったから、僕らよりも先に東京に戻らなきゃならなかったんですが、例の飛行機が故障してしまい、ヘリコプターをチャーターして帰りましたね。今でも覚えてるのは、食事の時に、彼の魚の食べ方があんまり上手で驚いたことです。食べ終わって、骨だけきれいに残ってるんです」

キャンペーンは好評だった。翌年発売された『水の皮膚』も、吉田カツのイラストが表紙になった初版はすぐに完売し、ジュリーの写真が表紙の二刷も売り切れた。鋤田は、そのどちらも手許にないのだと嘆く。

「どの国にもスーパースターはいますが、みな、魅力が違うんですよ。ボウイは飄々とした感じなんですが、ジュリーの場合は何か熱いんです。その違いがあるから面白かったし、撮り甲斐がありました」

沢田研二主演の映画「太陽を盗んだ男」が公開されたのは、スターが石岡瑛子と鋤田正義というトップクリエイターと出会った秋のことだった。長谷川和彦監督作品は日本版「タクシードライバー」とも呼びたい秀作で、それまでのジュリー人気に依拠したものとは一線を画す。減量し、運転免許を取得して臨んだ沢田はアナーキーなテロリストを軽やかに演じて、しらけ世代の心情を鮮やかにスクリーンに刻んだ。七九年度の報知映画賞の主演男優賞を受賞。映画の音楽は井上堯之が担当した。

井上は、長谷川監督から懇願されて作った曲は自分らしさを一切排除したものだと、萩原健一特集の雑誌で語っている。

〈録音が終わって、その夜に沢田に会ったんです。沢田に「堯之さんどうやった、音楽」って聞かれたもんで、「ごめんな、最悪やった」と〉（「スタジオ・ボイス」二〇〇〇年八月号）

試写会の後、渡辺晋が「音楽最高だよ」と誉めたとある。試写を観た井上は「エゴがそこに出てなかったの。それがすごく嬉しかった」と言い、自分の映画音楽の節目になったと位置付けた。

井上堯之にとっていかに生きるか、自己探求こそが人生の大きなテーマであったようだ。

この年の五月には、沢田が公然と「歌いたくなかった曲」と口にした「OH!ギャル」が発売されていた。音楽担当の木﨑賢治は、マネージャーの森本精人から「ジュリーが歌いたくないと言ってる。説得してくれ」と電話を受けて、番組収録中の渋谷公会堂へ駆けつけている。

「一度OKしたことは覆すことがなかったから不思議に思いましたが、ジュリーは『いい曲とは思わない』の一点張りでした。最後に『キーが凄く売れると保証してくれれば出してもいい。いい曲でなくても売れれば価値が出てくると思う』と言ってくれたことで決着がつきました。でも、『ヒットスタジオ』に出れば歌詞を忘れてしまうし、散々でしたね」

♪女は誰でもスーパースター♪と歌う曲は、女性への媚びと映ったのかもしれない。ジュリーが真っ赤な口紅で歌った曲は、沢田のシングルとしては十六番目に売れた曲となった。

同じ年の十一月、およそ四年続いた阿久悠×大野克夫路線から離れ、作詞・作曲・編曲面で大幅に新たなメンバーを起用したアルバム「TOKIO」が発売される。その後、西武百貨店のキャッチコピー「おいしい生活」で若者のカリスマとなるコピーライター、糸井重里がアルバムタイトルと全曲のタイトルを考え、後藤次利が全編曲を手がけている。後藤やBOROという新顔の他に、井上堯之、大野克夫、加瀬邦彦、井上バンドの速水清司《きよし》も曲を書いた。

プロモーションのために沢田が北中正和の取材に応えた音楽誌には、アルバム・プロデューサーの加瀬邦彦とレコーディング・ディレクターの木﨑も登場する。加瀬は自身のプロデュース観についてこう語った。

〈歌謡界とかポップの世界は、芸術性とか、そんな大げさなものじゃないと思うんです。世の動きに沿って流行していく面白さみたいな部分でとらえてるから〉

〈沢田も生活態度なんか、普通の人以上に普通というか、まじめだしね。だけどそういう人間が、バカバカしいことに徹してやることの面白さがあるんじゃないかと思うんです〉（「ミュージック・マガジン」八〇年一月号）

アルバムに先行してシングルカットされたのは、九月発売の、喜多條忠作詞／大野克夫作曲「ロンリー・ウルフ」である。この曲を先に出したのは自分の希望だったと、沢田はラジオ番組「今日は一日ジュリー三昧」で話した。

「その頃は合議制みたいにしてミーティングしちゃってね。加瀬さんは『ＴＯＫＩＯ』出そう、出そうと言っていたのに、僕がもう偏屈でね。『ロンリー・ウルフ』を出したい、これじゃなきゃ嫌だって言って」

七〇年代のうちに、糸井重里作詞／加瀬邦彦作曲の「ＴＯＫＩＯ」が発売されていたなら、その後の状況は変わったのだろうか。余談だが、「ロンリー・ウルフ」は萩原健一も歌いたがった曲だった。大野は、今もその時のショーケンの姿が目に浮かぶと言う。

「『これから、京都に遊びに行かない？』と電話があったんで、二人で車に乗って京都へ向かったんです。その時、『ちょっと聴いてみる？』と、『ロンリー・ウルフ』のデモテープをかけたら、自分のために私が書いた曲だと思って、ショーケンは『いいね、いいね、これ！』と有頂天になったんです。『いや、これ、沢田に作った曲なんだよね』と言うと、ガッカリして、引っくり返っちゃった」

「ＴＯＫＩＯ」は、「もう一度レコード大賞を！」と大プロジェクトが組まれた曲である。七九年の大晦日、紅白で「カサブランカ　ダンディ」を歌い終えたスターは、品川のスケートリンクへ向かった。八〇年一月一日午前二時二十分、全民放の特別番組「80年未来をこの手に！」のエンディング、放送時間が少なくなる中、電飾のついたミリタリースーツに赤と白のパラシュートを背負ったジュリーがイントロの途中から♪空を飛ぶ　街が飛ぶ♪と歌い始める。沢田研二が、日本中を征服した瞬間だ。

　センセーショナルなギミックは二百五十万円の衣裳と評判になり、ビートたけしが「タケちゃんマン」の扮装として模倣するほどに衆目を集め、曲ごとにビジュアルを上書きしていくジュリーの果敢な挑戦に誰もが興奮した。しかし、征服は歓迎と同じくらいの抵抗も招き、スターは大きな変化を受容しなければならなかった。

　一月七日に放送された「夜のヒットスタジオ」では、パラシュートを着けて歌うジュリーはいつものように井上堯之バンドを従えている。次にジュリーが「ヒットスタジオ」に登場した二十八日には、仲間の姿はない。井上バンドが突然解散したのは、「ＴＯＫＩＯ」発売の三週間後であった。

「ヤング」八〇年二月号には井上が社長業に、大野が作曲活動に専念するための発展的解消とある。沢田は、当時のラジオで「堯之さんに、指が動かないからと言われた」と話した。

　井上堯之は解散について、九一年ＮＨＫ衛星放送で放送された「沢田研二スペシャル　美しき時代の偶像」で、過激になっていく衣裳路線についていけなかったと述べている。

「沢田のファンから僕らのところにいっぱい手紙が来るわけですよ。『お願い、堯之さん、あれやめさせて』って」

「一連のビジュアル化について、沢田だってそのことは百も承知だったわけ。ただ、あいつは背負ったわけですよ。背負っているから僕らは何にも言えない」

　同じ番組で、沢田研二が応える。

「僕は見世物でいいってやりだしたわけです」

「確かに井上さんとか大野さんとか、『ＴＯＫＩＯ』で落下傘背負って、電飾いっぱいつけてやるとなった時、みんな、離れていきましたね。でも、加瀬さんがいてくれたからまだよかったんですけど。その頃、人がどういう楽しみ方であれ楽しんでくれればいいと思って、音楽家にはなれないとも思ったわけで。だから、ミュージシャンとかアーティストにこだわる人がいる時代に、僕は芸人でいいですって感じでね」

沢田が語る「ジュリーのアイデンティティ」についての言葉は、先述した加瀬邦彦の言葉とほぼ同意である。台頭するニューミュージックのアーティストたちが、一様にフルコーラスを歌えないテレビの歌謡番組への出演を拒否し、それがひとつのステータスにもなった時代だった。歌手がアーティストを自称するようになるのも、この頃からである。

七八年十一月十六日放送のＴＢＳの人気歌謡番組「ザ・ベストテン」で、事件が起きていた。沢田研二の「ＬＯＶＥ（抱きしめたい）」は三位で、この時、一位の松山千春が北海道からはじめて生中継で出演。千春は番組出演に至るまでの気持ちを延々と語り、他の歌手がテレビサイズと呼ばれる短くアレンジした曲を歌う中で、「季節の中で」をフルコーラスで歌った。そのため、遅れてスタジオに到着し待機していた山口百恵は、「絶体絶命」を歌えなかった。

これに、沢田が「我々はテレビ局に協力しているのに、彼らの我が儘を許すのか」と激怒したのである。以来、彼はニューミュージックの出演者がそうしているのだからと、録音スタジオからの中継にこだわるなど、対抗意識を隠さなかった。

八〇年から五年間「ザ・ベストテン」のディレクターを務めた遠藤環《たまき》は、番組を担当するにあたってこうした出来事を伝えられた。

「谷村新司さんが、アリスの時に楽屋で、沢田さんからガン飛ばされたと言ってました。ただ誤解してはいけないのは、沢田さんはニューミュージックが嫌いだったわけではなく、彼らの姿勢が許せなかったんですね。自分は、フルサイズ歌わなくても十分に表現できると思っていたはず。だから彼らがそれを理由にしてアーティストぶってるのが許せない、そして滅多に出ない彼らを出演させるためにフルサイズでという条件を飲んでしまうテレビ局の姿勢が許せないという、テレビ局に対する強烈なアンチテーゼだったと思います。彼は誰よりもプロフェッショナルで、テレビのことをよく知って協力してくれていましたから。この問題はしばらく続きましたが、我々スタッフの中にも、沢田さんの言い分は正しいのではないかと思う人間が増えていきました」

森本精人が、この件を振り返る。

「他の歌手もみな、ジュリーと同じ気持ちだったと思いますよ。郷ひろみやいろんな歌手のマネージャーに、よくお礼を言われましたから」

ベトナム戦争終結の年、七五年以降ニューミュージックと呼ばれるようになるシンガーソングライターの曲がヒットチャートを席捲していた。沢田研二の「芸人でいい」という発言は、歌謡界の先頭に立つスターの自負と誇りゆえの戦いの宣言であり、ジュリーのビジュアル・チームには共有された思想だったろう。天才・早川タケジ考案の「ＴＯＫＩＯ」のコスチュームを着けて歌うジュリーは、さながらポップアートのオブジェだった。「芸人」が、歌を超えて文化を創っていた。大衆消費時代の完成期に石岡瑛子や糸井重里と組んだのも、時代の先端を走るジュリー像をいっそう鮮明にしていく作戦だったに違いない。

そして井上バンドの解散もまた、プロデューサー、加瀬邦彦の戦略のひとつであった。加瀬が「そろそろバックバンドを若くしよう」との方針を固めたのである。

大野克夫が証言する。

「解散の理由が衣裳というのは、井上の後付けだと思います。井上がやめたいと言った時もありますが、その時は私が止めています。沢田が嫌がるだろうと思いましたから。『そんなことは我々が決めるのではなくて、沢田がどうしたいかをメインに考えよう』と、言いました。だからあの時は、とりあえずバンドは若向きにしよう、年寄りは下がったほうがいいとなってきたのでしょう」

木崎は、バンド交替は将来を視野にいれた加瀬の判断だと解説する。

「やっぱり、井上さんたちもやりたいと言わない限り、新しいことはできません。井上バンドで、普通の服で、歌をメインにやっていけばいいという道もありましたが、ビジュアルを伴って八十%のものが百二十%になる音楽でした。そこを一番トータルに見て、先を考えていたのが加瀬さんでした。早川タケジの、世の中に抵抗していくビジュアルの力は大きくて、誰も追随できない沢田研二カルチャーを創っていったのです」

曲の変遷は衣裳の変遷でもあった。

沢田も衣裳の力を痛感していた。

〈衣裳を着ないで練習してるとぜんぜん身が入らない、どうやっていいかわからない、とか思うのに、衣裳を身につけるとそれによって触発されるというか、衣裳に動かされるというか、そういうことあるでしょう。メイクでもそうだし〉(『我が名は、ジュリー』)

木崎が、続ける。

「振り返ると、沢田研二が生き残るためには脱皮をしていかなければいけなくて、その推進役が加瀬さんでした。ジュリーも信頼をおいてついていったんですね。だけどバンドはついていけなくなった。だから若い人とやることになる。ここで、ローリング・ストーンズを思い出すんです。

ミック・ジャガーは新しくどんどん変わっていきたい派で、キース・リチャーズは嫌がって、ある時はスタジオにも来なくなり、他の人が弾いていた時期もありました。それでも今も一緒にやっているんです」

井上バンドのあと、ジュリーのバックバンドを務めたのは、井上と大野がオーディションをして集めたオールウェイズだった。ウォーターエンタープライズ所属のバンドは一年後に解散、ウォーターと渡辺プロの業務提携は解消される。

森本精人は、井上バンドがジュリー戦線を離脱した時、自分もマネージャーを退こうと考えた。

「堯之さんが身を引いたんだと思いました。僕は長年みんなと一緒にやってきましたから、井上バンドがあってこそのジュリーだと思う気持ちも強かった。『僕もやることはやったので一緒に卒業したいと思います』と言ったんですよ。そうしたら、堯之さんに『お前は神様がジュリーに与えた存在だから、お前は残れ』と止められました」

人と人とがそうであるように、離合集散はバンドの宿命である。ザ・タイガースがそうであったように、ジュリーと井上バンドにもその時が訪れたのである。

大野克夫には、井上バンドの解散は時の流れだと受け止めるしかなく、特別な感慨はない。ただ沢田研二に感心するばかりだ。

「変化というのは仕方がないこと。それでいいほうにいけばいいことでね。沢田も最初は淋しかったかもしれないけれど、そんなことは関係なく、若者と一緒にやっていく面白さもわかっただろうと思います。ある時には、ショーケンのバンドだったドンジャンのメンバーを呼んで、CO-CóLOというバンドを作り、また若者と一緒に組んだり、女の人も入ってきたりとか、徐々に変化していきました。最後は、ギター一本でコンサートやろうというところまでいった。

ちょっと私には想像できないけれど、彼は誰もやってないことを一番にやるということが好きなんです。凄いよね。どんなメンバーになろうと、歌がある、自分は歌っていればいいんだという境地というか、あれは見事だと思いました」

八年を共に走った井上バンドと別れた沢田研二は、四月、胃潰瘍に倒れた。一ヶ月の入院生活を終え、復帰の舞台となったのは五月二十四日、横浜スタジアムで開かれた「SPRING TOUR 〝BAD TUNING〟」。開演を前にスターは、「ちょっと見に行こう」と音楽ディレクターを客席が見える場所に誘い、「最近、こういうのを見てもドキドキしないんだよね」と言った。

木崎はその言葉が忘れられない。

「ドキッとしました。ちょうど久世（光彦）さんの『源氏物語』を撮った後で、ドラマや映画の方が面白くなったんじゃないか、スタッフがもっとドキドキするような仕事を与えないといけないと思いました。沢田研二と我々スタッフが違うのは、沢田研二は一生、沢田研二であり続けなければならないんです」

八〇年十二月、アルバム「G.S. I LOVE YOU」リリース。沢田は、木崎に「ジュリーは何をやりたいの」と聞かれて生まれた作品だと話している。

「やっぱりロンドンの匂いのするような、いわゆるグループサウンズっていう。日本じゃないですよ、『ビートルズとかストーンズとかそんな感じが好きかな』と言って、作ってもらったんですけどね」（「今日は一日ジュリー三昧」）

八一年、吉田建をリーダーとしたエキゾティクス結成。佐野元春や伊藤銀次ら若い才能と邂逅し、ザ・タイガース復活に参加した沢田研二は、この年、三十三歳。ロックへ純情を捧げながら歌謡ポップスの歴史を作ってきたジュリーは、まだ誰も歩いたことのない道を歩いていた。

第7章

レゾンデートルの行方

ラジオの時間

電飾のついたミリタリースーツに、パラシュートを背負ったジュリーが「ＴＯＫＩＯ」を歌って幕を開けた一九八〇年は、暮れのニューヨークでジョン・レノンが射殺される年である。豊かさが極まるバブルのイントロが聴こえる三月、二十一歳の山口百恵は三浦友和との結婚と引退を発表し、四月に三歳年下の松田聖子が「裸足の季節」でデビューした。その生き方までが若い世代に大きく波及していく女性のロールモデルの登場は、時代の変わり目を予告するものであった。

ＴＢＳの遠藤環が、人気歌謡番組「ザ・ベストテン」のディレクターに就いたのは、ちょうどこの年の秋だった。松田聖子が二曲目のシングル「青い珊瑚礁」で初の一位に輝き、「お母さん〜」と泣いたのに涙は出ていないと言われ、「ぶりっ子」と騒がれた九月十八日が、初演出の回。「酒場でＤＡＢＡＤＡ」でランクインした沢田研二を番組に迎えるのは、そのひと月ほど後のこととなる。

大学時代にザ・タイガースのヒット曲を耳コピーしてギターを弾いていた遠藤にとって、三歳しか離れていなくともジュリーは出会った時から近づき難い大スターで、他の歌手とは一線を画す存在であった。はじめてスターを見たのは、七九年が終わる頃だ。仕事が終わった早朝四時頃、師匠と慕う演出家の久世光彦が沢田を主演に撮る、「源氏物語」のスタジオをのぞいたのだ。

遠藤が語る。

「明け方まで仕事をしているなんて今では考えられませんが、沢田さんが多忙だったこともあってその時間になっていたんです。さすがにスタッフは疲弊し、いつもは騒がしいスタジオも静かでした。そんな雰囲気を感じたのか、沢田さんが突然『さぁ、あと少しだ、頑張って行こう！』と鼓舞するように叫んだんです。みんな驚いて、三秒くらい間があってから、ぉぉ〜って。小さなレスポンスに笑いましたが、若いADであった僕は、自分が主役であることを自覚する強烈なリーダーシップに、凄く感動しました」

七八年にスタートした「ザ・ベストテン」は、曲のランキングによって出演者を決定する日本で初の歌謡番組である。その時に視聴者が聴きたいものをストレートに反映した生番組で、まだ年功序列が残っていた歌手の縦社会の風景を一変させ、曲の寿命を早めたとも言われている。司会の黒柳徹子と久米宏のトークが人気で、豪華なセットにも注目が集まって、平均視聴率は三十％を優に超えていた。

「セット率が高かったのは、やっぱり、沢田さんと百恵さん。僕がやってからは聖子、田原俊彦、近藤真彦、中森明菜ですが、演出家としては沢田さんはセットで見せたくなるんですね。テレビを意識した表現をするので、セット映えするんです」

番組の生みの親、山田修爾の著書『ザ・ベストテン』には「沢田研二が開いたベストテン美術史」という項があり、ドライアイスの中で歌った「ヤマトより愛をこめて」や、デスバレー砂漠のど真ん中で空撮した「ＴＯＫＩＯ」の逸話が紹介されている。遠藤が自身の演出で記憶するのは、八一年春、ジュリーが自作の曲「渚のラブレター」を歌った回である。衣裳のベレー帽に触発されて、画家が昔の彼女を思うというストーリーでアトリエのセットを作った。歌い終わった沢田に、「よく歌の世界を表現してくれて、ありがとう」と声をかけられた。

「まさか沢田研二に褒められるとは思ってなくて、それだけで泣きそうになりました。ジャニー（喜多川）さんもセットをよく褒めてくれましたが、何も言わない人も多いので、ひとこと言ってもらえるだけで、若造には大きな励みになったんです」

八二年の三月、シュガーの「ウエディング・ベル」がランクインすると、遠藤は、映画「卒業」のラストシーン、教会での結婚式のパロディを考えた。黒柳徹子と久米宏が新郎新婦を演じて、新婦を奪っていく役を、スタジオにいた沢田に思い切って頼んでみたのだ。スターは「やりますよ」と二つ返事で引き受けて、「だったらダスティン・ホフマンと同じ衣裳を用意して」とリクエストした。

「もう嬉しくてね。久米さんから奪う役だから、沢田研二しかいないじゃないですか。他の人の歌なのに、テレビを面白くするためならと協力的でした。沢田さんは『一等賞を目指します』などと番組を盛り上げてくれたり、視聴者に楽しんでもらうことへの意識の高さ、その姿勢に脱帽したものです」

山田の『ザ・ベストテン』によれば、八九年まで続いた番組全六百三回中、沢田研二が一位になったのは十二回で出演者中十二位、ランクインした回数は第七位で百三十九回であった。ちなみに前者の一位は中森明菜六十九回で、後者のそれは田原俊彦二百四十七回。二〇〇〇年、しばらくテレビ出演をやめていた沢田が、「ニュースステーション」の対談コーナーに出演した。その時、司会の久米宏に「僕が『ザ・ベストテン』に関わるようになって、沢田さん、常連になりましたもんね」と言われると、彼は苦笑した。

「僕が本当に悔しいのはね、僕のピークをちょっと過ぎていたんですね。『勝手にしやがれ』より後なんですよ、あれ。もうちょっと早くから始めてくれていたら、番組の歴史に残ったと思うんですけど」

中森明菜がデビューしたのは、小泉今日子らアイドルが続々と誕生した八二年である。この頃から「ザ・ベストテン」や日本テレビの「ザ・トップテン」では田原、近藤、聖子、明菜が入れ替わりで一位に就くようになり、若手アイドル全盛の時代となる。「ライバルは？」と聞かれて沢田が名前を挙げるのは、一世代以上若い「マッチ」や「トシちゃん」や「聖子ちゃん」だった。

ファンクラブ誌「ヤング」八二年九月号には、「あの人たちは人気があっても、沢田さんとは格が違うのでは――？」というファンの質問が載っている。沢田の答えは明快だった。

〈〝格〟なんてものは、なんの値打ちもないものなんですよ〉

〈売れるということを馬鹿にする人がいるけど、売れるということ程、素晴しいことはないんだよ〉

タイガース時代に、人気だけの存在だと冷ややかに言われ、幾度も悔し涙を流した、いかにも沢田研二らしい物言いである。

遠藤にも、そうしたスターの気概は伝わってきた。

「若いアイドルに対して、沢田さんが俺はお前らより上なんだなんて態度を見せたことは一切ないですよ。完全にライバルで、番組に出た時は同列だと思っているのはわかりました。我々に大御所扱いを求めることも、ありませんでした。だから尊敬できるし、誰もが沢田さんを前にすると自然と敬語になったんです」

沢田は、「自分の曲で一番好きな曲は」と聞かれると、決まって売れた曲から順番に答えることにしていた。彼が、自分のピークを日本レコード大賞と日本歌謡大賞の二冠を制した七七年の「勝手にしやがれ」としたのは当然かもしれないが、それ以降、七八年も七九年も八〇年代に入ってもジュリー・ムーブメントは続くのだ。エッジーなスーパースターの発光の強さが、どれほどのものであったのか。当時、ニッポン放送で放送されていた「ラブ・サウンズ・スペシャル　沢田研二・愛の贈りもの」の一コーナー、「配達された一通の手紙」に印されている。

ジュリーは、ソロになってから常にラジオのレギュラー番組を持ち続けていた。六〇年代後半に第一次深夜放送ブームが起こってからは、若者たちの間でラジオを聴く習慣が定着しており、ジュリー・チームは戦略的にラジオをスケジュールに組み込んだ。そう説明するのは、マネージャーであった森本精人である。

「ビートルズがプロモーションに地方のラジオを有効に使ったという話を聞いて、僕らもコンサートで地方に行くとラジオ局の方々との交流に力を注ぎました。遠い場所と近い場所、テレビはジュリーが歌を演じる遠い場所だとすれば、パーソナリティーを務めるラジオはジュリーがリスナーに直接語りかける近い場所でした」

実際、ラジオのジュリーは無口というイメージに反して饒舌だった。

八〇年四月からスタートした「沢田研二・愛の贈りもの」は深夜枠ではなく、土曜日の午前十一時から一時間放送されて、一年続いた。ディレクターは、沢田よりひとつ年下で、四九年生まれの宮本幸一・元ニッポン放送専務取締役である。

入社三年後の七五年に番組制作に就き、同番組で沢田研二の番組をはじめて担当した宮本が振り返る。

「芸能界では圧倒的な一等賞男で、沢田研二の上には誰もいない時代です。僕は同世代ですが以前から大ファンでしたから、一緒に仕事ができることは光栄で、本当に嬉しかった。相当緊張しましたよ。マイクやカメラを離れたところの沢田さんは物静かでストイックで、簡単には妥協せずに自分の思いを貫く方だったので、本気で向かわないと相手にしてもらえません。土曜日の午前中というのは大人が聴いている時間帯なので、ファン以外の人が聴いても聴き応えがあるものをと考えました。僕は、達人たちが沢田研二をどう見ているかに興味があったんです」

そこで、各界のプロフェッショナルが沢田研二宛てのメッセージレターを書き、沢田が読むという「配達された一通の手紙」のコーナーを考えたのである。写真家の浅井愼平から始まり、永六輔や元貴ノ花の鳴戸親方（当時）、伴淳三郎ら三十八名の著名人にジュリーへのラブレターを書いてもらった。宮本の依頼に、誰もが快く応じたという。

「書いてくださった方は大抵、沢田さんよりは年上で、十歳ぐらい上の方が多かったんじゃないでしょうか。それぞれの文面に共通しているのは、みなさん、『沢田研二』から、どこか刺激を受けているということですね。プロがプロを認めたということだと思います」

宮本の手許には、当時の手紙が何通か残っていた。後輩歌手に厳しい淡谷のり子が、ジュリーのファンを自称して、手放しに褒めていた。漫画家の藤子不二雄は、スタッフが熱狂的なファンだと書き始める。

〈ジュリーは、我々が凄いなぁという、心の底から感動を与えてくれる数少ないアーティストのひとりです〉

俳優の小沢昭一は、沢田を歌舞伎の創始者、出雲の阿国だとたとえた。

〈あなたほどの歌唱力のある歌手ならば、普通の格好でただ歌っていたって十分通用するのに、あえて日常性を激しく超越しようとする姿勢に、心から敬意を表します。その姿勢は、まさしく芸能の本質を捕らえているからです〉

七一年の「合歓ポピュラーフェスティバル」で、「君をのせて」を排してグランプリに輝いた「出発の歌」を書いた、小室等からの手紙もあった。

〈仕事と私事を混同して曖昧なフォークやニューミュージックの連中と違って、あなたは危ない芸の数少ない継承者のひとりかもしれません〉

演歌の御大、村田英雄は後輩へ優しい眼差しを向ける。

〈私は、仕事場でウーンと唸る歌手がひとりいます。沢田さん、あなたです〉

沢田がことのほか喜んだのは、四回目に届いた王貞治の手紙であった。

王は娘がファンだと、書き始める。

〈熱い声援をエネルギー源として、自己の精神と肉体を一瞬のうちに燃焼し尽くす。ステージとバッターボックスの違いこそあれ、君と僕の世界は非常に似通っているように思います。マグマのような気迫を内に秘めながら、体を風に任せたような君のフォームは大変美しいものです。あれは間違いなく、ホームランバッターのフォームです〉

〈二十二年間の闘いを続けてきた僕が、今、どんな気持ちでバッターボックスに立つか……、それは「来年も野球ができますように」という気持ちです〉

王貞治は四十歳。沢田より八歳年長の昭和の本塁打王は、ジュリーへ言葉を贈った半年後に引退した。

待ち望んだ男たちの憧れ、高倉健からの手紙は三十六回目に届く。ショーケンが望んだように、ジュリーも高倉健との共演を切望した。

〈あなたには、自分がどんなに肩を張っても演じきれない独自の華麗な男の世界があります。その世界と自分の演じる世界が、いずれどこかで出合うこともあるかもしれません〉

このコーナーは、ジュリーが映画で天草四郎を演じるきっかけにもなった。山田風太郎の『魔界転生』の映画化が進んでおり、柳生十兵衛は千葉真一に決定して、天草四郎役はまだ決まっていないことが、宮本の耳に入った。そこで宮本は閃き、企画者である角川春樹に、沢田研二への手紙を依頼したのである。

角川は、沢田をアラン・ドロンと並べて讃えて、「天草四郎はあなたしかいない」と深作欣二監督と意見が一致した、と口説いてきた。

宮本の期待した通りになった。

「マネージャーの森本さんには事前に話していましたが、沢田さんは何も知らずに生放送で出演オファーを読みました。その時は、『よく考えさせてもらいます』という返事でしたが、ご存じの通り、実現しました。僕は、いまだ沢田さんが演じた天草四郎を超える天草四郎は存在しないと思っています。圧倒的な存在感とあの妖艶さを発せられるのは、沢田さんをおいて他にいません」

八一年六月に公開された「魔界転生」は、辻村ジュサブローの衣裳を着けたジュリーの天草四郎と、真田広之の伊賀の霧丸のキスシーンが話題を集めて二百万人の観客を動員、十億五千万円の興行収益を上げた。

渡辺プロダクションのドラマ部にいて作品に関わった吉岡力が、映画が及ぼした出来事を覚えていた。

「その頃、東映は何本か出して軒並み赤字だったようです。恐らく三つか四つかコケて、『魔界転生』で息を吹き返したと言われています。この成功で、東映はテレビドラマで沢田研二主演の眠狂四郎をやりたいと考えた。でも、スペシャルの大作や映画でならともかく、大切なスターを毎週テレビ時代劇に出すなんて、社長が許すわけがありません」

しかし、同年の十月、沢田は毎日放送の連続ドラマ「いつか黄昏の街で」に主演する。「悪魔のようなあいつ」から六年ぶりの連続ドラマで、多岐川裕美を相手に初のサラリーマン役に挑戦した。当時、ジュリーの映画やドラマは社長や制作部長直轄の決裁事項であったため、許可なく企画を進めた吉岡は渡辺晋に叱責された。

「視聴率がとれなかったら給料返上すると言いましたよ。結果的には視聴率もとれ、話題にもなりました」

テレビ界では、ちょうど二時間ドラマが生まれていた。八二年四月、沢田はTBS初の二時間ドラマで、モンゴメリー・クリフト主演の映画「陽のあたる場所」のリメイクドラマに主演、エリザベス・テイラーの役を夏目雅子が演じた。

この頃になるとスターは映像への傾斜を強めており、「歌手だ」と言い続けてきた彼がこんな発言をしていた。

〈僕は別に〝歌手〟ということにこだわってないんです。コメディアンみたいなことも、映画も芝居もやってるし。それを全部合わせて〝沢田研二〟でいいと思うんだけど……〉(「non-no」八一年一月二十日・二月五日号)

ジュリーが、ラジオでドラマを演じることもあった。ニッポン放送で「沢田研二劇場　夜はいいやつ」がスタートしたのは、八一年の十月。土曜日夜の三十分番組で、半年間続いた。ディレクターは、「愛の贈りもの」に続き、宮本幸一である。

宮本が企画意図を語る。

「この時も、単なるファン向けではなく、聴いて楽しめる娯楽性を意識しました。毎回ゲストを呼んでラジオドラマとトークの二部構成で、前半にまずドラマを流して、後半は共演した方と沢田さんのトークでした。一作品を四回に分けて放送したのですが、沢田さんに演じてもらうのに相応《ふさわ》しい作品を探して、毎週日曜日に本屋に通って何時間も立ち読みしたものです」

佐野洋『反対給付』、赤川次郎『盗みは人のためならず』、筒井康隆『国境線は遠かった』、小松左京『昔の女』などをドラマ化。番組最高傑作は、エンディングを飾った小林信彦の小説で、ヤクザが放送局を立ち上げるという『唐獅子株式会社』であった。「ドラマやでワレ！唐獅子株式会社」と題して沢田が組長役で、大親分に藤岡琢也、舎弟分のダーク荒巻が、映画でも同じ役で主演した当時人気絶頂の横山やすし、もうひとりの舎弟がツイスト解散後間もない世良公則《せらまさのり》という豪華キャストであった。

「これが抱腹絶倒で。やすしさんも沢田さんが主役だからというので喜んで出てくれました。あの役は、関西弁で演じられるので、沢田さんにも随分楽しんでもらったんじゃないかと思いますね。放送後に、原作者の小林先生から『何度かラジオドラマ化されたが、最高の出来だ』とお電話いただき、『週刊文春』のコラムでもそう書いてくださいました」

宮本に、沢田と横山やすしのトークの音源を聴かせてもらった。あの好き嫌いの激しい天才漫才師が、四歳年下のスターを相手に丁寧語で話して嬉し気で、沢田も先輩を立てながら心を開いて談笑している。

番組では、運命の人との出会いもあった。打ち合わせの時に「どなたと共演したいですか」と宮本が訊ねると、沢田は「田中裕子さんに会ってみたい。会ったことないけれど共演してみたい」と答えた。「ヤング」八一年十月号で、「共演したい女優さんは？」の質問に、ジュリーは〈大竹しのぶさん、田中裕子さん、樋口可南子さん、伊藤蘭さん、松坂慶子さん〉と答えており、その時のひとりの名前をあげたことになる。

宮本が田中の事務所に出演依頼の電話をいれると、断られた。ドラマ「想い出づくり。」や映画「北斎漫画」など話題作に出演し、他を圧する存在感と演技力でもう田中裕子ブームの予兆はあった。だが、宮本は諦めなかった。

「しつこくしつこく交渉すると、ＯＫが出たんです。脚本は、僕が自分で書いたんですよ。『０

07』のような話で、沢田さんから三度ダメ出しが出ました」

八一年十二月二十九日、「ゴールド・ゴールド・ゴールド」の収録が、田中裕子と三浦友和をゲストに迎えて行われた。その時のプロモーション用の写真は五年後、週刊誌に載るのだが、ドラマを録った後に、それぞれのゲストと沢田のトークが収録された。

宮本は、今でもこの時の光景が目に焼きついている。

「マイクを挟んで沢田さんと田中裕子さんが向かい合った時、田中さんがマイク越しに沢田さんをじい〜っと見つめ続けるんです。凄い女優さんだなと、感じましたね。さすがの沢田さんもテレまくって、視線を逸らしていましたから。まさかお二人が結婚されることになるとは」

この年の三月にピンク・レディーは解散し、既に山口百恵も芸能界から去っている。歌謡曲とニューミュージックが拮抗する時代、ジュリーはエキゾティクスを従え、ヒットチャートを駆けていた。

エキゾティクスと走る

七〇年代最後の秋が深まった頃、現在ヒカリエが建つ場所にあった渋谷の東急文化会館には、沢田研二の新しいアルバム「TOKIO」のでっかい垂れ幕が掛かっていた。宇宙遊泳するジュリーをイラスト風にコラージュした、早川タケジ制作のジャケットをそのままでっかくしたポスターだ。

通りがかりにそれを目にしたのが、後にジュリーのバンドのリーダーとなり、八九年からはプロデューサーを務めた吉田建である。まだ三十歳だった吉田は「カッコいいなぁ。いつかああいうキラキラした世界でもやってみたいな」と心躍らせ、広告を眺めていた。

　早稲田大学卒業後にプロの道へ進み、七〇年代半ばから浅川マキ、泉谷しげる、中島みゆき、大滝詠一らと仕事をしてきたベーシストは、陣営を分けるとニューミュージックの世界の住人だった。歌謡界とニューミュージック界が少しずつ溶け合っていく時期ではあったけれど、吉田には華やかな芸能界はまだ遠くにあった。そんな矢先、泉谷のマネージャーからある情報がもたらされる。

「今度、井上堯之バンドが解散するらしいよ。それで、ジュリーのバンドのオーディションがあるようだ」

　四九年生まれの吉田にとって、ひとつ年上のジュリーは高校生の頃からテレビで見ていた輝くポップスターだった。彼が好きだというローリング・ストーンズの「ブラウン・シュガー」を予習して、表参道のハナエ・モリビルの裏にあった渡辺プロの東京音楽学院へ出向いた。数十人のミュージシャンが来ており、名前を呼ばれてオーディション会場へ入ってみると、ドラムとギターとキーボードがいて、「これ、弾いて」と、「勝手にしやがれ」の楽譜を渡されたのである。

　七十二歳の吉田が、笑いながら四十二年前を思い返した。

「いきなりですよ。でも、僕は楽譜が読めたので、そこそこお付き合いできたんですね。そしたら『この後、ギターとキーボードのオーディションがあるんだけど、ベース、このまんま弾いてくんない』と言われて、ああ、受かったのかなって」

　審査したのは井上堯之と大野克夫だが、吉田は覚えていない。

「加瀬（邦彦）さんは、いらしたような気がするのですが。ただ本人がいなくて、ガッカリしたことだけは覚えてます。もしかしたら今日会える、いや見られるかもしれないと期待していましたので」

ジュリーのバックバンドを若返らせるためのオーディションであった。沢田がファンクラブ誌「ヤング」で語ったところによれば、選考基準は「譜面が読めて、技術があって、ルックスがいいこと」。

井上バンドからドラムスの鈴木二朗とキーボードの羽岡利幸が残り、バンマスとして元フォー・ナイン・エースのギタリスト、沢健一が来て、ギターの柴山和彦、キーボードの西平彰、ベースの吉田建が加わり、井上バンドより平均年齢が五歳若いバンドが生まれた。新バンドのメンバーが集結したミーティングで、「いつも一緒にいるんだから」という吉田の発案により、オールウェイズと名付けられる。

マネジメントを引き受けた井上堯之の会社、ウォーターエンタープライズに出向いた吉田は、元ザ・タイガースのマネージャー、中井國二と事務的な話を交わし、井上からは沢田研二と仕事をするにあたっての心構えを教えられた。こんな話だった。

「今ここに封筒が百枚あって、『沢田、明日まで住所と名前書いて、切手貼っておいて』と言われると、あいつは『なんで?』とか問わないで、『はい』と言って、それを一所懸命百%、百二十%こなす、沢田はそういうやつなんだ。自分の仕事を確実に成し遂げるというプロ意識の持ち主で、本当に真面目で謙虚なやつなんだよ」

それから吉田は、井上の言葉を痛感させられる場面に幾度も立ち会うことになる。

「たとえば還暦のコンサートの時、八十曲をプロンプターなしに歌う、それもフルコーラスの詞を覚えることにも通じると思うんです。どんな高い山でも自分で乗り越え、完遂する沢田さんの努力は凄いなと思って、いつも見ていました」

オールウェイズの初仕事は八〇年三月末からスタートした春のツアーで、吉田にとってはカルチャーショックの連続であった。キャデラックに乗り、二人の付き人がヴィトンのケースを四つも五つも運び込んでくる絵に描いたようなスターの姿。ツアー初日、久留米のコンサートでは一曲目に「TOKIO」を歌ったジュリーの豹柄のパンツがお尻から裂けてしまう。この逸話は沢田自身も何度か語っているが、吉田はスターの振る舞いにいたく感心した。

「僕はほぼ真後ろで弾いてたので、あっ、下着が見えちゃって、どーするんだって慌ててしまった。でも、最後に、『裂けちゃった〜』と言って、見せてましたから、すっげえな、この人って。ああいうところの肝の据わり方は、半端じゃなかった。当時、まだ昼夜の二回公演でしたが、昼間のステージでも沢田さんはロックンロールしてましたから」

吉田がザ・芸能界を体感するのは、胃潰瘍で一ヶ月休んだ沢田が本格復帰した五月二十四日、横浜スタジアムでの「ジュリープレゼンツ'80　BAD　TUNING」。夜空に花火が上がり、風船が舞い、グリーンのレーザー光線が飛び交う中を、大きな銀紙に包まれたジュリーがそれを突き破って宇宙服姿で登場し、「アンドロメダ」を歌い出す。ど派手な演出も、大きなモニターも、迫力の音響もはじめての経験だった。

「緞帳《どんちょう》があるかどうかの、雨ざらしのステージでずっとやってきた僕は、すっげえな、沢田研二、こっちの世界はいいなと思いました。でも、あの人はたとえ劣悪な音響環境であっても、それをエネルギーで乗り越えて、お客さんを魅了し、歌をちゃんと伝えるんですよ。沢田さんから学んだことはとても多いんですが、僕たちはミュージシャンだという意識が強くて、『これ、モニター悪くちゃできないねえ』なんて言ってしまう自分たちの甘っちょろさを、教えられました」

同じ月の三十一日には、大阪の万博おまつり広場でもジュリーの復活ステージが行われている。

この時、Ｃｈａｒや誰がカバやねんロックンロールショーらと共にゲスト出演したのが、当時、渡辺プロにいて「大阪で生まれた女」でヒットを飛ばし、本格的ソウルシンガーとしてその実力が喧伝されていた大上留利子である。

　沢田より三歳年若で、五一年生まれの大上は今も大阪にいて、ステージに立ち、後進を育てているが、この時、すれ違った沢田のスターらしくない挨拶が、強く印象に残っている。

「あの時のステージはジュリーのファンでいっぱいで、私らが歌ってもあかんかったんですよ。私は沢田さんとは楽屋の廊下ですれ違っただけなんですが、その時、『こんにちは』って向こうから言うてくれはって、今のん誰？って。オーラは消してはったからね。沢田さんやと教えてもらって、ああ、『おはようございます』っていう芸能界用語は使わないで、普通の挨拶をしやはる人なんやと、なんや嬉しかったんですよね。渡辺プロの人からは、ジュリーは一回会った人の名前は忘れないとか、ジュリーの喉は丈夫や、お前も丈夫やないとあかんとか、いろいろ言われていましたけど、もの凄いいい感じの人やったね」

　吉田建は、夏の終わりに出かけたハワイツアーで、ファンの熱狂ぶりに圧倒されていた。ジャンボ機二機をチャーターし、ジュリーが六百名のファンと過ごす四泊六日という恒例企画に、内田裕也らと共に招かれたのである。

「運動会やったり、ファンと写真撮ったり、楽しく過ごすんですが、最後のホテルパーティーでジュリーが登場してひとこと言うと、もう女の子全員が泣いてるんですよ。僕、えぇぇ〜！　すっげえ世界に来ちゃったなと思って。それぐらい沢田さんのご威光は凄かったんです」

　さらに吉田を驚かせたのは、九月リリースのシングル「酒場でＤＡＢＡＤＡ」と、十二月発売のアルバム「Ｇ.Ｓ.　Ｉ　ＬＯＶＥ　ＹＯＵ」のレコーディングのシーンだった。総元締めのプロデユーサー、加瀬邦彦がいて、レコーディング・ディレクターの木﨑賢治がいて、アレンジャーがいて、詞も曲も揃った完璧なシステムが確立されており、ジュリーが歌うのだ。

沢田研二、十五作目のアルバム「G．S．I LOVE YOU」は、木﨑がデビュー間もない佐野元春に二曲依頼し、ギタリストの伊藤銀次に全曲編曲を任せた一枚である。

二人を起用した木﨑の弁。

「これは阿久悠さんから学んだことなのですが、沢田研二というアーティストを通して時代に何を投げたらいいのか。ジュリー自身は姿形も声も同じなのですから外的要素で変化を加え、新しいものにチャレンジしていこうと考えていました。佐野元春は最初のアルバムを聴いた時にカッコいいなと思い、彼のアレンジをしていたのが伊藤銀次でした。あとから聞いたんですが、二人は大スターから仕事が来たと興奮したようです。バンドの音を録ってる時も佐野君が歌ってくれて、ジュリーも馴染みがよかったんです」

この時、五六年生まれの佐野が四八年生まれのジュリーのために書いた曲は、「彼女はデリケート」と「ヴァニティー・ファクトリー」。どちらもセルフカバーされており、後者では、ジュリーがコーラスに参加した。

沢田研二デビュー二十五年にあたる九一年、NHK衛星放送で「沢田研二スペシャル　美しき時代の偶像」が五日連続で放送されている。佐野もビデオ出演し、ファンだと言って祝意を告げた。「彼女はデリケート」の録音時の逸話も、披露している。リフレインの部分に熱が入っていないように感じ、プロデューサーが止めるのも聞かず、スタジオへ飛び込み「こんなふうに歌って欲しい」と自分で歌ってみせたという。

「そうしたらやおら、沢田さんがマイクロフォンに向かって歌い出した。その、彼女はデリケート、デリケートっていう表現はとってもグッときたんです」
沢田もこの時のレコーディングを覚えており、二〇〇八年のラジオでは、好きな曲だと言って、佐野について話していた。

「熱血漢でね。この時も、『こういうノリで歌ってください』『もうちょっと前にノッてください』みたいな、そんな感じでレコーディングにも付き合ってくれました」（ＮＨＫ－ＦＭ「今日は一日ジュリー三昧」）

シャワーのように新しい体験が降り注いでいた吉田建に、加瀬邦彦が新しいバンドの構想を告げたのはアルバムの録音を終え、秋のツアーが始まろうという時期であった。酒に誘って、加瀬は言った。

「もっとパンクでシャープなバンド、やりたいんだ。そろそろ沢田にも話するから、お前がリーダーでやってくれ。メンバーも任せる」

吉田には、加瀬の考えていることがよく理解できた。

「オールウェイズは井上バンドの遺産もあったので、自分が思う、キラキラしたポップなジュリーにより近づけようということだった気がしました。僕は自分がプロデューサーになってからも、沢田さんが積み上げてきたものをその時代にマッチングした音楽で具現化していくのが目標でしたから。青天の霹靂《へきれき》のような話でしたが、お受けしたんです」

再びのバンド交替について、木﨑賢治が語る。

「オールウェイズはなんとなく作った感じだったのですが、次のエキゾティクスは吉田建が探してきたメンバーを、僕と加瀬さんがチェックするという形で審査しました。新しいもの、今の音楽が好きな人という基準で選んだんですね。井上バンドの時はレコーディングに参加できないこともとも多くて、大野さんの曲なのに『勝手にしやがれ』は、編曲の船山（基紀）さんが探してきたスタジオミュージシャンで録っています。今度のバンドからは、レコーディングも全部やるようになりました」

バンドの若返りを図るという加瀬邦彦の構想は、オールウェイズを経て、八一年四月、エキゾティクス結成で完成したことになる。井上バンドにいた二人と年長の沢が抜けて吉田と柴山と西平は残り、ドラムスの上原裕《ゆたか》、ギターの安田尚哉が加わった。沢田がエキゾティクスと命名する。メンバーはそれぞれフリーランスで、他で仕事をすることもできたが、吉田曰く「正月から大晦日まで沢田さんの仕事で、他の仕事はできませんでした」。

八一年六月に発売されたアルバム「S／T／R／I／P／P／E／R」は、総勢十一人が、レディ・ダイアナとチャールズ皇太子の結婚式を待つロンドンの、イーデン・スタジオに乗り込み、現地のミュージシャンらとレコーディングした。当時、欧州は「デヴィッド・ボウイの子どもたち」と呼ばれたデュラン・デュランやアダム&ジ・アンツなど、メイクをしたユニセックスなバンド、ニューロマンチックの時代であった。

ここから始動した時間を、沢田はバンドの時代だと捉えていた。

「またビジュアルが派手めになった頃よね。メンバーもやり始めましたから。井上バンドの頃は、みんな本当は嫌がっていたんですよね。僕だけがやってたんですね。メンバーも化粧して、メンバーも衣裳を作ってという、そういう時代です」（「今日は一日ジュリー三昧」）

九月にシングルカットされた「ス・ト・リ・ッ・パ・ー」は、沢田研二の曲に売れっ子の三浦徳子が詞をつけた。

木﨑にとっては、沢田が作った中で最も好きな曲である。

「加瀬さんと話し合ったアルバムのコンセプトは、浅草の芸人っぽい世界をというものでした。三浦さんが、『ス・ト・リ・ッ・パ・ー』というタイトルを考えてくれたんです。僕では、到底思いつかなかった。曲ができた時、ジュリーの家に行って聴かせてもらいました。あの曲に、ジュリーはビートルズの『Got To Get You Into My Life』の歌詞をつけて歌っていた。ロカビリーっぽい曲で、いいなと思いました。ストリッパーという言葉をカッコよく生き返らせたのは、沢田研二のアーティストとしての力です」

レコードジャケットには、「JULIE&EXOTICS」と大きく書かれて、ジュリーと一緒にバンドのメンバーの顔が並ぶ。スターもバンドもメイクし、パンクな海賊風の衣裳を着けた楽曲は、八〇年代のジュリーの曲で最も売れた曲となった。

イントロの演奏は今も自分のベースの代名詞になっていると、吉田は回顧する。

「バックバンドなのに衣裳着て、化粧して写っちゃっている。加瀬さんが、この形態をひとつのムーブメントにしようと考えたのはわかりました。とっても、好きでした」

この年の遅い秋には、十年ぶりのザ・タイガース復活という一大イベントもあった。同年一月に開催された「サヨナラ日劇ウエスタンカーニバル」に二日間だけ、沢田、加橋かつみ、岸部一徳、岸部シロー、森本太郎がタイガースとして出演したことがきっかけだった。

当時は毎年、タイガース解散の一月二十四日になると、武道館の前で花束を持ってタイガースの曲を歌うファンがいたのである。瞳みのるの参加がないので「ザ・タイガース同窓会」と名付けられ、中井國二がマネジメントし、中井に頼まれて木﨑賢治がレコーディング・プロデューサーを務め、木﨑が阿久悠を巻き込んだプロジェクトであった。

十一月、メンバーが作った曲の中から沢田のメロディが選ばれ、阿久悠作詞で「十年ロマンス」が発売され、ヒットする。翌八二年二月にはアルバム「THE TIGERS 1982」が出て、阿久悠作詞／森本太郎作曲のシングル「色つきの女でいてくれよ」が、コーセー化粧品のキャンペーンに乗ってヒット。三月十七日武道館からスタートした全国ツアーでは、チケット争奪戦が繰り広げられた。

タイガースのレコーディングに参加することになった吉田は、話を聞いて興奮した。

「嬉しかったと同時に、僕らで大丈夫かな、あのサウンドが出るわけがないという気持ちも大いにありました。我々とタイガースのメンバーが一緒に音を出すことはありませんでしたが、沢田さんや加橋さん、森本さんがコントロールルームからディレクションしていました。曲名は覚えていませんが、加橋さんが『冬の陽差しのように優しいサウンドにして欲しい』とおっしゃって、ああ『花の首飾り』を歌った人らしいなぁって。沢田さんも、我々とメンバーの間に立って気を遣われたと思います。メンバーの言うことをかみ砕いて、我々に伝えてくれていました。でも、タイガースのメンバーと一緒にいる沢田さんは、ジグソーパズルのピースがきちっとハマったような、なんともいえない雰囲気がありました」

この時、沢田の自宅にメンバーが集まり、練習していた姿を目にした人がいる。

ザ・ピーナッツの姉と渡辺プロの松下治夫・制作部長の間に生まれた長子、松下由佳である。松下家は沢田が妻の両親と共に暮らす家の隣にあったために、まだ大学生になったばかりの由佳は赤ちゃんだった従弟の世話や手伝いのため、時折、沢田家に出向いていたのだ。

「タイガースの復活の時は、集まったみなさんにお茶を出しただけですけれど。小さな頃から、芸能人を身近に見てきたので、タイガースだ！ってこともありませんでした。そもそも、沢田さんにお会いしたことはそんなにないんですよ。でも、とても忙しい時期だったのに、息子をそれはそれは大事に育てていらしたと思います。仕事の合間を縫うように家族でドライブに行ったり、遊園地に行ったり、やったことのないだろう料理を作ってあげたり。とても子煩悩な方で、ちゃんと子育てに関わっていたし、揺るぎない華やかなスターでありながら、家庭を人事にしてごく普通の生活をちゃんと営んでいた方でした」

無論、表舞台のジュリーはそうしたプライベートの顔は一瞬も見せることがなかった。

ＴＢＳの「ザ・ベストテン」では、ジュリーの「麗人」が圏外に出た三月二十五日から、「色つきの女でいてくれよ」が十週連続でランクインする。同番組のディレクターであった遠藤環の目には、タイガースとして出演した時のジュリーはいつもと違って見えた。

「沢田さんは、他の方にとても気を遣っていましたよね。トークの場面では、自分は後ろに引いてメンバーに花を持たせていました」

「色つきの女でいてくれよ」ランクイン十週目にあたる五月二十七日、ジュリーの「おまえにチェックイン」がランクイン。翌週以降はジュリーだけの出演となり、六月二十四日に「おまえにチェックイン」は四位まで上がる。

吉田は、夏のツアー真っ最中にあったこの夜の出来事をよく覚えていた。高知県民文化ホールでコンサートを終えたジュリーとエキゾティクスはインディアンの衣裳を着けたまま移動し、ライトに照らされた高知城の前の特設ステージに上ったのだ。

「わずか二分の生中継なのに、高知城の前には人がいっぱい集まっていて、屋台まで出てて、お巡りさんが交通整理してるんですよ。もうびっくりしちゃって、すげえ〜って。終わってから、僕は他のメンバーとはぐれてしまい、群衆にもみくちゃにされて、ようやくホテルに帰り着いたんです。自分の音楽人生で、一番アイドル化していた時でした。もっとも、沢田研二という絶対的な存在がいるからであって、その光明で僕らが照らされているとよくわかっていました」

　バレンタインデーとなると、エキゾティクスのメンバーにも籠いっぱいのチョコレートが届き、「お嫁さんにして」と写真入りのファンレターが舞い込むようになっていた。

　九一年放送の「沢田研二スペシャル」では、「おまえにチェックイン」を作曲した大澤誉志幸も祝辞を述べている。二十四歳の大澤が九歳年上の沢田のために、今までのものよりもうちょっと気持ちいい、ロック寄りの曲を作りたかったと、制作意図を語る。コーラスの♪チュルルルチュッチュッチュチュルヤ♪をジュリーと大澤と佐野元春と伊藤銀次で歌ったという有名なエピソードについても、話している。

「佐野君が興奮してというか、燃えてきて、だんだんマイクのところに寄っていくんですね。ヴォーカルやってる人間が四人もいるとだんだんマイクに寄っていくんですけど、沢田さんが一番声が通るというか倍音が凄く出るので後ろの方にいて、僕と銀次さんが中くらいのところにいたって感じですかね。なんか面白かったですね」

「おまえにチェックイン」の「ザ・ベストテン」での最高位は二位。その年の日本歌謡大賞を受賞することになる、岩崎宏美が歌った二時間ドラマの主題歌「聖母《マドンナ》たちのララバイ」が立ちふさがっていたからだ。

　吉田には、ジュリーがこの曲をノッて楽しく歌っているのが伝わってきた。

「歌もいいし、バンドもいいし、曲もわかりやすいし。ジュリー&エキゾティクスが一番昇華したのは、この曲じゃないかと思っています」

　その頃、沢田研二作曲／三浦百恵作詞のアン・ルイス「ラ・セゾン」がヒットし、ジュリーのもとには作曲の依頼が殺到する。ニューミュージックのアーティストたちが曲を提供するようになって、歌謡界は進化していた。

存在理由《レゾンデートル》の揺らぎ

東京ディズニーランドが開園し、任天堂がファミコンを発売した八三年の大晦日。一年が終わろうという時に、NHKホールでは紅白歌合戦が中継されていた。白組六番目、目も眩むようなサーチライトを背に、沢田研二は五人のバンドメンバーを引き連れて現れ、光と闇が交錯する中、「晴れのちBLUE BOY」を全身でシャウトした。

早川タケジがこの時のために制作したジュリー&エキゾティクスの衣裳は、梵字を金糸で刺繍した、大きく肩の張った黒のアーミーコートで、ベルトが光り、ジュリーが激しく動くと腰から下がスカートのように広がり、揺れた。赤をアクセントにした黒い帽子は、フルメイクしたスターのノーブルな美貌を際立たせて、無性な存在に見せた。男の記号と女の記号がひとつになった刺激的な出で立ちは、秀作揃いの早川作品の中でも鮮烈な印象を残す。

総合司会のタモリが「歌う日露戦争」と呼んだシーンは、歌と演奏、衣裳、演出とともに飛び抜けてエッジが効いて、紅白史上でも白眉と言える場面である。ライトでメンバーの衣裳が焦げたというエピソードを残し、新しく設けられた紅白の第一回の金杯を受賞。審査員席には、『ルンルンを買っておうちに帰ろう』で一躍時の人となった林真理子らと並んで、最高視聴率六十二・九%を叩き出した朝ドラ「おしん」の主演女優、田中裕子が座っていた。

エキゾティクスのリーダーであった吉田建にも、忘れられない一夜となった。

「あの時は興奮しました。沢田さんとバンドのメンバーが同じ衣裳で、沢田研二さえも乗り越えたジュリーという感じでした。ジュリー&エキゾティクスという形態の、最高峰のパフォーマンスだと思います」

　結成から三年弱、沢田とエキゾティクスはすっかり馴染んで、いつも一緒に行動する仲間だった。

「ツアーに出るようになってからは、沢田さんも我々に近づいてきてくれた気がします。ツアーのオフの日も集合して、ご飯食べに行ってましたから。みんな、お酒も大好きだったので、その点でも気が合いました。ちょうど焼酎のいいちこが東京に進出してきた頃で、それまでジュリーの周りではブランデーばかり飲んでいて、糖分が多くてヤバイよという時だったから、それからはいいちこが大流行です。沢田さんは底無しに酒が強かったです」

　ツアー先では、連夜クラブへ繰り出すこともあった。ディスコ好きのメンバーに、沢田が付き合ったのだ。

「大阪のライブの後、衣裳のままで行った時は、騒がれてめちゃくちゃになりましたよ。沢田さんは、そうして一所懸命、時代の空気を体感しようとしていたんじゃないでしょうか。普段は聴かないだろうホール&オーツとか、僕らが好んで聴く八〇年代のヒット曲をウォークマンで聴く姿も見ています」

　沢田は、自分とは違う世界で育ち、遠慮なく言葉をかけてくるミュージシャンへ強い信頼を寄せていた。

「だんだん縦ノリというか、前ノリというか、そんな感じになってきて、よく吉田建さんに怒られました。『ああいう歌い方してるジュリーは嫌い。もっと前にノッて、前に前に』って。タイガースの頃は、どれだけ後ろに引っ張れるかというのが歌が上手い人だったように、記憶してるんですが」

「音楽的なことに関してもいろいろ言ってくれてたね。本当に助かってた」（「今日は一日ジュリー三昧」）

ここで沢田はノリが変わってきたと振り返った。ジュリーの音楽担当であった木﨑賢治が、その変化を指摘している。

「七〇年代は『ビージーズみたいな』とか具体的な曲のイメージを告げて作曲してもらうことが多かった。それが、八〇年代に入るとサウンドのイメージが先行することが多くなりました。『TOKIO』の時は、テクノっぽいサウンドがまず浮かんで、それに合わせてメロディをつけたんですね。それからは、メロディよりサウンドという時代になっていったと思います」

七〇年代の終わりから電子音が聴こえるようになり、八〇年代に入って音楽の傾向が変わっていくのは世界的な潮流であった。

五一年生まれの音楽評論家で、尚美学園大学副学長の富澤一誠《いっせい》が解説する。

「七〇年代は、どちらかと言えばメロディと言葉。だから詞が重要で、フォーク、ニューミュージックが力を持ったんです。歌謡曲では、阿久悠さんら作詞家の活躍がありますね。ところが、八〇年代に入ってくるとビート、リズム、サウンドが重要になり、言葉志向からサウンド志向になっていく。フォークやニューミュージックからポップス、ロックへと移っていくんです」

富澤は、ジュリーを追っていくと日本の音楽の流れがわかると言う。

「七〇年代は歌謡曲も演歌もアイドルもフォークもニューミュージックもあって、音楽の宝庫でした。それを、沢田研二はひとりで体現していました。僕は、PYGが日比谷の野外音楽堂に立った瞬間も見てますが、『帰れ！　帰れ！』と凄い野次で、『歌謡曲の連中がこっちに来るんじゃねえよ、バカヤロー』って感じでした。そこから沢田さんはソロになり、フォーク、ニューミュージック、ポップス、ロックと全部やってきた。ジュリーのプロジェクトはその時々で一番光ったものを研究して、それに勝るものをぶつけてきたのだと思います。偉大なスターです」

フォーク評論家として論陣を張っていた富澤は、何度か沢田を取材している。最初は、七三年に出た「深夜放送ファン別冊　ＪＵＬＩＥ　沢田研二のすばらしい世界」。矢沢永吉と吉田拓郎のコメントをとり、ジュリーとショーケンの対談を、アイドル像とは遠いところでまとめた。

「緊張しましたよ。二人とも大スターだったから。沢田さんには、車に同乗させてもらって、『なんでも聞いて』とよくしてもらいましたから、いい印象しかありません」

二度目は三年後、篠山紀信のグラビアが話題を集める男性誌「ＧＯＲＯ」のインタビューで、タイトルは「沢田研二が〝新生〟を誓い陽水と拓郎に挑戦状!!」。ジュリーが全曲自作自演した七二年のアルバム「ＪＵＬＩＥⅣ〜今　僕は倖せです」を評価する富澤は、ここでスターに、シンガーソングライターへ転身したいのではないかと詰め寄っている。それに対して沢田は、ポップス、フォーク、ロックとジャンルを分けた時、どこの陣営にも居場所のない自分の立場を〈みじめ〉だとした上で、きっぱりと否定する。

〈ぼく自身は路線変更するとか、そういうのは絶対いやだし、イメージ・チェンジとかかね〉

〈人間はそんなコロコロ変われるもんじゃないって思うしね〉（七六年六月十日号）

「俺の歌はロックでもフォークでもない」と言いながら、ジュリーは、時代の音楽を牽引してきたのである。

富澤は、あの頃、吉田拓郎も、井上陽水も、誰もがジュリーになりたかったのだと述懐した。

「みんな、音楽やって売れて、女の子にモテたいというところから始まっているわけです。当時のグループサウンズ（GS）のスターの頂点は沢田研二です。僕が実際に会ってビビったのは、ボブ・ディランと沢田研二だけですから。それぐらいカッコいい男といえば、ジュリーだった。でも、誰もあれだけの美貌はないわけだから、彼とは違う方向を模索して、自分の居場所を求めていった。ジュリーがいたから、拓郎も、陽水さんも頑張って、光ったんです。VSですよね。我々は最高の試合を見せてもらったんです」

そして八〇年代に入っても、ジュリー・チームの攻勢は続いていた。さまざまな新しい試みにトライし、八二年九月リリースの「6番目のユ・ウ・ウ・ツ」では、同期演奏をスタートさせている。編曲を手掛けたムーンライダーズの白井良明の提案だったと、吉田建が思い返す。

「あのイントロの♪ポパパパパパパーン♪は、セッションシンガーの伊集加代子さんの歌を電子処理したもので、僕らはテープと一緒に演奏してるんです。僕ら五人の演奏では手に負えない音楽を、テープと同期演奏することでオリジナルのレコードに近い音をライブでも出すということですね。今では当たり前になっていますが、当時としてはジュリー&エキゾティクスが最初だと思います。それぐらい音楽的には実験的でもあり、革新的なチームでした」

「6番目のユ・ウ・ウ・ツ」のヒット中に、沢田研二のシングルは、山口百恵のそれを抜きオリコン総売り上げで一位となった。だが、ジュリーがTBSの「ザ・ベストテン」に出演するのは、この曲が最後だった。

八二年の暮れ、沢田研二、十八枚目のアルバムとして、井上陽水が全曲作詞作曲した「MIS CAST」がリリースされる。ジュリーが、寅さんに恋の指南を受ける動物園の飼育係を演じたお正月映画、「男はつらいよ　花も嵐も寅次郎」も、封切りになった。明けて八三年一月一日、「MIS CAST」から「背中まで45分」が、シングルカットされる。

前年に、松本隆が作詞し、呉田軽穂名義でユーミンが作曲した「赤いスイートピー」が大ヒットし、松田聖子はユーミンや細野晴臣らの楽曲でオリコン一位を走っていた。中森明菜にも来生たかおや細野晴臣が曲を提供し、ニューミュージック系が書いた曲からヒットが生まれていく時代だった。ただジュリー・チームは、そうした流れを意識して井上陽水と組んだわけではない。

木崎が回顧する。

「僕にはニューミュージック系とかいう意識はなくて、感性がちょっと違う人と思ったんですね。ジュリーには常に新しい感性が必要だ、と思っていましたので。最初はアルバムの中の一曲か二曲を、陽水さんに作ってもらうつもりでした。ところが陽水さんに『曲だけではなく詞も書いてみたいので、叩き台を持ってくるので見てもらえませんか』と言われ、二週間もしないうちに『自分の詞は書けないけれど、沢田研二という人でならいろいろ浮かんできたんです』と見せられた詞は、どれも素晴らしかった。アルバム一枚を陽水さんで作ろうと決めたんです」

一ヶ月後、陽水が「この順番でやって欲しい」とジーンズの後ろポケットから取り出したカセットには、十曲すべてが完成形で入っていた。

「そのどれもが凄くよかった。陽水さんはジュリーと二人きりで、曲の歌い方を指導したいと言ってくれて、ジュリーは最初拒んでいましたね。でも、違うように歌っていたジュリーの歌が、陽水さんの節回しを習うとよくなるんですね。曲がそういうノリで作ってあるからです」

沢田もこの時を思い出していた。

「細かく教えてくれるんですよ。そうやって歌ってるのかと、本当に感心しました。やっぱり、ニューミュージックって言われる人たちだけあって、革新的なことをやってきて、歌にもいろいろな思いを込めて歌ってきたんだなぁと思ってね。実際にやってみると難しいことなんですけれど、それをあの人はいとも簡単にやっていたんだなと思いながら、十曲を歌いこなしましたよ」

(「今日は一日ジュリー三昧」)

沢田研二と井上陽水は、同じ四八年の生まれで、この時は共に三十四歳。アンドレ・カンドレ時代にザ・タイガースと同じ歌番組に出演していたという話もあるが、七三年に「夢の中へ」が出てから、井上陽水は吉田拓郎と並ぶシンガーソングライターの旗頭であった。ニューミュージック界の大スターと歌謡界の大スターとのコラボレーションは、スペシャル番組も組まれ、大きな話題となった。けれど、ジュリーが黒いタキシード姿で歌った「背中まで45分」は、十万枚に届かなかった。

木﨑には、少しの後悔がある。

「プログラミングで音を作るようになっていたんですが、あの頃のプログラミングは一回打ち込んでしまうとやり直すのが難しかった。アレンジが知的になり過ぎたところがあって、もっとこうすればと、作りながらもどかしい感じがありました」

ジュリーと対抗する時代のアイコンだった拓郎も、アルバムでミリオンを売っていた陽水も、詞よりリズムの八〇年代に入ってセールスの数字を落としていた。それは時代の趨勢《すうせい》だと、富澤は冷静に見る。

「レコードの購買層というのは、常に若い人で、社会人になると聴かなくなってしまう。アーティストは、三十五歳くらいまでは年齢を意識することなく同世代の歌が歌えると思うんですが、そのあと下に向かって歌ったら、その世代にはその世代のヒーローがいる。だから三十代半ばくらいから居場所がなくなっていくアーティストは、多いんです」

同じ渡辺プロダクションでライバルと言われた布施明がヒットチャートから姿を消しても、沢田研二は歌謡番組の常連だった。だが、「背中まで45分」で、それがストップしてしまう。

新しい時代のジュリー像を追求する木﨑が、次に制作したのは、♪言いたいことはヤシの実の中♪とリフレインする「晴れのちＢＬＵＥ ＢＯＹ」であった。大学を卒業したばかりの銀色夏生《なつを》という才能と出会い、沢田研二のために詞を書いてもらったのだ。加瀬邦彦ら何人かが作ったメロディの中から大澤誉志幸の曲を選び、編曲は松田聖子を手掛けるヒットメーカーの大村雅朗《まさあき》を起用した。

木﨑には自信があった。

「出来上がった曲の斬新さに、やったな！と手応えがありました」

五月にリリースされた「晴れのちＢＬＵＥ ＢＯＹ」のレコードジャケットには、「ス・ト・リ・ッ・パ・ー」以来五曲ぶりに、エキゾティクスのメンバーも顔を出している。早川タケジが「変態二等兵」と名付けたカラフルなアーミールックで、ジュリーが腰や帽子にスヌーピーをぶら下げて歌った曲は、ディスコ用の12インチのシングルを作るなどプロモーションも流行を先取りして行われた。

リズムが激しく振動する楽曲は音楽通に絶賛されたが、売り上げは前作に続き十万枚に届かなかった。吉田建には、理由がわかっていた。

「僕らにはロック魂もポップフィーリングもすべてを満たす曲でしたが、当時のシーンからするとサウンド的に行き過ぎていたかもしれません。阿久悠の時代の大人っぽい沢田研二が、エキゾティクスの時代になると少し子どもっぽくなって、僕らより一世代下のアーティストたちは、大好きだと言ってくれるんですが、ジュリーのすべてがいいと言うコアなファンはともかく、グレーゾーンのファンの方には『わからない』というのがあったのでしょう。プロデュースサイドは一般ウケはしないとわかった上で、ワクワクするよねということだったと思います」

音楽性の高さと、それ故の大衆との乖離。革新性と大衆性の両立を求めてきた木﨑は、この時、はじめて挫折感を味わうことになった。

「売れる売れないよりも、レコーディングが想像していたような結果にならなかったという思いがありました。沢田研二は8ビートの人なんですが、大澤は16ビートのノリです。だから、8ビートのポール・マッカートニーと16ビートのマイケル・ジャクソンがデュエットした時と同じような違和感が生じてしまった。音楽で時代と共に一番変わってきたのは、ノリだと思います。キュンとするメロディなんかはそんなに変わっていません。この頃から、今まではどんなに奇抜な衣裳を着けても似合ってカッコよかったジュリーに、ちょっと無理をしている感じが出てきた。これは何だろう、普通の曲で普通の歌を歌ったほうがいいのかとか考えたりするようになりました」

沢田研二は、「売れる」ために懸命に努力することを存在理由《レゾンデートル》に、走り続けてきたスターだった。八〇年の男性誌で、前年に出した「ロンリー・ウルフ」が十万枚を切った時は焦ったと述べて、続ける。

〈また次の『TOKIO』でウワーッとくるんですよね。これやらないとオレは死ぬと思ってるから〉（「月刊プレイボーイ」八〇年九月号）

別のところでも、語っている。

〈ボクは流行歌手やから、売れているということがすべてだと思う。売れるということが前提になければ何をいっても始まらない〉（「週刊平凡」八一年九月十六日号）

「TOKIO」で三十三・八万枚を売った年でさえ、年末の日本歌謡大賞放送音楽賞を受賞して

「今年は半分諦めていただけに本当に嬉しい」と、心情を吐露した。ジュリーにとって「売れる」ことは、スターであるため、芸能界で生きていくための生命線だったのだ。いつの頃からか、ファンクラブ誌「ヤング」には、爆発的なヒットが出ないことへの彼の自虐的な言葉が散見されるようになる。

木﨑の上司でもあった元渡辺音楽出版社長の中島二千六は、この頃のジュリー・チームを少し離れたところから見ていた。

「売れないといっても、沢田の曲は他の歌手より売れてました。露出も多く、旧譜もよく売れて、渡辺プロに十分貢献してくれていましたから。ただ、それまで完全に一致していた加瀬さん、沢田、木﨑の三人の音楽の志向にそれぞれ若干ズレが生じてきたようには感じていました」

少し後だが、ツアー先で「最近の歌は難しい」と男性ファンに言われ、沢田はこう答えたという。

〈「大の男が智恵をしぼってやった結果がたまたま良くないだけの話で」〉（「ヤング」八四年六月号）

九十万枚近いセールスを上げた「勝手にしやがれ」時代の勢いが落ちてきたのは、富澤一誠が分析するように、レコードの中心購買層が若い世代であることが大きいのだろう。もうひとつ、当時のジュリー・ファンの中心層が二十代後半から三十代の女性だったことも、影響しているのではないか。「ヤング」の読者欄には、「リクエスト頑張ります」と書く十代のファンの投書と共に、「ジュリーと同世代の主婦にとって、地方公演に行くのは夢のまた夢」や、「主人の許しを得て行ったコンサート」といった投書が載っていた。

七〇年も七五年も、日本女性の平均初婚年齢は二十四歳で、子どもの数は二人が平均像という時代だった。八六年に男女雇用機会均等法が施行された八〇年代は、松田聖子や林真理子が体現したように「仕事も結婚も出産も」を求める女性が増える一方、「家事と育児は女の仕事」という規範はまだ強く、就職しても結婚出産で離職を余儀なくされる人が多かった。お金も時間も、自分の思うままには使えなかったのだ。

ジュリーより三世代若いジャニーズのアイドル、嵐のファンは、出産子育てでライブに足を運べなくなってもＣＤへお金をつぎ込み、子連れでライブに通い、全国ツアーも追っかける。ラップも全編英語の曲も、嵐だからと受け入れる。晩婚化が進み、非婚率が高まり、働く女性も増えた。経済力を持って、時間を自由に使えるようになった女性のライフスタイルの変化が、アイドルの寿命を大きく延ばしているのである。

八三年、先頭に立って十年を疾走してきたジュリー戦線に、激しく警戒音が鳴り響いた。

兄たちとの別れ

それまでプラスに働いていた力学が、反動でマイナスに転じる時がある。誰の人生にもあることで、エルヴィス・プレスリーにも、ローリング・ストーンズにも、マイケル・ジャクソンにもその時はあり、我等がスーパースター、沢田研二のそれは八三年であった。後に、沢田は〈ランキングの椅子取りゲームから漏れ出した〉（朝日新聞二〇一一年九月二十日夕刊）と、表現した。

五月発売の三十九枚目のシングル「晴れのちＢＬＵＥ ＢＯＹ」が先端のリズムを鳴らして不発に終わった後、九月に四十枚目のシングルとして「きめてやる今夜」がリリースされる。七七年に沢田が内田裕也に贈った楽曲の詞を補作し、元ブルー・コメッツのメンバーだった井上大輔が作曲して、メロディを変えたセルフカバーである。編曲は、エキゾティクスのリーダー、吉田建。沢田の音楽担当、木﨑賢治は思案を重ねて、スターが自然に歌える歌いやすい曲を作った。

「僕はいつも、うまくいってもいかなくても、じゃあ次はこうしようというアイデアがありました。ジュリーがやればカッコよくなる、ジュリーになら作れると思ってやってきて、この時はちょっと新しいものをやらない方がいいかという気になっていたんですね。その時期のジュリーの歌い方を想像しながら、少し隙間が空くようなメロディがいいんじゃないかと思いました」

この頃になると、沢田は短髪で歌うことが多かった。自分で原作を選んだという森田芳光監督の映画「ときめきに死す」（八四年公開）、大竹しのぶと共演した早坂暁脚本のドラマ「恋人よ、われに帰れ」と映像で主演作が続き、主要な役での出演となる、翌年一月からスタートするNHK大河ドラマ「山河燃ゆ」の収録が始まっていた。役作りもあったのだろう。

短髪にメイクもよく似合ったが、二年ほど前に、ファンクラブ誌「ヤング」でお洒落のポイントを聞かれて、〈太らないこと〉と答えたスターの頰が少しふっくらしていた。八三年六月号では、宝物は？と問われると、〈やせようと思ってもやせられない健康なこの身体です（笑い）〉と答えている。「歌は仕事だ」と口にするようにもなっていた。

ジュリーがサイドを刈り上げた髪にキャスケットを被り、蛇模様の型押しのスーツにストールを巻いて歌った「きめてやる今夜」は、十三万枚のヒットとなり、八三年度の日本歌謡大賞で放送音楽プロデューサー連盟賞、日本レコード大賞の特別金賞を受賞する。十万枚を超えた、沢田研二の最後のシングルとなった。

十月には、詩人の高橋睦郎《むつお》を迎え、彼が『源氏物語』をテーマに全十曲を作詞したアルバム「女たちよ」が、リリースされる。作曲は全曲、筒美京平、編曲はすべて大村雅朗。「ヤング」に、

〈摩訶不思議な魅力に溢れた注目盤〉と紹介されているように、従来のジュリーのどのアルバムともテイストの違う文芸路線だ。タイトルは、ローリング・ストーンズを再評価させることになったアルバム「女たち」を意識したのかと訊ねると、木﨑は首を振った。

「やっぱり、新しいことにトライしようというところから始まって、加瀬（邦彦）さんのアイデアでした。早川（タケジ）さんが、高橋さんを紹介してくれたと思います。でも、現代詩は僕がやってきた世界と余りにも違い過ぎて、この詞がいいのかまったくわからなかったんです。普通なら『ここはこうして欲しい』と言えるのに、その糸口さえ見つけられないままで、筒美京平さんがどんな気持ちで曲を作ったのかとか、そういう話もできないままで。……なんでこんなの作っちゃったんだろうと、記憶から消し去りたいところがあります」

暮れに発売された「ヤング」八四年一月号の年賀色紙に、沢田研二は〈嬉し恥ずかし年男　今年は飛ばすぞ大ヒット！〉と記した。同じ号で、渡辺プロダクションが社運を賭けて売り出す十八歳、吉川晃司がデビュー前に開いたライブの様子がレポートされている。

六〇年代半ば、芸能界にはじめて近代経営を持ち込み発展してきた渡辺プロも、八〇年代に突入する頃には斜陽化が止められなくなっていた。七八年にキャンディーズが「普通の女の子に戻りたい」と解散してから、スターが出ていなかったのだ。新興の芸能プロダクションは成長著しく、ニューミュージック系は個人事務所を立ち上げるなど、それまでの芸能界とは違う場所を作ろうとしていた。

渡辺プロでは、七九年に森進一が独立し、布施明も八〇年にオリビア・ハッセーと結婚して、アメリカへ生活の拠点を移した。沢田研二のプロデューサーであった池田道彦が七八年に、キャンディーズの育ての親、大里洋吉も七七年に退社するなど人材の流出も激しくて、社外から取締役を招き、組織を改革するなどして暗中模索が続いた。

長くマネージャーを務めた森本精人は、ジュリーひとりの肩に会社が懸かっていた、と述懐した。

「ジュリーは、歌や演技という表現以外はやりたくなかったんです。社長や上司から会社のためと強くお願いされると、社員の僕はスケジュールを入れて、ジュリーがやりたくないこともやらざるを得なかった。会社のためにということがいっぱい出てきて、葛藤したものです」

森本が、新人の女性タレントを売り出すために、ジュリーのマネージャーを外れたのは八二年の二月であった。翌八三年の春、渡辺晋が病を押して陣頭指揮を執る、吉川晃司プロジェクトのチーフマネージャーに就く。

「渡辺プロの金庫には三億しか残っていない、これを使って売り出せ！が社長命令でした。ジュリー・チームが結集して、新人、吉川晃司に賭けた頃でした」

当初は固辞していた木﨑も、吉川チームに加わることになる。渡辺音楽出版で、「ダーリング」以降、ラジオ局への売り込みなど、沢田研二の楽曲のプロモーションを担ってきた町田充生《みつお》も招集された。

町田は沢田より二歳年下の五〇年生まれ、ジュリーを担当することで仕事を覚えたスタッフの一人である。

「沢田さんは凄く売れていたので、僕らが何かして売ったなんて、全然ないと思うんですよ。僕ではなく、誰がやってもよかったと思います。でも、ジュリーをやっているといろんな人と知り合うことができました。一番苦労したのは、いかに上手に断るか。出てくれというオーダーはいっぱいあるので、協力してもらいながら断る方法も覚えました」

吉川を担当するよう辞令を受けた町田は、沢田のもとへ挨拶に行く。着任の時はオーラに圧倒されてまともに口をきけなかったが、仕事先へ出向いて「沢田さん、今度、替わることになりました」と伝えることができた。スターは、「マッチ（町田）、お前も吉川か」と返した。

「ジュリーは、もうすべてお見通しでした」

八四年二月、吉川晃司の主演映画「すかんぴんウォーク」が公開され、デビュー曲となる主題歌「モニカ」は三十三・九万枚を売って、渡辺プロは久々の大型新人の誕生に一息ついた。九月には、木﨑がプロデュースし、銀色夏生が詞を書いた、大澤誉志幸の「そして僕は途方に暮れる」がリリースされ大ヒット、八〇年代を代表する曲となっていく。

八四年の沢田研二は、デビュー以来はじめて一週間の正月休みをとり、二月に、四十一枚目のシングル「どん底」を発売した。ホログラムでマリリン・モンローが浮かび上がる新素材の衣裳は斬新なものだったが、セールスは七万一千枚。

四月には、六月に発売されるアルバム「ＮＯＮ ＰＯＬＩＣＹ」から先行して、四十二枚目のシングル「渡り鳥　はぐれ鳥」が発売される。ミュージシャンの新田一郎が自身のアルバムに収録した曲をカバーしたもので、ジュリーが自分のために作られた曲以外でシングルを歌うのは、はじめてだった。四月号の「ヤング」に、沢田の言葉がある。

〈ぜひヒットさせたいね。ホンマ、これが売れんとヤバイからね（笑い）〉

今、聴けば、ジュリーもバンドもノッて、ダサかっこいい歌謡ポップスに仕上がっている。飛び跳ねるようなパフォーマンスも、プリントのスーツとパナマ帽も、粋で軽快な曲に相応しい。だが、小林旭が歌いそうなタイトルと、「おいら」が一人称の曲はこれまでのひたすらカッコいいジュリー像からは外れて、九万三千枚の売り上げにとどまった。エキゾティクスがバックで演奏した、最後のシングルとなった。

　吉田建は、「女たちよ」から、ジュリー・チームの迷走を感じないわけにはいかなかった。

「わけわかんなかったですね。せっかく『晴れのちBLUE BOY』までいって、ポップロック路線を作ってきたのに、なんでここに戻っちゃうの?というのはありました。別に過激なことをやろうというんじゃなくてね。僕は、木﨑さんを見てプロデュースの仕事を覚え、音楽の話も一番できた方でした。だから、聞いたことがあります。『違うんじゃないですか?　なんか他にもあるんじゃないですか』って」

　木﨑は、あの頃は完全にお手上げ状態だったと、正直に告げた。

「『渡り鳥　はぐれ鳥』は、池田（道彦）さんが、これがいいよって、持ってきたものなんですね。ヒット曲がない頃で、池田さんの魔術にみんながやられたというか……。僕も自信を失くして、血迷っていたので、なんか突飛なものをやったらいいかと思ってやったんです」

　ジョージ・ルーカスとフランシス・コッポラが製作総指揮を執るハリウッド映画「Mishima」への出演、鈴木清順監督「カポネ大いに泣く」で萩原健一、田中裕子との共演と、映像作品では話題が続いた。だが、その頃には、スターは、渡辺プロからの独立を模索するようになっていた。

　沢田は、ザ・タイガース解散の時も、独立の噂が立った時も、「俺は、辞めない」と一瞬の迷いさえ見せたことがなかった。八二年に芸能週刊誌に載った渡辺プロ特集でも、十五年以上母船であった所属プロへの強い愛着を隠さない。

〈えらそうないい方をするけれど、もう完全にナベプロは本家で沢田研二は分家であるようなそんな感じだろうと思うのね〉（「週刊平凡」八二年九月十六日号）

しかし、記事が出た一年後、歌謡界を背負って「見世物でいい」と走り続けた沢田研二の足元は、大きく揺らいでいた。独立後に、その時の気持ちを語っている。

〈このままだとヤバイなという危機感を持ったし、何かしないと気がすまないという気持ちになったわけ〉(「週刊平凡」八六年一月十日・十七日号)

ジュリーがエキゾティクスと別れたのは、夏のツアーが終わったあとだった。

八九年に吉田建がプロデューサーとしてジュリーの元に呼ばれてから、二人が音楽誌で交わした対談がある。沢田は、打ち込みで音を作るようになってからスタジオに行くのが面白くなくなった、歌が売れなくなって悩んだと語り、別れについてであろうことも口にしている。

〈建とかみんな来てくれて、『ストリッパー』でまたギンギラギンの派手になって。だけどそんなに続くもんじゃないしなと思ってたこともあったから。これからはどうするべきかなと考えてたんだよね。で、ツアーの最後が渋谷であって、その後夏休みが一週間あって、そこでプッツンよ(笑)〉

〈売れなきゃいけなかったからね。で、売れ行きが下がるじゃない? そうするしみんなアタフタするんだ〉(「ROCK'N ROLL NEWSMAKER」九〇年八月号)

八三年に、大澤誉志幸がソロデビューした時、アルバム「まずいリズムでベルが鳴る」のレコーディングに沢田研二はコーラスで参加した。エキゾティクスのメンバーも何人かが演奏で起用され、デビュー・ライブでもバックを担っている。結成以来、ジュリー一色の過密スケジュールだったエキゾティクスは、この頃からそれぞれが独自に他のセッションにも少しずつ参加するようになっており、スケジュールの調整が難しくなってきていたのだ。

吉田はこの件を思い出す時、苦渋の表情を浮かべた。

「エキゾティクスは、ここまでというはっきりした区切りのないままに終わってしまったんです。メンバーが他の仕事もやり始めて、沢田さんは、僕らが自分から離れていくように感じられたのかもしれません。エキゾティクスでの三年間は、僕にとってかけがえのないものでした。苦い記憶です」

八四年十月、渡辺プロで、沢田のブレーンが集まって沢田研二プロジェクトが結成される。加瀬邦彦に木﨑賢治がいて、退社したかつてのマネージャーたちも参集した。チーフは、スターが直接指名した、ドラマ部の吉岡力であった。自分の音楽作りを目指した木﨑は、渡辺晋から「沢田研二と吉川晃司と大澤誉志幸をやること」を条件に退社を許されて、既にフリーの立場だった。

では、七二年に「許されない愛」で曲を提供した時から十二年をジュリーと共に生きてきた加瀬が、リーダーに就かなかったのはなぜなのか。社内には、失速の責任を、過激な衣裳路線を推進してきたとして加瀬に負わせる空気があったようだ。自信の喪失があり、親心もあったと思う。十年前に私が生前の加瀬に取材した時、彼はジュリーのプロデュースを辞めた理由をこう話した。

「だんだん後半になると、ちょっと無理だな、もう疲れてきてるなって。それでも『わかりました、やります』って、あいつはやるんだ。もう自由にした方がいいなって。ちょうど田中裕子と出会っていたから、じゃあ、これからはきっと二人でやっていくだろうと思って、俺は手を引くからって言ったんだ」

沢田研二は、京都市左京区の大文字山や吉田山、真如堂や法然院や銀閣寺に囲まれた、いかにも京都らしい土地に育った。幼い頃の沢田は、いつも二歳上の兄の後ろをついて近所で遊び、金魚のフンと呼ばれたという。三歳の兄が幼稚園に入ると、一歳にもならない弟もただをこねて「子供の家幼稚園」に通い、兄が卒園すると幼稚園をやめてしまった。後述する自叙伝では、兄が小学校に上がる時は〈すごく寂しかった〉と打ち明けた。

人生ではじめて夢中になった野球と出合ったのは、兄と一緒にいられなくなった岡崎中学の頃だった。野球の名門、平安高校から長嶋茂雄がいた立教大学へ進みたいという望みは、父の「お金がないから公立へ行ってくれ」の一言で諦め、喧嘩に明け暮れる日々。府立鴨沂高校へ進学したものの、秀才が集まる進学校では、一年で挫折が待っていた。学校にも行かず、未来など捨てた時に、出入りする軽音楽部ではエレキの音が聴こえ始めた。数学の単位がとれないとわかってながら音楽喫茶「田園」でボーヤを始めた十七歳の時に、一、二学年上のファニーズの四人と邂逅するのである。

「日本一になる!」と奇想天外な夢を語る四人の兄貴たちと一緒に上京し、渡辺プロでザ・タイガースのジュリーとして人気者になった。タイガースが解散すると、PYGには井上堯之や大野克夫という兄たちがいた。ソロになってからは、加瀬邦彦という兄がいつも傍らにいてくれた。兄たちについていきながら、沢田が自らに課したことは、与えられた仕事は決して手を抜かず、一所懸命努力することであった。

後年、六十四歳の沢田が、六十六歳の吉田拓郎を相手に胸の内を語っている。

「みんなに御神輿に乗せてもらってよく見せてもらっているというのが、自分では許せないんですよね。それに見合う働きっていうか、肉体労働をしたいと思うんですよね」(二〇一三年二月九日放送 NHK BSプレミアム「吉田拓郎の千夜一夜」)

三十六歳のジュリーの前にあったのは、いかに懸命に努力しようともシングルの売り上げが上がらない現実と、あたふたする兄たちの姿であった。兄の背中を追いかけてきた弟気質のスターの、心細さと焦燥感はいかばかりのものであったか。

渡辺晋も渡辺美佐も、沢田研二を手放したくはなかった。だが、沢田プロジェクトは、実質的には独立へ向けての準備を担ったものとなる。

この夏、ジュリーは、はじめての自叙伝の制作にとりかかっている。プライベートを語ることを避けてきたスターの、現状を打破したいという気持ちの表れで、独立を踏まえた行動であったろう。赤ちゃんの時の写真から戸籍謄本、岡崎中学三年時の成績簿、タイガースのコンサートチケット、人間ドックの結果までが挟み込まれた凝った作りの本で、スタイリストは先鋭的なスタイリングで知られた北村道子、編集協力に作家の稲葉真弓の名前もあって、語りおろしの相手を務めたのは玉村豊男であった。

二〇二〇年の夏、玉村が経営する長野のワイナリー&レストランを訪ねた。沢田より三歳年上のエッセイストは、近くでジュリーのライブがあれば聴きに行くのだと、笑った。

「ここで、筋金入りのジュリー・ファンが二十人ほど集まったこともあります。半分は昔からのファンで、半分くらいは新しいファンなんですよ。トークが面白いとか、彼が年をとってから始めた一連の動き、今のジュリーを知って好きになったという人が意外に多かったですね」

玉村は、フランス留学時代の仲間、中央公論社の嶋中行雄からの依頼で、聞き手と構成を引き受けた。

「僕が軽井沢に住んでいたこともあったでしょう。軽井沢には中央公論が作家を缶詰にする伝統的な山荘があり、そこで三日間、それから東京でもインタビューしました。ジュリーはオーラ全開の俳優さんたちとは随分雰囲気が違って、なるべくオーラを消して目立たないようにしている印象でした。僕がテニスが好きで、彼もテニスをやり始めたというので、近くのテニスクラブに連れて行ったことがあるんですよ。女性たちが硬直しちゃって動かなくなっちゃって。みんな、大感激でしたよ。あれは、おかしかったなぁ」

　玉村が一週間近くを密に過ごした沢田は、好ましい青年であった。

「一旦ここで今までのことを整理したいという気持ちもあったんじゃないでしょうか。素直に誠実に喋っています。静かな口調で、喋りながらいろんなことを思い出していく感じでした。素で向かい合ってもなかなか魅力的な人でしたし、一方では、特別な存在としてどこへ行っても騒がれて大変だろうなと思いました」

『我が名は、ジュリー』というタイトルがつけられた半自叙伝は、当初の予定より大幅に遅れて、八五年六月二十五日、沢田三十七歳の誕生日に書店に並んだ。二千六百円の豪華本の扉には、「渡邉美佐さんへ」の献辞がある。

　八四年の暮れ、「半年間の歌手休業宣言」と、「沢田研二、渡辺プロ離脱か」のニュースが一斉に流れた。

第8章

沢田研二ルネッサンス

灰かダイヤモンドか

マドンナの「ライク・ア・ヴァージン」、マイケル・ジャクソンの「スリラー」が世界的にヒットした一九八四年。大晦日の紅白歌合戦で、沢田研二は番組中盤に登場した。噴水のあるセットをバックに、瀟洒な飾りで彩ったピンクの衣裳を着けたジュリーが「AMAPOLA」をワンコーラス歌い終わったところで、爆発音が鳴り、左胸からラメの紙吹雪と赤い液体が流れ出す。紙吹雪は舞い上がり、赤い液体は顔にまで飛び散って、ピストルで撃たれた美しい男をいっそう美しく見せた。

このステージは、血糊のせいで次の次に歌った田原俊彦が足を滑らせたというエピソードを残している。渡辺プロダクションドラマ部にいて、沢田プロジェクトのチーフだった吉岡力は、思い返して苦笑した。

「沢田さんと一緒にジャニーさん、メリーさんに謝りに行くと、メリーさんに『タレントに謝らしちゃ、ダメ』と叱られました」

吉岡は、ジュリーがなぜ紅白でカバー曲である「AMAPOLA」を歌うのかが、腑に落ちなかった。

「その年にヒット曲がなくとも、何年も同じ歌を歌っている歌手はたくさんいるじゃないですか。ジュリーだったら歌う歌はいっぱいあるはずで、加瀬（邦彦）さんたちとも一応検討したんですけど。あの紅白が渡辺プロ最後の紅白であることは、本人も、我々もわかっていました」

ジュリーが公の場で歌うのは、夏のライブ以来のことだった。「AMAPOLA」は、同年九月のリリース。翌月に、日本公開されたセルジオ・レオーネ監督の映画「ワンス・アポン・ア・タイム・イン・アメリカ」に流れる名曲で、配給会社の東宝東和から「歌ってみませんか」と声がかかったのである。

訳詞を手掛けたのは、湯川れい子だった。「ランナウェイ」の大ヒット以来、作詞家としても脚光を浴びていた音楽評論家のもとに、加瀬から依頼があったのだ。

湯川は、加瀬に「ジュリーに会ってほしい」と会議に呼ばれた四十年近く前の出来事を、記憶していた。

「ザ・タイガース時代からいろんな場所で会ってますけれど、仕事をしたのはこの時が最初。会議室に入った瞬間、十人ほど座っているのにパッと沢田さんに目がいったんですね。七三年に武道館でジャクソン5を観た時と同じでした。兄弟が踊っているのに、気がつくとマイケルしか見ていなかった。その時、はじめてスターという意味に気がついたんです。あの時も沢田さんを見て、やっぱり光ってる！と思いました」

はじめてフルオーケストラで歌う沢田のために、世界的に知られた曲にわざわざ字余りの日本語をつけたのには理由があった。

「沢田さんにはたくさんのヒット曲があります。『危険なふたり』とか『勝手にしやがれ』とか、鮮烈な詞の曲が多かったので、これまでの曲とは一味違うものにしたくて、クラシカルな陰をもたせようとしました。あんな歌いにくい詞をと、今では後悔していますが」

「ＡＭＡＰＯＬＡ」は、ジュリーにとってひとつのピリオドになった。八五年が明けると、沢田はデビュー以来所属してきた渡辺プロを離れる決意を新たに、個人事務所設立へと向かう。同伴者の一人に、紅白で「ＡＭＡＰＯＬＡ」の演出を手掛けた大輪茂男がいた。

音楽プロデューサーで演出家の大輪は、沢田より二つ年上の四六年生まれで、早稲田大学を卒業した六九年、渡辺プロに入社した。ジュリーのマネージャーを十年務めた森本精人と同期で、中尾ミエ、梓みちよ、布施明のマネージャーを経験したあと、七四年、森本に代わってジュリーの現場マネージャーとなる。スターが「恋は邪魔もの」「追憶」を歌った頃で、全国を縦断した一回目のロックンロールツアーにもついた。

井上堯之バンドのマネージャーでもあったので、生まれた息子に貴之と名付けている。

「タカユキと呼びたくてね。僕が、タカユキ、タカユキと子どものことを話すと、メンバーが喜ぶんです」

大輪は、今回の取材を受けるのは随分逡巡したと断ってから慎重に話し始めた。

「渡辺プロでは制作、照明や音響や演出や衣裳が好きで、ジュリーのステージでは加瀬さんの演出助手もしていました。もともと絵描きになりたかったし、物を創りたかったんです。だからザ・タイガースのマネージャーだった中井國二さんとは気が合い、家が近所だったこともあって、ずっと兄と弟のような関係でした」

七〇年代の真ん中の一年をジュリーの傍で過ごした大輪が、スターと再び仕事をするのは八四年の少し前、リタ・クーリッジが歌う曲を作ってほしいと沢田に依頼したのが契機になった。沢田研二作曲の「美しき女《ひと》」は、ニチイのCMソングとしてテレビでも流れ、ヒットする。

大輪は三十歳で渡辺プロを退社しており、ポニーキャニオンレコードで木之内みどりやツイスト、根津甚八らのディレクターをしたあと、八三年、アーティストの佐藤隆と一緒にプロダクション「ル・ギャング」を作ったばかりであった。八四年夏、ジュリーの半自叙伝の制作に関わることになり、十月、スターがブレーンを集めた沢田研二プロジェクトに参加して、独立を決めた沢田のプロデューサーとなった。

欧州の文学や芸術に造詣の深い大輪の嗜好と感性は、これまでのジュリーのスタッフのそれとは違った。

「外にいてジュリーを眺めていて、僕なら、百年に一人のスーパースターをこういう風にしたいという構想があったんですね。『追憶』の時のような、綺麗なジュリーがジュリーなんだと思ってましたから、あの時よりもう少し大人でヨーロッパ的なエトランゼ風をイメージしていました。デヴィッド・ボウイのジギー・スターダスト・ツアーにも参加した、舞踊家のリンゼイ・ケンプが大好きでした。叶いませんでしたが、沢田研二というスターに惚れてプロデューサーとしてスタートしたのは、リンゼイ・ケンプに演出をお願いしたいと考えたところからでした」

「君をのせて」以来、時代の先をゆく沢田研二の音楽を担当してきた木崎賢治は、新しいアルバム「架空のオペラ」が動き出そうという時に、身を引いていた。

木崎が振り返る。

「大輪さんはクレバーだし、アートの話もできて、クリエイティブなところでは凄く意見の合った人でした。僕が完全にお手上げ状態で自信を失くしていた時に、大輪さんがやりたいと思ったのが、フランスな感じだったんですね。アメリカン・ポップスが好きな僕はそれがあんまりわからなくて、その方向で行くのなら自分ができることは何もないな、大輪さんとやったほうがいいなと思ったんです。大輪さんにもそう言い、ジュリーにもそう言いました」

沢田はただ頷き、木崎を引き止めようとはしなかった。

「ジュリーは、人が去る時はいつも結構あっさりしていて、去る者は追わずでした。だから自分もそうなんだなと思いつつ、また、そこが素敵だなとも思いました」

日常の交流はおいて、木﨑が再び沢田研二の音楽ディレクターを務めるまでには、それから四半世紀を待たなければならなかった。二〇一〇年、ジュリーが加瀬邦彦率いるザ・ワイルドワンズと組んだ時のシングル「渚でシャララ」と、アルバム「JULIE with THE WILD ONES」は、木﨑の仕事である。

「加瀬さんに頼まれて、曲集めから歌の割り振りとか全面的にお手伝いをしたんですが、歌入れまでやるのは本当に久しぶりでした。ジュリーは、歌い方もキーも若い時と変わっていなかった。レコーディングでも、最初は大丈夫？って思うぐらいガラガラなんだけれど、二、三回やると声が出るし、ピッチもいいし、凄いなと思いました。若い時より打ち解けて、いろいろな話ができました」

沢田研二の個人事務所CO-CóLOは一九八五年五月に設立され、六月二十五日、ジュリーの三十七歳の誕生日に正式に稼働した。渡辺プロ時代のマネージャーと元マネージャーを引き連れて、社長には同プロの高橋勇が就任して、ル・ギャングのスタッフも加えると総勢十人からの船出であった。同時に、ポリドールから東芝EMIへの移籍も発表される。

独立採算制であるが、取締役には渡辺美佐の名前があり、渡辺プロの株が半分入っていた。中島二千六・元渡辺音楽出版社長の目には、沢田の独立は彼らしい賢明な選択だと映った。

「社長と沢田が話し合いを重ねた上での、独立です。社長と美佐さんは総務と経理の経験があり、営業の経験もある実直で真面目な高橋さんをつけて送り出しています。離れていくことは決して気分のいいことではないだろうけれど、沢田の気持ちを理解して、それなりのことをしてるんですね。当初は、原盤制作も渡辺音楽出版とCO-CóLOの半分半分でやっていましたから、必ずしも悪い関係ではありませんでした」

同じ時期に、森本精人も吉岡力も渡辺プロを辞めて自分の会社を立ち上げている。木﨑賢治も既にフリーになっており、誰もが不惑を前にして自分の人生を考える時であった。

沢田は、二〇〇八年のラジオでしみじみと独立について述懐している。

「今までいろんな人の力を借りて大きな樹の下でのうのうとやらしてもらっていたのが、独立して自分の動くことがすべてとなった時、こんなに違うもんかと思いましたよ」

「日本の中で歌手、沢田研二の名前を汚さずやっていくのがどんなに大変か。でも、頑張ってこれて、今日があるということはもう独立したことがすべてですね。苦労できてよかったと思います。だんだんだんだん、自分ですべてを考えられるようになっていったんですね」（ＮＨＫ-ＦＭ「今日は一日ジュリー三昧」）

一九八四年の紅白を終えてからファンの前に姿を現すまでの半年間、ジュリーはこれまでにない時間を過ごしていた。日米合作映画「Ｍｉｓｈｉｍａ」がカンヌ国際映画祭で芸術貢献賞を受賞し、授賞式に出席。五月には一人カンヌへ向かい、ポール・シュレイダー監督や三島由紀夫を演じた緒形拳らと合流した。四月にも、最終編集を終えた「Ｍｉｓｈｉｍａ」を観るために、アメリカへ飛んでいた。同行者は、作品のプロデューサーであり、沢田の代表作「太陽を盗んだ男」のプロデューサーでもある山本又一朗であった。

現在、小栗旬はじめスター俳優を綺羅星の如く抱えるトライストーン・エンタテイメントの社長である山本は、沢田よりひとつ年上の四七年生まれ。自分にとってのスターの原点は沢田研二だ、と断言する。

「グループサウンズ（ＧＳ）ブームの時代、熱狂的なジュリー・ファンの女子たちを横目で見ながら、俺だってジュリーが好きなんだよと密かに思っていましたからね。『太陽を盗んだ男』のキャスティングではあの多忙さから、到底口説けないと観念してました。ところが、脚本を読んだジュリーの返事は、『スケジュールが調整できるならやりたい』というものだった。スタッフ、キャストのみならず関係する誰もの意気が揚がりました。何気ない打ち合わせの席でも、沢田を支配しているのは生まれつきのスターの存在感。特別な映画製作の現場でした」

その六年後、「Ｍｉｓｈｉｍａ」で再会して、二人旅に出た。決められたスケジュールは、サンフランシスコ郊外、サンラファエルにあるジョージ・ルーカス・スタジオの最新設備を装備した豪華な試写室でゼロ号を観ることだけだった。

「作品はいい仕上がりで、試写会は熱気に包まれていました。集まったハリウッドの映画人たちが沢田研二に夢中になって、『ニュー・ジェームズ・ディーンだ』と彼を取り囲んでいましたよ。ルーカスと昼食をすませたあと、レンタカーを借りて、二人でフリーウェイをぶっ飛ばしてロサンゼルスへ向かったんです。『太陽を盗んだ男』の撮影のために運転免許をとった彼の運転は、手慣れたものだった。『こんなこと、もう何年もなかったですよ』と言いながら遠く前方を見てハンドルを握っているジュリーを横目にして、トップランナーでありながら、決して浮かれることのない確かな貫禄のようなものを感じていました。凄い男だな……と」

実際のところ、休養は、休むことをよしとせず走り続けてきた沢田にとっては、苦渋の選択だったろう。

スーパースターの恍惚は、常に不安と背中合わせである。湯川れい子が字幕監修したエルヴィス・プレスリーの伝記映画「エルヴィス」で、プレスリーは、去って行った妻、プリシラからリハビリに行くことを勧められて、こんな言葉を返す。

「俺はもうすぐ四十だ。すぐに忘れられてしまう。俺は何も残しちゃいない」

「足のない鳥のようなものだ。足がないから止まって休むことはできず、飛び続けなければならない」

二十五歳のジュリーも、同じようなことを口にしていた。

「ブランコに乗ってるみたいな感じでね。ブランコの鎖は両手でしっかり持ってんと、あれは落ちそうになるからねえ」（日本テレビ「青春★沢田研二　真夏のロックンロール　at　日比谷野外音楽堂」七四年七月二十八日放送）

湯川によれば、エルヴィスは二十三歳で入隊した時も「すぐに忘れられてしまう」と言ったという。十八歳の時から日本一の人気者だったジュリーも、大衆の喝采という頼りにならない不安定なブランコに乗ってしまったのだ。

〈「これをずっと続けられるんやろか」という不安はありました〉（朝日新聞二〇一一年九月十六日夕刊）

そして沢田にとって、不安を解消する方法は、たったひとつしかなかった。一所懸命歌い、パフォーマンスし、どんな仕事も手を抜かず、走り続けること。

スターが休んだ時間を傍らにいた大輪が、思い返す。

「周りの人たちが、あそこまで走り続けてきて再スタートするのだからホップステップジャンプ、一回休めばいい、休んでも大丈夫だからと勧めたんですね。彼は、虚の時間に自分を賭けてきた人だからやりたかったのかもしれませんが、休みましたよね。次を考えるためにミーティングしては、毎晩のように下北沢あたりで飲んでました。彼が弱気になった時には、『百年に一人もあなたみたいなのは出ないんだよ』と励ましました。本気でそう思っていましたから。『もしファンに見向きもされなくなったとしても、街でギター一本で歌っているジュリーを見かけたら、俺は絶対君に声をかけるよ。だから心配するな』と言ったこともあります」

　CO‐CóLOという事務所名も、そうして飲んでいる時に決まったものだった。当初は、二人がいつも飲んでいた酒からズブロッカが有力候補だったが、商標登録されていて使えない。次に考えたHONOBONOはもうひとつ弱く、浮上したのがCO‐CóLOであった。

「たまたま一緒だった中井さんが、『NASAが打ち上げるロケットにお金を出すと、名前を書いてくれるらしい。ハートやマインドって、外国のミュージシャンがよく使うだろう。でもお前ら日本人なんだから、会社の名前、ココロがいいんじゃないの。ただいまココロが宇宙に向かって飛んでますって、いいじゃない』と言ったんですよ。何言ってんだと思いながら、でも確かにココロって温まるなってことになりました。最初は、COCó‐LOだったんですが、まるでCoca‐Colaじゃないかということでハイフンの位置を変えたら、COには人と人を繋ぐという意味があり、ますますいいってことになったんです」

　沢田が李花幻名義で作詞作曲した独立後初のシングル「灰とダイヤモンド」は、ショーケンも愛したアンジェイ・ワイダ監督の映画からタイトルがとられている。同時に、CO‐CóLOのCOが炭素（C）の酸化物であることにも由来した。

「俺たちはひとつ間違えれば灰になってしまうが、成功すればダイヤモンドになる。灰かダイヤモンドか、それが出発点だということで、曲もジュリー自身が作ったんです」

　♪好きなように楽しみなさい（…）／嫌な事は辞めてしまえ♪と歌う「灰とダイヤモンド」は、ジュリーがこれまでの自分を解き放とうとしていると深読みできなくもない。自分たちのスターに対する思いだと言うファンもいて、沢田の心境が反映されていると解説する向きもある。

　アイドル・ジュリーからの脱皮が、スターとプロデューサーの合意であった。アルバム制作にあたり、大輪はポップロックな八〇年代前半のジュリーから大人でシックな華麗なるジュリーに戻したいと、阿久悠&大野克夫コンビの復活を図る。アルチュール・ランボーの「言葉の練金術」からとって、タイトルは「架空のオペラ」とした。全九曲のうち「灰とダイヤモンド」以外の八曲を作曲した大野克夫は、レコーディング・ディレクターの役目も担うことになった。

大野の述懐。

「タイトルからして大輪さんらしいもので、プレッシャーがありました。でも、最初からいいアルバムになりそうだという予感はあった。沢田に特別な変化は見られませんでしたが、『架空のオペラ』という衣があるわけですから、それは無意識のうちに歌い方にも出てきたでしょう。出来上がった曲を大事に自分のものにするという意味では、やはり、特別に秀でたヴォーカリストです」

新しいファンクラブ会報誌「不協和音」が、八六年一月に創刊される。このインタビューで、沢田は、八五年四月から開始したレコーディングについて話していた。

〈何よりも歌うこと自体、〝これは快感である〟と。今まで10何年間そんなに休まないで歌ってきたから、歌に対してここまで飢えた状態になった事はなかったからね〉

七月九日、新宿厚生年金会館で「架空のオペラ」コンサートツアーがスタートする。およそ一年ぶりのステージ、蜷川幸雄の演出は冒頭がすべてを象徴していた。白いスーツ姿のジュリーが土砂降りの雨に打たれて歌い出し、ステージ中央に作られた水たまりの泥を掴んで起き上がって、泥まみれになってなお歌い続ける——。

この日、ジュリーのメイクは薄く、お喋りは短かった。

「久々のステージです。パチンコで言うなら新装開店、出血大サービスです。どうぞ、楽しんでください」

メディアは一斉にジュリー復活を伝えた。「アサヒグラフ」八月二日号は、表紙から「沢田研二・37歳の再出発　帰ってきたジュリー」を謳って六ページの特集を組み、中沢新一が寄稿した一文には「だから、ジュリー、絶対にだいじょうぶ」の題がついた。

ステージに出た瞬間の異常に大きな拍手を浴びた時の歓び。スターは、ステージを心から愛しんだ。

〈ファンにプレッシャーかかるほど、本当に長い1年間だった……と一瞬ワーッと思ったわけよ。そしたらあがってね。胸のあたりがキューンとしてきてさ。声なんか上ずっちゃって……／あんな気持ち、ずうっとなかったものね。何年もね〉（「週刊明星」八五年十月十七日号）

歌への熱い思いを取り戻して、三十七歳のジュリーが歩き出した。

芸能界の父・渡辺晋の死

八五年九月二十一日、独立第一弾にして通算二十二作目となる沢田研二のアルバム「架空のオペラ」が、東芝ＥＭＩから発売された。翌日の二十二日、日本、アメリカ、イギリス、フランス、西ドイツの先進五ヶ国の蔵相、中央銀行総裁がドル高是正のために協調行動で合意。通称プラザ合意が結ばれて、一日で一ドル二百三十五円が二十円下落して円高が一気に進み、日本は狂乱のバブルへ突入していくのである。

現在、韓国や中国の企業の広告が占拠するニューヨークのマディソンスクエアガーデンを、日本企業のそれが埋めつくそうという時期に、沢田研二は「いつもキチッと誠実に仕事をしていこう」と名付けた事務所CO-CóLOを船に、新しい航海へと乗り出した。独立後初のコンサートツアーを終えた秋には、事務所と同じ名前のバンド、CO-CóLOを結成する。「架空のオペラ」のレコーディングとツアーのメンバーは急遽集めたので、いよいよジュリーのバックバンドを作らねばならなかった。

CO-CóLOのリーダーとなるチト河内は、沢田研二のプロデューサー、大輪茂男から誘われて、「架空のオペラ」の時からジュリーのバックでドラムを叩いていた。

チトが、回想する。

「あのツアーは大変でしたよ。舞台に毎回、滝のような雨を降らせるものだから、必ず消防署が来るんです。都市ごとに消防署と掛け合って、スタッフは苦労したと思います。でも、みんな、新しいものを出そうと張り切っていましたよね。ジュリーの意気込みは凄かったです。静かなんですよ。彼は、普段はこんなに静かなんだと思うくらい静かなんです。でも、ステージに立つと豹変しますから。それが本物じゃないですか」

沢田より五歳上、四三年生まれで、六十年のキャリアを持つ音楽家は、中島みゆきやちあきなおみなど広いジャンルで仕事をしてきて、ジュリーとも古くからの顔なじみであった。グループサウンズの熱狂が吹き荒れた時代、チトのいたザ・ハプニングス・フォーはザ・タイガースと同じ渡辺プロダクションの所属で、マネージャーが同じ中井國二だった。チトと兄のクニ河内は、タイガースの曲の編曲も手掛けている。

「その時から、彼は輝いてましたよね。GSにはスターという人が目白押しでいたんですけど、言うまでもなく断トツに光っていた。ビジュアル面だけでなく、総合的に光ってたんです。リズム感？　歌の休拍のとり方とかに特別なもの、プラスアルファのものを持ってましたから、この人はうまく、極上の歌い手になると思ってました」

七一年、ジュリーがPYGで再出発した時も、何度か、同じステージに立った。

「PYGはちょっと突き放した感じでね、GSの人気者、沢田と萩原（健一）の二人がフロントに立ってる姿なんて、おお〜、カッコいいなって。野次は飛んでましたが、お客さんも、嫉妬したんじゃないですか。カッコいい人がズラッと並んでるから」

チトは、当時から大輪とも懇意で、彼がポニーキャニオンレコードのディレクターとなってからも幾度か組んでヒット曲を放った。新生ジュリーのバンドのリーダーにと乞われた時は、面白いと思ったのだ。

「音楽的にね。その前のエキゾティクスの時もテレビで見て、耳にしますよね。あの時はタイトで縦ノリの楽曲が多かったので、新しいメンバーでやる時は、もう少し、余裕のあるアダルトな感じ？でやったら面白いんじゃないかと思ってね。それをジュリーがどういう風に表現するか、興味がありました。でも、今考えると、ジュリーの場合は音楽ばかりじゃないですよね。衣裳もあるし。周りには他のプロデューサーとか演出家とか、これまで彼と一緒に音楽をやってきた人がたくさんいたので、ま、それは大変でした」

CO-CóLOのスタートメンバーはギター・石間秀機、キーボード・篠原信彦、ベース・クマ原田、ドラムは上原裕とチト河内のツインドラムという音楽通が唸る構成。七〇年代にチトと伝説のバンド、トランザムを組んでいた石間と篠原は、八四年春に活動を停止したショーケンのバンド、ドンジャン・ロックンロール・バンドのメンバーでもあった。

八五年の早春に、ジュリーとショーケンがはじめて共演した映画「カポネ大いに泣く」が公開されたが、この頃には二人はかつての親密さをなくしていた。二〇〇八年に出版された萩原の自伝に、こんな条がある。

〈（だけど、あのバンド、沢田には使いこなせないだろうな……）〉（『ショーケン』）

チトには、ショーケンの気持ちがわからなくもなかった。

「うちの兄貴がドンジャンの曲作りやプロデュースみたいなことをやって、ショーケンの音楽面の面倒をみてたんですね。そういう関係なので、ショーケンはとても気にしていたとは思います。でも、彼が言うように、沢田が使いこなせないなんてことはまったく思わなかったです」

大輪は、ドンジャンのメンバーに声をかけたつもりはなかった。

「石間さんと篠原さんは、内田裕也のフラワー・トラベリン・バンドのメンバーです。ショーケンのバンドってこともわかっていたけれど、僕らにとっては裕也さんへのシンパシーが強かった。ジュリーには、こんな凄い人たちが自分とやってくれるのかという気持ちがあり、口説くしかないと、石間さんと三人で目黒で一晩飲み明かしました。あとになって沢田は、『（井上）堯之さんをいれたい』と言いましたね」

沢田が、バンドCO-CóLOを語っている。

〈今回中心になるメンバーというのは、ぼく以上にこの世界でやってきて、技術だけとってみてもすごい人たちなんで、ぼくに〝バンドをやってみないか〟といってもらおうとは思わなかった人たちばかり〉（「週刊平凡」八六年一月十日・十七日号）

この年の大晦日の紅白歌合戦に、ジュリーはCO-CóLOとバイオリン奏者を従えて登場。黒いタンクトップとスリムなジーンズに、ラインストーンで飾ったファンキーなアーミージャケットをひっかけて、「灰とダイヤモンド」を歌った。

実は、紅白の衣裳でひと波瀾あった。独立一弾目の曲は、「危険なふたり」からジュリーのビジュアルを担当してきた早川タケジが外れ、女性スタイリストが衣裳を手掛けている。十四ヶ月ぶりのテレビ出演となる「夜のヒットスタジオ」で「灰とダイヤモンド」を歌ったジュリーは、いつもとは違う。緊張と興奮がないまぜになった表情もだが、ヨウジヤマモト風のモノトーンの衣裳を着けてノーメイク、アクセサリーと言えるものは、手に持った小さな仮面ひとつだったからだ。

大輪は頭をかきながら説明した。

「シンプルなジュリーも見てみたいということだったんですね。銀の仮面は、本人の顔で型をとって制作しました。ジュリーもレコードジャケットや雑誌の撮影はそれで納得していたんですが、ステージは別でした。大晦日の前日、リハーサルの時に紅白のために用意された衣裳を見た彼は『これで歌うのか!』と、ひどく嫌がったので、すぐに早川さんのところへ走りました。実際、早川さんの衣裳を着けて歌うジュリーを見て、こっちの方が断然カッコいいやと思いました。僕のミスでした」

以降は、ジュリーにとって唯一無二、早川タケジの衣裳に戻っている。

八六年一月一日、ファンクラブ会報誌、「不協和音」創刊。沢田のインタビューを中心にグラビアにもページを割いて、スタッフ紹介に、スターへのメッセージが並ぶ。内田裕也、池田道彦、中井國二、加瀬邦彦、大野克夫、木﨑賢治、久世光彦、阿久悠、長谷川和彦、蜷川幸雄、大澤誉志幸、吉川晃司、山下久美子、アン・ルイスら。タイガースの仲間、森本太郎の激励はファンの気持ちに一番近いだろうか。

〈僕としては、もっと派手にやってほしい〉

人々の格別な愛情を受けたスターをヴォーカルに戴いたCO-CóLOは、コンサート「正月歌劇」から本格的に始動し、四月に沢田研二作詞作曲「アリフ・ライラ・ウィ・ライラ——千夜一夜物語」を出し、六月二十五日、スターの三十八歳の誕生日に、アルバム「CO-CóLO　1～夜のみだらな鳥達～」を発表する。

CO-CóLOは、これまでのジュリーのバンドとは違っていた。二〇〇八年のラジオで沢田が笑って話す。

「その頃、何より困ったのは、練習しないんだよ、みんな。僕なんかどちらかと言うと体育会系で、身体に染み込ませたい方なんだけど、チトさんや石間さんなんか、『もうちょっと待って、あと五分』って煙草吸うのよ。そういうのが大変だと言えば大変だったけど、こういうおっさんはいいなぁとも思ったんだけどね」（「今日は一日ジュリー三昧」）

この件を訊ねると、チトも笑った。

「休憩時間が長くて、いいふうにとれば和気藹々《あいあい》として和やかでいいんですけど、ジュリーにとっては大変だったと思いますよ。自分より年上のメンバーが、みんな煙草吸って、腰上げない。その通りでしたね」

「この頃は、みんなで『沢田が歌いたい詞を作れよ。俺たちが曲を作るから』と言ってくれてね」（同前）

チトが振り返る。

「こういう感じをジュリーに歌って欲しいとか、やり始めたんですね。手応えはありました。作曲や作詞というよりも、沢田の表現力、歌唱力のおかげというのがとても大きかったと思います。GS時代とは全然違っていて、間違いなく凄かった。曲によってはこうすればと思っても、彼はそれ以上のものを出しますからね。彼が納得して決めて歌って表現すると、爆発的なものがありますよね。本人はどう思っているかわからないけれど、喉がどんどん強くなっていることといい、持って生まれたものとしか言いようがない」

この年の沢田研二は、四月から放送がスタートしたNHKの朝ドラ「はね駒《こんま》」の仕事も始まっていた。女性記者の草分けの一人をモデルにした作品で、斉藤由貴が演じるヒロイン、りんの初恋の人であり、恩師である松浪毅役。ドラマ中盤で松浪先生は外国へ去るのだが、「ジュリーを出して！」の声がNHKに殺到して、「アリフ・ライラ・ウィ・ライラ」や「女神」を歌う時の長いカーリーヘアーで一度きり再登場となった、という逸話を残す。

浅川マキも参加した「CO-CoLO 1」がリリースされた翌日二十六日夜、東京プリンスホテルでは「沢田研二デビュー二十周年記念パーティー」が開かれていた。大輪考案のコピー「走り続けろジュリー！」を冠にしたパーティーの発起人には、大島渚らと並んで渡辺晋、渡辺美佐が名を連ね、夫妻はスターの横に並んで千二百名の招待客を迎えた。

CMにコンサートツアー、暮れには帝国劇場で蜷川幸雄演出の「貧民倶楽部」の舞台に立ち、この年のジュリーは精力的に動いて、多忙であった。だが、スターが自分でオールを握って漕ぎ出した海は予想以上の荒波で、翌八七年、沢田研二の三十代の終わりは激動の年となる。

一月、十一年を共に暮らした伊藤エミとの離婚が成立し、十八億円相当の資産すべてを譲渡してゼロからのスタートとなった。前年の六月に、沢田がプロデュースした田中裕子のデビューアルバム「泳いでる…。」が発売され、ジュリーの育ての親、池田道彦がプロデュースし、沢田が音楽監督を務めた女優の初コンサートも開かれた。「不協和音」にはその情報が載り、中野サンプラザのコンサートで女優が着けた衣裳のベストとブラウスは、ジュリーが「ザ・ベストテン」で「ヤマトより愛をこめて」を歌った時のそれであった。既に、沢田はファンへ自分の覚悟と気持ちを伝えていたのだ。

そして同じ月の終わりには、決定的な喪失を受け入れなければならなかった。

一月三十一日、渡辺プロダクションの総帥、渡辺晋が彼岸へ旅立ったのである。享年五十九。レコーディングのため池上本門寺で行われた密葬に出席できなかった沢田は、ニューヨークへ向かう機中で自分を厳しくも大切に育ててくれた晋を思って詞曲を書き続けた。七月二十二日発売のシングル「STEPPIN' STONES」のB面、「THE BASS MAN」である。

♪翔んで行くNEW YORKへ　あなたも空の上だろ　見ていてくれよ♪

♪僕も歳を重ねたら少しは近づけるかな　厳しい人さ　You were the King of Star♪

♪時があなたを忘れても　残る足跡心に　生きていてくれ♪

そこにはメンターであり、憧れのミュージシャンでもあった恩人との思い出が綴られている。

大輪は歌詞を読んだ時、沢田らしいなと思わずにはいられなかった。

「最後に、Mr. WATANABE SIN SANと歌っています。ジュリーの書く詞って、暗喩で書かれたものが多いでしょ。ひけらかすことは嫌いな男が、実名を歌うなんて。しかもただ一度だけ。この時は、そう歌わずにはいられなかったんだと思いました。優しい男です」

渡辺晋・渡辺美佐夫妻の長女、渡辺ミキが、沢田研二の「THE BASS MAN」を手にしたのは、母が会長となった渡辺プロの取締役に、妹の万由美と共に就任したばかりの頃だった。「いい作品を作れば大衆は買う。お金はあとからついてくる」が哲学だった父の会社にも家にも、国税局が驚いたほどお金はなかった。全社員が呆然となったトップの死去に社内は混乱し、スポーツ新聞の一面には「ナベプロ解散か」の文字が躍っていた。

現在、ワタナベエンターテインメントを率いる渡辺ミキに、表参道にある同社で話を聞いた。

若い頃の父によく似た面差しの娘は、曲を聴いた時の気持ちを今も鮮明に記憶している。最愛の父を亡くした時、彼女はまだ二十六歳であった。

「ああ、ジュリーも可哀想と思いました。みんなも可哀想だし、自分が一番余裕がなく辛くて可哀想な時期だったんですが、沢田さんの一節一節に触れて、曲を作らざるを得ないお気持ちに触れて、ああ可哀想だなって。父が亡くなった夜、自宅で仮通夜を行いました。夜通しのお通夜で、大の大人が泣き狂ったり、喧嘩したりといろいろなことがありました。沢田さんもいらしていて、その時の光景を詞に書いておられます」

仮通夜が明ける朝、父の遺体を池上本門寺へ送り出す時に、それまで病院にも行かず、自室から出ることのなかった祖母が表玄関まで出てきて、「晋ちゃん」と大きな声をかけたのである。沢田はこう歌う。

♪母親よりも先立つ　不孝な子供だけれど　誰も責めまい　You were the No. 1♪

「父が死んだという大きな事件に際して、父の死を悲しみながらその志を受け継ごう、父がみなさんの一部なんだと思わせてくれる植木等さんたちがいました。その一翼が、沢田さんでした。あの曲をジュリーがシングルのB面にいれるんだと聞いて、母も私も凄く嬉しかったんです。父を悼む大きな気持ちに支えられ、励まされました」

喪中にあってミキは、父の追悼CDを制作している。沢田に植木等、ハナ肇、中尾ミエ、小柳ルミ子、アグネス・チャンら、自身もいれて総勢二十四人が歌った、秋元康作詞／林哲司作曲の「MY FATHER」。このレクイエムと沢田の「THE BASS MAN」を一枚にして、関係者に届けたのだ。

「沢田さんは、あの時はもう辞めておられたけれど、どう読んでも辞めている人の態度でもスタンスでもないですよね。父や母にとっても、ジュリーは特別な存在です。うちの母はフランス・デビューをプロデュースするなど、特別な関係で、ジュリーが大好きだった。今も大好きですよね。独立されたとしても、一緒に汗をかいてみんなでジュリー・ブランドを作ったという事実は揺るぎなく、父や母にとってどんなに誇らしいことだったか」

ミキは、少女の頃からスターの光を浴びるところにいた。小学校一年の時がタイガースの絶頂期で、上級生から「ジュリーのサインもらって」とせがまれて、女子校中の注目の的だった。女には疎《うと》ましいことではあったものの、今となれば、真のスターの傍にいたという思いが強い。

「私みたいな存在でも、タイガースの一部みたいに見られて。その時から沢田さんは、みんなを照らす本物のナンバー1・アイドルでした」

もう少し大きくなると、しばしば夜に父を訪ねて広尾の自宅にやってくる沢田と出くわした。

「お辞めになる前とかではなくて、何年にもわたって、PYGの頃から来ておられたんじゃないでしょうか。マネージャーも連れずに一人でいらして、父も制作部長を立ち会わせたりなんて一度もなくて、私が知る限り一対一。私は、あ、ジュリーだと思うからウキウキして、お手伝いさんを手伝うふりをして、お茶を出したり、焼き魚とお味噌汁といった我が家の夕飯をお出ししました。静かな方で、『いらっしゃいませ』と言うと、『あ、こんばんは』『あ、どうも』と接してくださるんですね。二人の間に流れる真剣な空気を感じて、すぐに引っ込みましたけれど」

取材の日、テーブルの上には二〇二二年七月に発売された早川タケジ作品集『JULIE by TAKEJI HAYAKAWA』が置かれてあった。大勢のタレントを抱えるプロダクションの社長はページを捲りながら、ため息をつく。

「圧倒されました。マイケル・ジャクソンやフレディ・マーキュリー、マドンナ、レディー・ガガを上回るクリエイティブが作られていたことを、恥ずかしながらわかっていませんでした。灯台下暗しですね。プロデューサーの腕と覚悟と予算がなければ到底できない仕事で、なかなか参考にはできませんが」

プロダクションの機能が、あの時代と今とでは変わってきたのだと、ミキは説明する。

「沢田さんがいらした頃の渡辺プロは、文字通りの制作会社でした。テレビ番組やコンサートというコンテンツを作って、タレントを売り込んでいく。その後、プロダクションは、だんだんエージェンシー機能が大きくなっていくのです。父はクリエイティブな人だから、進化するジュリーのもの凄いエネルギーと、そのチームの情熱と挑戦を認めていたと思います。コストパフォーマンスなど考えずに、こんな自由なクリエイティブが許される場所が芸能界にあったこと、その真ん中には音楽があるということ。渡辺の娘としてではなく、芸能界の片隅で仕事をしている者として私も誇らしいです」

二〇〇〇年、渡辺プロは持株会社に移行し、ミキはワタナベエンターテインメントを立ち上げる。父が亡くなった日から、父の娘には濁流のように苦労が押し寄せてきた。同じ時期、芸能界の「父」を亡くしたジュリーも苦闘の最中にいた。

セルフプロデュースへの道

バブルに沸く一九八七年は超低金利時代に突入し、国鉄が民営化によってＪＲと改名されて、東京の地価は高騰した。東京の土地代でアメリカ全土が買えると言われ、株価という実体のないものに人々が踊らされていくのである。沢田研二にとっては、波瀾の年となった。

一月に離婚が成立した後、社会に出てからの後ろ楯であった渡辺プロダクション社長、渡辺晋が逝去する。その二ヶ月後の三月二十七日に、「京都府総合見本市会館」の柿落としのステージに京都出身のスターとして立ち、一・八メートルのステージから転落するという大きなアクシデントに見舞われるのだ。

この時、沢田は痛みを訴えながら予定通り残り二曲を歌い終えたが、終演後、救急車で伏見区にある蘇生会病院に運ばれた。左肘骨折、肋骨骨折、左腸骨骨折で、下京区の武田病院へ転院して約一ヶ月の入院となった。

独立後の事務所CO-CóLOが出す五月発行のファンクラブ誌「不協和音」五号に、ジュリーの挨拶が載っている。ファンの見舞いが殺到したのだろう。

〈皆様のお気持を一身に戴いて左肘、左第7、8、ろっ骨、左腸骨の骨折も驚くばかりの快復ぶりで主治医の先生方も看護婦さん達も僕達も大変喜んでいます。入院2週間目位に右手ばかりを使っている為、ケンショウ炎になったりなんかしましたが、それ位で順調です〉

〈〝早く歌いたい〟と思いつつ〝焦らず、じっくり〟と言い聞かせています。俗世間から離れて隠《ママ》やかな毎日を過しています〉

二月に二週間かけてニューヨークで録音した「告白-CONFESSION-」がリリースされたのも、まだリハビリ中の五月であった。バンドCO-CóLOを率いた二枚目のアルバムジャケットに写るスターは、全身黒のスーツに身を包み、口髭をはやして、煙草を吹かしている。これまでにないジュリーと意味深長なタイトルに、周囲はざわめいた。作曲は沢田とCO-CóLOのメンバーが手掛け、作詞は全十曲とも沢田。暗喩で彼の心象風景が映し出されている、と見る向きもあった。だが、当人はそうした好奇心にはとりあわない。

〈あのタイトルは、レコーディングを全部終えてからつけたんだけど、ぼくがつけたわけじゃないんです。だからね、『なんにも告白なんかしてないじゃん』って笑ったんだけど〉（「éf」八七年十月号）

六月、「夜のヒットスタジオ デラックス」で、復帰する。この時に歌ったのは、三月に発売された四十七枚目のシングル「きわどい季節」で、前作の「女神」に続いて作詞は阿久悠、作曲は久々の登場となった加瀬邦彦だった。

七月、サマーツアー「Keep on Running」が東京厚生年金会館でスタートする。ホールだけではなく、ＰＹＧ以来立つことがなかったライブハウスでも、ジュリーは汗を飛び散らせた。しかし、客席とステージの距離がないライブハウスに立つことには、違和感があったようだ。

〈目の前で汗が出てるとか、自分はそういうんじゃない気がしてね〉（「ROCK'N ROLL NEWSMAKER」九〇年八月）

沢田研二の羅針盤の針は揺れて、進む航海の向こうには靄《もや》がかかっていた。九月発行の「不協和音」六号のインタビューで、その頃の気持ちをストレートに語っている。たとえばツアー中、一階席は埋まっても二階席が空いていることに触れて、それを太ったなどと容姿のせいにされることへの苛立ちを隠さない。

〈要するに僕はずっと変わってないっていうの。僕はそんなに大したもんじゃなかったのに、周りですごいよ、すごいよって言ってすごいもんになっちゃったわけよ。それが今度はすごいもんじゃないってことになれば、周りは僕を責めてりゃ間違いない、絶対、安全パイなわけや〉

「不協和音」はこの号をもって休刊となり、ファンクラブは解散した。十月、池田道彦プロデュース、市川森一脚本で、銀座セゾン劇場の柿落としのロック・オペラ「ＡＺＵＣＨＩ」の主演を務めた。そしてこの年の暮れ、独立時からジュリーを支えてきたプロデューサー、大輪茂男がCO-CóLOを退社する。

二人が袂を分かつのは、スターがレポーター役として出演した一本のテレビ番組がきっかけであった。八八年五月放送の、テレビ朝日「疾風のアラビア〜天地創造の大地をゆく〜」。年のはじめに、マネージャーもつけずにジュリーが出かけた長期の中近東取材は、見応えのあるドキュメンタリー作品に仕上がっていた。

大輪茂男は、プロデュースの終わりを淡々と思い返した。

「僕にとって沢田研二は偉大なる常識人で、その偉大なる常識人が一番偉大なる美を作ると思っていました。虚飾の美って、ジュリー以外、誰が作れるんですか？　作れないでしょ。これは僕の本当によくないところなんですが、彼にアラビアのロレンスを演じてほしかったんです。ジュリーが作った『アリフ・ライラ・ウィ・ライラ——千夜一夜物語』の時からその絵が浮かんでいて、あの番組の出演依頼が来た時に、ジュリーの許可をとらずに受けてしまった。でも、受けた仕事を覆す男じゃないから、嫌なのに一人でアラビアへ行ってくれたんです」

それが、飲み友だちでもあった二人の最後の仕事となった。大輪には、百年に一人のスターを扱うという自分の意気込みが空転した結果だと、痛切な悔恨がある。

「CO-CóLOというバンドの音楽評価がいかに高かろうとも、当初は難しい、大人過ぎるとファンから思われたのか、事実、売れませんでした。僕自身、大人の華麗なジュリーにふさわしい楽曲を目指しつつ、このバンド特有のサウンドの素晴らしさには惚れ込んでいました。ジュリーもそれは同じだったと思います。ただジュリーは絶えずチャート的に売れるかを気にしていたので、僕と手探りでやっていることも心配だったかもしれませんね。CO-CóLO退社後、中東の旅の仕事から戻ったジュリーから電話があり、二人で酒を飲んだ事があります。忘れられません」

二〇〇八年のラジオで、沢田が語る。

「この時は大輪さんというプロデューサーがいましてね。この人はオペラとかバレエが好きで、なんて言うかハイソな感じになっちゃったんですね。僕は頼んだらその人に任せる質《たち》なので、その大輪さんに全面的に任せてました。モノトーンの時代です」(「今日は一日ジュリー三昧」)

大輪が去ったあと、一九八八年七月、アルバム「TRUE BLUE」を出して、CO-CóLOは三年の活動に終止符を打った。

リーダーのチト河内にとって、自身が作曲し、加川良が作詞して、アルバムタイトルにもなった「TRUE BLUE」は、今も大好きな曲である。レコーディングの情景も、忘れることはない。

「最初のイントロが終わって、パッとあの湿り気があって艶のある声が聴こえて、ああんぴったんこ、ヤッター!って思いましたよね。ちょっとワクワクしました。彼の声は、日本人には少ない鼻にかかったような声ですよね。ジョン・レノンがそうだけれど、ジュリーの声にのると切ないものが艶立ちますから。沢田研二に歌ってもらったんだ!って興奮しました」

チトがジュリーの曲の詞を友人に依頼した時、沢田よりひとつ年上のフォークシンガーは「えっ、僕のようなものでいいのでしょうか」と謙虚な彼らしい反応をした。

「ちょっと距離を置いた人たちにとっては、ジュリーはジュリーなんですよ。近くで同じ空気を吸っていた僕でさえ、ジュリーはジュリー、ドキッとしますから。一緒にステージに立ってる時も、練習の時も後ろでドラムを叩いているし、レコーディングの時も目の前で歌っているでしょ。曲によっては、身体の揺れとか表現の仕方を食い入るように見てましたから。彼が一所懸命心を込めて歌っているのを聴くだけで、ああもうOKという感じになるんですよ。声が出る人はベルカントのオペラ歌手とかいますけど、私を魅了するという意味では断トツでした。これから先、顔合わせることがあれば、仕事じゃなくて、あいつとセッションやりたいなぁと思いますもんね」

チトは、近くにいてヒット曲の出ない沢田の焦りも感じていた。

「揺れてたんじゃないですか。彼には『俺はそうじゃないんだ、俺は俺だ』という気持ちもあるのに、周りにいろいろ言う人がいたので、自分だったら大変だなと見てました。彼は凄く男っぽいやつだから。男っぽくて、優しいやつだからね」

五十五歳の沢田研二が、この時期を振り返っていた。

〈一番つらかったのは、レコードは売れなくなるのだなあと、分かったことかもしれない。ちょうどそのころ「お芝居せえへんか」と誘ってくれる人がいて、その後10年間、新宿のグローブ座で歌を歌うお芝居に出演し続けました。1日ですべてが終わるテレビより、1カ月の間に少しずつ進んでいくお芝居のペースがいいなあと思うようになったんです〉(毎日新聞〇三年七月三日夕刊)

数年前まで沢田研二の主戦場であったテレビの世界の変化は、顕著だった。歌番組は視聴率がとれなくなり、「夜のヒットスタジオ」は八五年四月にリニューアルして、九〇年には終了。「ザ・ベストテン」も八九年秋に終了した。代わってテレビの主役となるのは、トレンディドラマとお笑い番組だった。八〇年代にはCMから生まれていたメガヒットは、九〇年代に入ると、小田和正「ラブ・ストーリーは突然に」、米米CLUB「君がいるだけで」、CHAGE&ASKA「YAH YAH YAH」など、フジテレビのドラマから誕生するようになるのである。

しかし、この頃であっても、歌謡番組で歌うジュリーは他の追随を許さない特別なオーラを放射していた。

目撃者は、スタイリストの中村のん。八八年のことだったか、中村が松本伊代のスタイリストとして「夜のヒットスタジオ」の放送に立ち会っていた時の出来事であった。番組がスタートする前、スタジオに入る廊下に出演者たちが並んでいると、田原俊彦の「へー、今日、沢田さんもいるんだ」という興奮ぎみの声を耳にして、ふと見ると廊下を挟んだ目の前に、ジュリーと光GENJIの大沢樹生が並んで立っていた。

日本で最初のスタイリスト、高橋靖子のアシスタントとしてキャリアをスタートさせた中村はデヴィッド・ボウイの撮影にも立ち会っており、独立してからも数多のスターと仕事をしてきたが、その日のことを決して忘れない。

「廊下にいた時は、二人のプロポーションを見比べて、世代差による頭身の差に感慨深い思いになったものでした。大沢君はとても顔が小さくて、手足が長かったので、新世代アイドルのプロポーションだなと感じたのです。飛ぶ鳥落とす勢いの人気だった彼らは、フレッシュな魅力に満ちあふれていましたし。ところがジュリーが歌う番になると、廊下で旧世代のプロポーションの持ち主だと思えた沢田研二のオーラと美しさとカッコよさ、歌唱力も含めてスタジオ全体を制するようなその存在感に圧倒されました。やっぱりジュリーはジュリーだ！と感動したことを覚えています」

ただ、誰にも手が届かないその姿を、スター自身は見ることができなかったのである。

ひとり彷徨する沢田を、歌と芝居を織り込んだ「ACTシリーズ」に誘ったのは、渡辺プロ時代のプロデューサーで、アトリエ・ダンカンを主宰する池田道彦だった。

池田をプロデューサーに、作・演出が黒テントの座付き作家であった加藤直《ただし》、音楽はアコーディオン奏者の小林靖宏(現・coba)、アートディレクター・立川直樹、衣裳・早川タケジという才能がジュリーのために集結。磯崎新が設計した六百五十人収容の小さな劇場で、全作オリジナルの音楽劇という実験的な試みが始まったのは、昭和が終わって平成がスタートしたばかりの頃である。

ラジオで、沢田が池田に誘われた時のことを語っている。

「『沢田、頭のてっぺんから爪先まで、さらし者だよ。それ、やる？　やったほうがいいと思う！』と言ってくれて。うー、さらし者かと思うんですが、結果的には凄く助けられた。僕は、歌だけやっていたらどうなっていたんだろうと本当にいつも思うんですけど」(「今日は一日ジュリー三昧」)

ジュリーのACTシリーズは、シェイクスピア縁《ゆかり》の劇場を模した東京グローブ座の開館一年後、八九年春から、十年にわたって上演される。『三文オペラ』の作曲家クルト・ワイル、映画にもなった無頼の作家ボリス・ヴィアン、作曲家ニノ・ロータ、シュルレアリスムの芸術家サルバドール・ダリ、シェイクスピア、エディット・ピアフ、バスター・キートン、エルヴィス・プレスリー、宮澤賢治、近代漫才を発明した漫才師。国も年齢も職業も、性別さえ違う時代のアヴァンギャルドを、時代を背負ったジュリーが演じて鈍色《にびいろ》の輝きを見せた。

音楽評論家の湯川れい子は、九七年に上演された「ACTエルヴィス・プレスリー」に、足を運んでいる。エルヴィスの熱狂的なファンである湯川がグローブ座に出かけたのは、この時が最初で最後だった。

「ひとりで見終わって、歩きながらの帰り道で、歌も衣裳もエルヴィスとは違うなぁと思いました。晩年のエルヴィスにあった深い孤独が感じられなかった。エルヴィスの汗は涙に見えたけれど、沢田さんのは汗は汗に見えた。あれは美しく華やかなスター、ジュリーの舞台だったと思った記憶があります」

沢田自身、むしろ女性のピアフのほうが没頭できて、大衆に知られたプレスリーを演じるのは苦しかったと言っている。

「一世代上の『プレスリー大好き』な人には本当に申し訳なかったと、今、反省しております。

（内田）裕也さんは、やっぱり観に来てくださいませんでしたね。田川譲二さんは来てくださいまして、『プレスリーじゃなく、沢田レスリーだね』って」（「今日は一日ジュリー三昧」）

だが、ボリス・ヴィアンやキートンを歌い、演じるのだ。作詞の面での貢献もあるＡＣＴシリーズは、沢田研二に大きな影響を与えて、四十代からの背骨を作っていったのではないか。演じることで他者の価値観や生き方に触れ、共感や反発を覚えながらも発見し、刺激を受けていく。同一化の連鎖は、かつて「本は読まない」「選挙に行ったことはない」と公言していたスターの血肉になっていったに違いない。ジュリーが演じる時代の傑物たちは、ジュリー色に染まって甦り、ジュリー自身をその色に染めていったのである。

「この時に養ったことというのが、十年間で一番勉強したことが、とっても、歌にも凄い力になっていると僕は思うんですね」（同前）

この時期から、スターは舞台に立つ頻度を高めていく。

一方、音楽では、八九年の沢田研二は、プロデューサーにエキゾティクスのリーダーであった吉田建を迎えている。二人が会わなかった五年の間を、ベーシストは忙しく過ごしていた。氷室京介の最初のソロアルバムをプロデュースしてヒットを飛ばし、殺到するプロデュース業に加えて、バンドブームを誘発したテレビ番組「三宅裕司のいかすバンド天国」の審査員席で辛辣な言葉を吐いていたからだ。

吉田建は、沢田からのオファーを嬉しく晴れがましい気持ちで受け止めた、と振り返る。

「エキゾティクスがあんな苦い感じで自然消滅したのに、沢田さん、よくまた僕をピックアップしてくれたと思ってね。僕は、沢田さんに対しては今だって、いつだってずっと同じ気持ちなんですが、その時も、『いざ、鎌倉』だなという気持ちで、お会いしに行きました」

エキゾティクス時代、車中では、ジュリーの隣の席が吉田の定席だった。再会した時も、途切れた時間を意識することはなかった。

「沢田さんはさして変わっていなくて、挨拶のあと、すぐにざっくばらんにお話しできました。僕にとっては、やっぱり、ジュリーはポップスターなんだ、CO-CóLOでちょっと沈んだ感じになったのをもう一度キラキラした音楽をやりたい、と言いました。エキゾティクスの三年間で得たものを、今の時代にフィードバックしてやりたかった。沢田さんも『やっぱり、ロックンロールとかポップスはいい』とおっしゃって、『そういうの、もう一回やりましょう』と意見が一致したんです」

吉田は、「ミュージックステーション」で、プリンセス プリンセスの奥居（現・岸谷）香が『ス・ト・リ・ッ・パ・ー』のベースをコピーしたことがある」と話していたことを覚えていた。「これも縁だ」と、奥居に会いに出かけてジュリーの曲を依頼し、出来上がってきたのが「ポラロイドGIRL」だった。この曲を中心に忌野清志郎や松任谷由実、大澤誉志幸、サエキけんぞう、徳永英明らジュリーをリスペクトするミュージシャンが参集した「彼は眠れない」は、十月十一日にリリースされる。「もう一度、ポップスの扉を叩こう」と制作したアルバムは、その言葉通り、ポップなジュリーの復活にふさわしい名盤となった。

十三日、コンサートツアーがスタート。ベース吉田、ドラムス村上〝ポンタ〟秀一、ギター柴山和彦、キーボード朝本浩文という実力派を集めたバックバンド、JAZZ MASTERの最初のステージでもあった。当時は柴山を中心としたジュリーのライブバンドはあったのだが、レコーディング中、村上が「このまま、ツアーやりたい〜！」と望んだために、新バンド誕生となったという。

吉田は、東京ベイNKホールに立ったツアー初日のジュリーの姿を鮮明に記憶に焼き付けている。

「一曲目が『ヴァニティー・ファクトリー』でした。凄い！　ジュリーの歌が先鋭的でとってもよかったのを覚えています。前奏が始まって、♪水曜日の夕暮れを〜♪とジュリーが歌うと、うわぁ〜って。ファンも僕も、待ってたぞって。ロックの匂いがするとかしないとかを超えて、非常にアグレッシブで、今またここに始まった！という感じがして、とっても嬉しかったです。凄く興奮して、沢田研二のアダルトなロックという線がここに引かれたなと感じたんです」

はじめての消費税三%が導入されて、美空ひばりが五十二歳で逝き、ベルリンの壁が壊れた年の大晦日、沢田研二は二年ぶりに紅白歌合戦のステージに立ち、「DOWN」を歌う。ザ・タイガースとしても「花の首飾り」「君だけに愛を」を歌い、同番組史上はじめての同一回で二度の出場を飾った。

曲作りやアルバムの構想を練り、意見を交わして、二人はスタジオで濃密な時間を過ごした。九一年に武道館で行われた沢田研二デビュー二十五周年ライブ「ジュリーマニア」も、吉田のプロデュースだった。

「あの時、ジュリーもミュージシャン全員が三十曲を暗譜でやってるんですよ。最初にジュリーが一人で歌う『I Believe In Music』。あれ、『俺、一曲アカペラでやりたいんだ』と沢田さんが言って、『あ、いいね』って」

今もミュージシャンから高い評価を受ける「彼は眠れない」や「単純な永遠」、フルオーケストラの「A SAINT IN THE NIGHT」など計六枚のアルバムを世に問うて、吉田のプロデュースは四年で終わる。沢田も「好きな曲が多い時期」と話しているが、枚数を重ねる毎にセールスは低迷していった。

自ら降板を申し出た吉田は、沢田研二のプロデューサーとしては力不足だった、と打ち明ける。

「制作費は渡辺音楽出版から十分出ていました。できればずっと傍にいたいと思ったこともありますが、数字がとれなきゃプロデューサーは失格です。同じプロデューサーでも、加瀬（邦彦）さんと僕とでは違うんです。加瀬さんは、絵を作る人でした。キャンバスの中にジュリーがどういうふうにいて、どういう音が鳴っているのか。僕は確かに音は作れるかもしれないが、絵までは描けなかった。描きたかったですよね」

九〇年にバブルが弾けて、日本経済は失速していた。再び一人になったジュリーの選択は、後藤次利プロデュースのアルバム「ＨＥＬＬＯ」を経て、セルフプロデュースに行き着くのである。

神に選ばれし半神は、人間に回帰する

湾岸戦争が勃発し、ソ連が消滅して東西冷戦構造が壊れた九一年に、沢田研二はデビュー二十五年を迎えようとしていた。この年、ＮＨＫ衛星第二放送は、十一月九日から十三日にかけて「沢田研二スペシャル・美しき時代の偶像」と題した特別番組を放送。スターの故郷、京都からの

生中継を含めて、武道館で開かれた二十五周年ライブ「ジュリーマニア」や主演したドラマ、映画、紅白歌合戦のステージなど、関係者二十五人のメッセージを織り込み、二十五時間を使って、全編ジュリー中心のプログラムを組んだ。

番組を見たいがために、視聴世帯がまだ少なかった衛星放送に加入したジュリー・ファンは少なくない。NHK放送史のホームページには、ビデオテープの長さに限りがあり、録画するために会社を早退した、という視聴者の声が載っている。確かに、そうまでして視聴したい密度の濃さであった。

ことに沢田の子どもの頃からの遊び場でもあった南禅寺の近くにある山荘、清流亭での「歌とトークで綴るジュリーの25年」は、スターの二十五年の歩みを振り返って、興味深い逸話が明かされた。一部はザ・タイガース時代の話題で岸部一徳、岸部シロー、森本太郎、すぎやまこういち。二部が加瀬邦彦、安井かずみ、大野克夫。三部が井上堯之、大野克夫、樹木希林。沢田研二ゆかりの人たちが集まって、ジュリーの過去と未来を語ったのである。

ゲストに共通するのは、スーパースター、ジュリーへの強い思い入れだった。それだけにここ数年の沢田の彷徨には、誰もが言葉にならないもどかしさを感じているようで、時にジュリー自身も過去に集まる視線に不機嫌になってしまう。

「やっぱり自分のいる場所はテレビの中ではなくなってきましたね」

「今求められるとしたら『昔の歌を歌ってください』で、それと交換条件に今の歌を歌うみたいな。そういうのは出たくないし。今回のこのプロジェクトにしたって、ほとんどが昔の話になるわけでしょ」

東京グローブ座で上演するACTシリーズとアルバム制作、コンサートツアーの三本柱でやっていくのだ。そう沢田は、一緒に仕事をしなくなって六年がたつ加瀬に説明した。

　玉置宏が司会をした一部、二部に比べると、上岡龍太郎が司会をする三部は、司会者の個性もあって、沢田研二の今と明日への言及に時間が費やされた。

　沢田より六歳上で、四二年生まれの上岡龍太郎は、この時、四十九歳。歯に衣着せぬ物言いで、とりわけ関西では人気が高かったが、二〇〇〇年に「僕の芸は二十一世紀には通用しない」と引退した。そんな司会者が番組では、「ちゃんと目も合わしたことがない」と言って、自分と同じ京都市左京区出身のスターへの憧れを口にし、賛辞を惜しまない。

「一般の音楽的理論とかわからない人も『ジュリー！』と言えば、音楽的理論に支えられている人たちも『ジュリー！』と言うた。ここの両者が合致するところに、ジュリーがいた。これはもう神に選ばれたと言われてもしゃあない事実なんですよ。知性と感性の両方から支えられているわけやから」

　天性の声を大切にしていろいろな歌を歌ってほしい、国民的歌手でいいではないかと言い募る上岡に、沢田は答える。

「昔は一曲一曲で勝負できたんですよ。（テレビの）三分で。それこそ頑張りましたけど、若さと新鮮さがなくなった今では三分でやるというのは、きついですね。テレビは出続けていると怖いもんなしですが、今たまに出るとアガりますよ」

　井上堯之が、現状を繕わずに語る沢田のスーツの肩についた塵《ちり》をそっととっていた。

　上岡司会の後半は、「この二十五年、いつも心のどこかに君の残像を抱えて生きてきました」とメッセージを寄こし、清流亭に姿を現さなかった内田裕也の代理のように、樹木希林が登場する。上岡も樹木も「あんまり苦悩しないで」と言って、沢田を「悩んでいるわけじゃない」と苦笑させた。このトークは、上岡と樹木という二人の先輩が言葉を選びながら、それでも時代を牽引してきたジュリーの停滞に何か言わずにはいられないというふうなのだ。

上岡は「もうジュリーさえ存在すれば、何やってもいいやないか」と言いながら、サラリーマン姿で登場した転職雑誌のCMには、「あんたは、いつまでも私の夢でいてえな」とNGを出す。非日常の場所で昂然と輝いていたジュリーに、他に代わる人がいる日常の役などやって欲しくないと迫るのだ。

「時代を引っ張っていくのはジュリーで、時代に合わすジュリーなんて見たくないんですよ。それやったら消えてください。あなたはそのままで」

沢田は、CMの演出が市川準だったからと本心を答える前に、二人の暴走する愛にむせ返って嘯《うそぶ》いてしまう。

「コマーシャルに関しては、金と引き換えやと思っているんです。身を売ってるのと同じや、と」

「綺麗や綺麗やと言われるのは、嫌なんですよ、僕は。そんなわけないやないかって」

「みんなが思ってくれることは、それこそ虚像ですよ」

別の場面で、スターは言う。

「できるだけ長く続けたいから、模索するわけですよ」

加瀬邦彦も井上堯之も上岡龍太郎もジュリーにかけた言葉は同じで、「時代に迎合せずに自分の世界を突き進んでほしい」ということであった。「虚像も年齢を重ねていって変わる」と呟いた樹木希林が、最後の言葉を贈る。

「内田裕也は『沢田は神に選ばれた人間だぞ』ってよく言うんですね。きついでしょうけれど、それは仕方のないことだと思いますので、よろしくお願いします」

番組の中で、沢田は「自分と同じ団塊の世代に向かって歌っていく」と、ひとつの方向性を示した。音楽は世代のもので、世代を超えていくなど幻想だと気づいたという。その言葉は折々で口にするようになり、今も翻していない。

それから四年後の九五年十二月、三十二枚目のアルバム「sur←（ルーシュ）」がリリースされた。阪神・淡路大震災が起こり、オウム真理教による地下鉄サリン事件が起こった年に、四十七歳の沢田は「ＪＵＬＩＥⅣ～今　僕は倖せです」以来、二十三年ぶりのセルフプロデュース作品を発表したのだ。「沢田研二スペシャル」で、加瀬に「プロデューサーがいないと困る」と話した沢田が、以降すべての楽曲をセルフプロデュースしていくのである。

〈セルフ・プロデュースは、嫌いな楽器や曲は入れないってことが出来るのがいいですね。音を録音する時から最終的な仕上げまで、一緒にやってるんです〉（「プリンツ21」九八年冬）

沢田研二が悪戦苦闘した時間は、短くはなかった。その間、とりわけテレビとの距離のとり方に葛藤があったようだ。

ドラマ出演はしても、「ナツメロ歌手ではなく、現役の歌手である」として音楽番組での過去の映像の放映を許可しなかった時期が、九二年から二〇〇一年まで続く。一九九四年には、五年ぶりで紅白歌合戦のステージに立ったものの、以後「どんなにお金を積まれても出ない。あれは家で見るもの」と拒否。九六年には、ＮＨＫ「ふたりのビッグショー」への出演を番組告知後に降りたことで、スポーツ紙を騒がせた。デビュー三十年の九七年、前年から続くトヨタのＣＭに、炬燵や庭先でビールを楽しむキリンのＣＭが流れた。

そして、二十一世紀の幕が開いた二〇〇一年。ＣＤジャケットに顔写真を載せることをやめる一方で、テレビ解禁を宣言して、バラエティ番組やトーク番組に出て、司会までこなした。だが、続かなかった。

〈21世紀になった時、何かいいことが起きないかなと思って、テレビに出てみたんです。でも「やっぱりしんどい」というのが結論でした。気後れしちゃって、僕の居場所はもうこの世界にはないなあと感じた。残された道は生で歌いつづけること、これに全力を注げばいいと思いました〉（毎日新聞〇三年七月三日夕刊）

テレビというメディア以外の場所での沢田は、精力的に活動していたのだ。毎年欠かさずアルバムを制作し、新曲中心のライブを年間四十本行い、ミュージカルなどの舞台で歌い演じる。加瀬に伝えたようにCDを作って、コンサートをして、舞台に立つというのが、長く沢田研二の活動の三本柱だった。ただ、かつてのようにCDは売れず、コンサートや舞台にも時に空席が目立った。

〈大成功を収めたのが大きなプロダクションにいるときだったから、やり方を変えないと長く続けられないしね。自分のやりたいことを長く続けるのが理想だから、捨てるものは捨てないと。あれもこれもじゃ無理だから〉

〈僕には歌うことが一番大事なことだから〉（「プリンツ21」九八年冬）

一三年二月九日、NHK　BSプレミアムで放送された「吉田拓郎の千夜一夜」のゲストは、沢田研二であった。一九四六年生まれで、沢田より二歳年上のフォークのカリスマとポップスのカリスマの邂逅は、この時が三度目。拓郎は、「こんなに長い間一人の人を好きでいるなんて、ボブ・ディランと沢田研二『だけ』」「僕、生涯後ろでギター弾きたいと思っているのは、沢田研二と中島みゆきだけなんですよ」と、ジュリー愛を全開にして沢田を迎えた。

沢田も胸襟を開き、コンサートの数が減った時期のことも語る。

「本数できなかったんですよ。やっぱり、お客さんが入らないっていう循環の頃があって。続けることでしか僕らは力を出せないしなぁと思って、ずっと続けてたんだけど」

「自分が一番好きなのはライブだから、とにかく満員にできるところでやろうと小さなところでやりだしたら、落ち目とか言われて。アハハハ」

けれど停滞と見られた時期にも、沢田にはさまざまな才能との出会いがあって、そのひとりにジュリーの音楽に大きく貢献した女性作詞家がいる。「千と千尋の神隠し」の主題歌で広く知られる作詞家で詩人の覚《かく》和歌子。二人を引き合わせたのは、当時の沢田のプロデューサーで、ベーシストの吉田建だった。

吉田は、音楽ユニットｔｏｍのヴォーカルで、作詞家デビュー間もない覚に、自分がプロデュースする荻野目洋子の歌詞を依頼して、彼女の才能に目を止めたという。それから間もなく、九二年にリリースしたジュリーのジャズ・カバーアルバム「A SAINT IN THE NIGHT」を制作する時、訳詞を全曲、覚に任せようと決めたのである。

吉田の証言。

「全部、彼女でやってみようと思わせるものをもっていましたが、出来上がったものは期待通りで、見事な訳詞をしてくれました。原詞を損なわず、しかももっとムードのある言葉を使って沢田さんの色気を表現していた」

覚は、最初に書いたジュリーの詞としては、その前に既成曲のブリティッシュロックの訳詞があったと語る。

「曲名は失念しましたが、その訳詞が悪くなかったから建さんは『A SAINT〜』を覚にやらせようと思われたんじゃないでしょうか。このアルバムは訳詞ものですが、内容的には『失恋モノを得恋モノに変えない』程度の決め事をして、それ以外は完全に創作です。言葉数が少ない楽曲ばかりなので、決まり文句的なフレーズは使わないこと、字余りと字足らずは避けて原曲の韻律を尊重すること、目で読んでも美しい作品になることを心がけようと思いました。実際、イメージ以上のニュアンスで歌ってもらえたと思います」

覚が沢田と会ったのは、この時がはじめてだった。だが、六一年生まれの作詞家は、直前に不思議な体験をしている。富士山へ向かうドライブの折、パーキングエリアで偶然入手した「沢田研二ベストヒット曲集」を聴くことになったのだ。

「その時の私は、特にジュリーのファンというわけでもなく、あの一世を風靡したシンガーだという認識ぐらいしかなかったのに、流れてくるヒット曲は片っ端から歌うことができました。『サムライ』に至っては、♪片手にピストル　心に花束♪と、いきなりの絶頂からの歌い出しにのけぞりました。キッチュとけれんも突き詰めれば神々しさになるんだと、若かった私は呼吸不全に陥り、この瞬間、ジュリーの詞を絶対書く！と宣言したんです。雨の降る富士山で巨大な光体を目撃した帰り、その勢いも手伝ってか大音量で流すジュリーに絶叫していました。建さんから電話が来たのは、それからいくらもたたないうちでした。あとになって沢田さんと建さんにこの話をした時、驚かれはしましたが笑われることはありませんでした」

宇宙が招き寄せた縁だったのか。同じ年の六月にリリースされた沢田オリジナルアルバム「Beautiful World」の楽曲は、全曲、覚が作詞している。

沢田は、当然、覚との出会いをよく覚えていて、「今日は一日ジュリー三昧」でも何度か作詞家の名前を挙げていた。二〇〇二年九月に出したアルバム「忘却の天才」のタイトル曲については、こんな風に語っている。

「このタイトル、上手いなぁ。覚和歌子さん、上手い。物忘れするのがね、それも天才だよっていう歌なんですが。忘れちゃったなぁ、みたいな。鋭いな、やっぱり、この人はと思いましたけれど」

「Beautiful World」を全曲書いたことで、作詞家も思うところは大きかった。

「ジュリーが『次のアルバムは全曲、覚さんでいきたい』と言ってくださったと聞いて、結果『Beautiful W～』は、ジュリーその人の一人称的テキストになりました。その歌唱を聴いた時、ああ、ジュリーは自分の等身大のリアリティを歌ってみたかったのかもしれない、と感じました。超人的にカッコいいみんなのジュリーをずっと演《や》ってきて、もちろんエンタメとして完璧にそれらはできていたけれど、それを長く続けてきた中で、歌い手さんとしてはいつか自分に立ち返って自身を見つめてみたいという気持ちになって当然だったと思います」

その時のコンサートツアーでジュリーはステージの上から、「覚和歌子さんに書いてもらった『坂道』という曲ですが、録音スタジオで、ファックスの機械からせり上がってくる歌詞原稿を一行目から読んでいくうちに、だんだんウルウルしてきて困った」とファンに語りかけている。覚も客席にいた。

「スタジオで面と向かってほめていただくことはほとんどなかったので、本当に嬉しかったですね。と同時に、この『坂道』で書いた世界でジュリーの心情を代弁できたのかもしれないと思いました」

「坂道」には、こんな言葉が詰まっている。

♪あの時君とさよならを／言わなくてよかった／今にも降り出しそうな／空の下でやっとこらえて♪

♪何ひとつ失わないで／愛は遂げられない♪　　　（作曲　鈴木慶一）

当時のジュリーのバックバンド、JAZZ MASTERでドラムを叩いていた村上〝ポンタ〟秀一が、自著に書いていた。

〈俺たちがやっていた時期は、最高にソリッドだったと思うんだ。沢田さんの歌にも「TOKIO」の頃の華やかさとも違う、暗い鋭さが漂っていた〉

〈沢田さんって、終始作詞家に恵まれてきた歌手なのよ。独特のあの声と節回しの魅力に加えて、いい歌詞ばかり歌わせてもらってきた〉

〈俺たちとやっていた頃には覚和歌子という、とんでもない若手を発掘したばかりだった〉（『自暴自伝』）

吉田プロデュースの頃も、セルフプロデュースになってからも、沢田はアルバム一枚につき、特に何の注文もなく、何曲かを十三歳年下の覚に託した。

「基本、内容はお任せでした。任せてくれる信頼に応えなければと、毎回ものすごく気合をいれて臨みました。時にジュリーや建さん、マネージャーとミーティングを持った際には、思ってもみないプライベートな話までしてくださって、びっくりしたこともありました。詞を書く人には、真実を話しておきたいということだったのかもしれません」

言葉に出さずとも、沢田が信頼を寄せてくれることは十分に伝わってきた。それは、覚にとって何よりの誇りであり、のめり込むようにジュリーのために詞を書いた。

「ジュリーその人に巫子的に憑依して、なりきったところから自然に言葉が出てきた感触があります。共感覚が強いんでしょうね。〝憑依〟するのは女性の歌い手さんに多いタイプで、男性でもミュージカル俳優などたまにそういう方がいるんですが、沢田さんの場合は憑依ではなく、歌詞を完全に自分自身のものにして歌われるタイプだと思います。お聞きしたわけではありませんが、音楽を聴いている時間より、本を読んだり、演劇やドラマを観ている時間が多い方ではないかと想像していました」

時に覚は、「ジュリーは、こんな時にこんなふうに感じたりしてませんか」「こんな言葉を歌ってみたくないですか」という問いかけを胸に、書いてきた。

「純愛系、チャラ男、フェロモン濃厚男など、これまでにいろいろなタイプの歌詞を書かせていただきました。純愛の次にセクシュアルな歌詞を提出したりすると、マネージャーを通じて『覚さんはどうしちまったのか』などと冗談ぽく言われたりしましたが、面白がってくれているのは伝わってきて、それも痛快でした」

沢田自身は、安井かずみや三浦徳子、そして覚和歌子ら、女性の作詞家との方が相性がいいと語っている。

〈女の人のほうがはっきりしていて、大胆で、女の人からみたカッコよさっていうことで書いてくれる。男の人っていうのは女々しいから、カッコよさの程度がなんか、四畳半的なものが多いんですよ〉（「プリンツ21」九八年冬）

しかし、言葉に関してはひどく敏感である沢田は、歌詞については自分の感性と嗜好を優先して、妥協することがなかった。

〈人に書いてもらっても嫌なことは全部省くし。今回だったら〝キレる〟だとか、若者が使っている言葉や、宗教の話とかは僕の中では絶対に使いたくないとか〉

〈「変えてくださいとお願いしたら、変えてくださいね」という条件を最初につきつけておいて、それが嫌ならお断りください、ということで頼んでいるから、それじゃ困るという人だったら頼

めないわけです〉（同前）

そうした姿勢はどんなに信頼する作詞家に対しても、たとえ覚であっても変えることはなかった。覚には、言葉をめぐってジュリーと戦った数々の戦歴がある。

「キレるという語は、私も書いて削ったことがあります。でも十代のアイドルならともかく、歌い手さんには自分が歌うのに抵抗を感じる言葉があって当然だと今なら思えます。けれど、あの頃は私も若かったので、ジュリーの直しに抵抗したり、そのように直すのならジュリーと共作詞というクレジットにしてほしいとか、ジュリーの直しを受け入れた結果、切れ味が悪くなったような気がして後悔したりとか、いろいろありました」

〇一年六月のアルバム「新しい想い出2001」から先行発売された沢田研二六十八枚目のシングル「あの日は雨」も、そうした作品のひとつである。

「歌い出しに♪空の椅子に　話しかける君は♪というフレーズがあって、私は空《カラ》と呼んでほしかったのですが、ソラと読みたいとジュリーに言われて結果そうなりました。空《ソラ》に話しかける女性より、絵としては空っぽの椅子に話しかけている方がうっすらと狂気も漂って、不在感がリアルでそこが切ないんだけどなあと思いました。でも、歌い手さんがアンカーなので、歌い手が違和感を持って歌っていたら楽曲そのものの、ひいてはステージのパワーが薄れるのも確かです」

覚がジュリーのために書いた最後の歌詞は、〇五年のアルバム「ｇｒｅｅｎｂｏｙ」の一曲、「永遠系」である。この一曲をもって、ジュリーと覚の五十曲以上にのぼる共同作業は終了することになった。

「当時、若者言葉で〇〇系というのが流行っていて、このタイトルに抵抗を感じたジュリーが歌詞の中のフレーズの『はなさない』をタイトルにしたのですが、プロデューサーの白井良明さんが『永遠系』のほうが絶対カッコいいと言ってくださって、元に戻りました。作詞家として何よりジュリーが魅力的に見えることを心がけて書いていたので、元通りになった時は良かったと思いました」

ただ覚がジュリーの曲を書かなくなったのは、直すことが嫌でへそを曲げたからではなく、介在する人との問題であった。作詞家はそのことについては言葉少なくしか語らなかったが、そこから二十年近い時間が流れても覚和歌子にとって沢田研二は唯一無二の歌い手である。沢田も、還暦ライブ「人生60年・ジュリー祭り」では覚の楽曲を三十一曲中十曲と最多数歌い、二二年から二三年のライブ「まだまだ一生懸命」でも、「愛まで待てない」と、アンコールに「いつか君は」を歌う。それは、安井かずみの「危険なふたり」「あなたへの愛」、阿久悠の「勝手にしやがれ」「時の過ぎゆくままに」と同じ曲数である。

「五十曲書いたアーティストは、ジュリー、たったひとりです。私が書いた言葉を完全に自分の言葉にして歌われます。今は離れてしまっていますが、何しろ宇宙由来のご縁があるので、その動向はいつも気になりますし、ジュリーの地球における使命みたいなものはひとつも疑っていません。私の周囲にも何人かのジュリー・ファンがいますが、彼女たちの話を聞いていると、愛する沢田研二ワールドに触れていさえすれば日々のどんな辛いことでも耐えていけるということがわかります。ジュリーは、ファンに生きるためのエネルギーと夢を与えているんだなあと」

二二年十一月に、沢田主演の映画「土を喰らう十二カ月」が公開された時、覚は試写に足を運んでいる。♪いつか君は／いなくなってしまうね／いいよ／こんなに愛せたから♪と歌う「いつか君は」は、一九九六年秋にリリースされたデビュー三十周年アルバム「愛まで待てない」の一曲で、覚の作品である。

「これも特に内容の指定はなくて、曲が先にあって書いた作品でした。『坂道』もそうですが、私が書く歌詞の中に出てくる女性のイメージはほとんどが奥様の裕子さんで、そのことをある程度ジュリーと共有できているのではないかと感じていました。だから♪いつか君はいなくなってしまうね♪というフレーズはもしかしたら歌いたくないと思われるかもと危ぶみつつ、おずおずと提出したのですが、とても思い入れをもって歌ってくださったのを聴いて、改めてこれは裕子さんを失いたくないからこそ、いなくなってしまうことを想定した時の悲しみ、喪失感の深さがこの楽曲への思いの深さになっているのかもしれないと感じました」

　物語のエンディングに、スクリーンからジュリーの歌声が流れてきた時、作詞家は思わず涙ぐんだ。覚はそのことをテレたように語り、最後に笑った。

「映画の最後にこの歌を当てると歌詞が映画自体の意味や味わいを限定してしまうかもしれないとも思いました。けれどもまた、映画を広くたくさんの方に見てもらって、感じてもらうには、いい意味でベタな選択だとも思いました。この曲をジュリーに愛してもらっているのは、本当に嬉しくありがたいです。久しぶりにお手紙を書こうと思いつつ、長い時間がたってしまったので、まだ書き出せずにいます」

　沢田が復活の狼煙《のろし》を上げるのは、二〇〇八年の還暦ライブ「人間60年・ジュリー祭り」である。それまで彼は、「ジュリーのイメージを大切にしてほしい」という周囲の善意の忠告を必死で払いのけながら、限られた資金の中でセットを作り、有形無形のさまざまなものを捨てながら歌い続けた。それは、ジュリーが歌謡界に君臨したのとほぼ同じ時間だった。この葛藤した時間を自《や》棄《け》になることなく過ごせた理由は、どこにあるのか。

〈誰かひとり、あんたはすごい、といってくれる人を見つければ、それですべて事はすんでしまうよね。味方になってくれる人がいて、その人が自分にとっても、あ、この人ひとりでいいと思える人であれば、それでいいと思うんですよ〉（「メイプル」〇一年十月号）

沢田研二が七歳年下の女優、田中裕子と、出雲大社で挙式したのは一九八九年十一月十二日だった。媒酌人は井上堯之夫妻。八百万《やおよろず》の神が集まる社には三千人ものファンが集まって、「ジュリー！」と声をかけ、出会いから八年になる二人を祝福した。大きな犠牲を払った結婚である。後日、赤坂の全日空ホテルで行われた披露宴で、沢田側の主賓として挨拶に立った渡辺美佐は、「二人を心配していた晋に、今日のおめでたを見せたかった」と祝辞を述べた。

披露宴に出席したひとりに、当時、渡辺音楽出版にいた町田充生がいる。町田はジュリーのプロモーション担当だったが、吉田建プロデュースのアルバム「彼は眠れない」では渡辺音楽出版側のプロデューサーを務めた。同時期に沢田がプロデュースした田中裕子のアルバム「都会《まち》の猫たち」でも、共にプロデューサーを務めている。

「そんな縁で、僕は裕子さん側の席に座ったんですね。ラジオ番組での出会いから二人を見てますが、とてもいい結婚式でした。今、僕は故郷の長崎に住んでいて、ジュリーがコンサートで来た時は、打ち上げに呼んでもらうこともあるのですが、途中で、沢田さんは『ちょっと、お母ちゃんに電話してくるわ』と携帯を持って立ち上がったりするんですよね。なんか微笑ましくて。今も、仲いいですよね」

二人が結婚して十年目、九九年の春に、私は「婦人公論」で沢田研二を取材している。映画「大阪物語」のプロモーションのためであった。市川準監督作品は、池脇千鶴の映画デビュー作であり、沢田と田中裕子が夫妻で夫婦漫才師を演じて話題になった作品だった。

九一年の鈴木清順監督「夢二」で竹久夢二を演じるなど、沢田の映画出演は続いていたが、

「大阪物語」のジュリーはダメな男の可愛げと哀愁を軽妙に演じて絶品である。漫才シーンもだが、無精髭に縮みのシャツとステテコ姿があれほど色っぽい俳優はそういない。それぞれが別の相手役で演じた「夫婦善哉」を、この二人で見たかったと思う。

目の前に現れたジュリーは、威圧感もなく、バリアーも張らず、フランクで穏やかな話しぶりが意外だった。熱狂的なジュリー・ファンとして知られた森茉莉が、「週刊新潮」の連載「ドッキリチャンネル」で、対談した時に沢田はほとんど話さず、できあがった原稿では話しているようになっていた、と書いていた。「ガラスのジュリー」は人を寄せつけないだろうと、勝手なイメージを抱いていたのである。

夫婦関係について質問しても沢田は嫌な顔を見せずに、妻への愛と尊敬と信頼と、二人で飲むお酒の美味しさを衒《てら》うことなく口にした。

「一番の理解者には違いなくて、むしろ同志に近いかな。お互い、出演したものは全部観ますから」

京都言葉が混じる話し方は、静かで柔らかい。芸能生活におけるターニング・ポイントを訊ねた時は、少し間を置いてから答えた。

「……やっぱり離婚、結婚の時期ですね。まあ、のりきるのにエネルギーがいったということです。世の中の人に自分が品行方正な人間やと思われてたら困るという部分も含めて、一番いろいろ考えました。それこそ、再婚したからって本当に幸せになるかどうか何の保証もないわけで、その覚悟は大変だった」

再婚後に他の女性を好きになったことがあるか、と不躾に問うた時も返事に迷いがなかった。

「それはないね。ヘッヘッヘ……。あの時、僕が一番思ったのは、二度と女の人を悲しませたくないということと、今度は自分が悲しい思いをすることになるかもしれないということ。現実問題として相手は七つも若いし、因果はめぐって今度は自分が捨てられるかもしれないで、ということも覚悟した」

渡辺淳一の『失楽園』がブームだったので、不倫について意見を求めた。彼は即座に否定した。

「あれはやっぱり男の願望であって、無責任な行為。やったらダメですよ。嫁さんと恋愛すればいいんです!!」

「喧嘩もいっぱいしてきたけど、喧嘩したままじゃないから、お互いのことをだんだん大事にできるようになってきたんでしょうね」

スターは「あとどれだけの時間を嫁さんと一緒にいられるんだろう、どれだけの仕事ができるんだろうと考える」と話し、「洗濯も掃除も教えてもらってしている。共働きでは、五分五分の役割をしたほうがいいと本当に思う」と語った。何を訊ねても羨ましかった。ファンにとっては田中裕子アレルギーの素となるのだろうが、他の取材でも同様の話をして、こんなふうだ。

〈今、僕が書く詞の中の〝君〟というのは、ぜんぶお母ちゃんのことです〉

〈僕にはおばさんが入ってて、お母ちゃんには男が入ってる、あんた男前やなあなんて褒めて、そうですね、仲いいです。毎晩、一緒にお酒飲むし、服も共用だしね〉（「クロワッサン」〇三年六月二十五日号）

〇五年にリリースされた沢田の四十二枚目のアルバム「ｇｒｅｅｎｂｏｙ」に、「ＭＥＮＯＰＡＵＳＥ」という更年期障害をテーマに彼が作詞した歌がある。♪ちゃんと向きあいましょ　きっと乗り越えるよ♪　♪ぎゅっと抱きしめ合おう♪と歌う曲を作ったのには理由があった。

「もしそういう症状になった時、お医者さんという存在だけじゃない、他に誰か一緒に向き合ってくれるパートナーが必要なんだと、なんかで読んだんだ。その時にね、いつか歌にしなきゃいけないと思ったんだ」（「今日は一日ジュリー三昧」）

日本でフェミニズムがブームになったのは八〇年代後半からで、男らしさを問い直す男性学も生まれていた。だが、男女平等を標榜する男性が、ジュリーのように実生活でパートナーと対等な関係を結べるかは、また別の問題であった。先述の「吉田拓郎の千夜一夜」で吉田は、妻のために朝ご飯を作り、撮影へ向かう妻を手をふって見送り、Ｓｕｉｃａを持ってＪＲにも地下鉄にも乗って仕事に行き、銀行の振込みにも出かけるという沢田に驚嘆して、「あの沢田研二が！」と繰り返した。

沢田が最初からこうした考えの持ち主だったとは思えない。♪女は誰でもスーパースター♪と歌う「ＯＨ！ギャル」を、「僕みたいな日本男児的な考えの持ち主が、おべんちゃら言えない」と拒んでいたではないか。

一九九四年、「阿川佐和子のこの人に会いたい」に沢田が登場した。その時のタイトルが「田中裕子の生き方に感化されてます（笑）」で、四十六歳の沢田が再婚後の生活や変化を問われるままに答えている。

〈人と自分が違うのを受け入れるってことが、分かってきたような気になってますね。かもしれない、かもしれないって部分が一杯出てきて、大変なんだけどね〉（「週刊文春」九四年十一月三日号）

同じ意味のことを、作家の田辺聖子が夫であるカモカのおっちゃんと「一緒になった幸せ」として書き、話している。相手の価値観を内面化して、刺激しあって視野や世界を広げていくことは、恋愛にしろ、結婚にしろ、友情にしろ、他者との関係におけるひとつの理想型である。

文学座出身の女優は、〈表現しなくてはいられない自分ではなく、飄々とありたい〉（「太陽」九九年一月号）と言う人であった。スーパースターが触れたことのない風を運んで来て、さまざまな「べき」から解放していったのだろう。折にふれ、「女性の作詞家のほうが僕には合う」と持論を述べる沢田には男の沽券《こけん》などにはとらわれず、好きな人のために変わっていけるという才能があった。「神に選ばれし」半神は、普通の生を肯定していくことで人間へ回帰したのである。

大衆の欲望の客体として生きるスーパースターは、短命だ。マリリン・モンローは三十六歳で、エルヴィス・プレスリーは四十二歳で、マイケル・ジャクソンは五十歳で逝き、石原裕次郎も美空ひばりも五十二歳で生涯を終えている。全方位から不特定多数の視線を浴び続ける人生はストレスと不安を募らせ、クスリやアルコールに依存させていく。

沢田研二は酒は飲んでも溺れず、クスリなど必要としない。かけがえのないパートナーと日常を生きて、復活の時を待っていた。

赤い旗が揺れる

団塊世代が定年を迎えはじめるのは、二〇〇七年である。その翌年、リーマンショックを引き金に世界恐慌の足音が聴こえ、バラク・オバマが大統領選を制した〇八年が、ジュリー復活の年となった。

一九四八年生まれの沢田研二は六月二十五日に還暦を迎えて、恒例の全国ツアーに続き、十一月二十九日京セラドーム大阪、十二月三日東京ドームで「人間60年・ジュリー祭り」を決行する。自身が二年かけて構想し、作戦を練ったコンサートだった。

その時を前に、NHK-FMは、沢田が一日かけて来し方を振り返る「今日は一日ジュリー三昧」を放送。一般紙もニュースとして取り上げて、二つのドームには当日券を求める人で長蛇の列ができた。彼は「僕はもうドームなんかいっぱいにできないかもしれない。いや、できるんだと自信もあって」とギリギリまで集客に気持ちを揺らしたが、二日で五万四千人がスターの記念碑的瞬間を祝おうと集まったのである。

この日のために「赤」を封印してきたジュリーは、前半は白、後半は赤の早川タケジ製作の衣裳を身につけて、どちらも大きなインディアンの羽根を頭に飾って現れた。ギター柴山和彦、下山淳、キーボード泰輝、ドラムスGRACEの「鉄人バンド」を引き連れ、二十分の休憩をはさんだだけで六時間半、八十曲を全曲フルバージョンで歌う圧巻のパフォーマンスを見せた。ザ・タイガース、PYGの曲から現在まで。特設ステージを所狭しと駆け回るスターの声は一曲ごとに艶を増し、大きなスクリーンが一曲ごとにオーラを増幅させていく姿を映し出した。

アンコールのために赤いスーツに着替えたジュリーは昂揚を隠さず、幾度も「ありがとう」を繰り返しながら観客に感謝を伝える。

「また今日、夢の中に連れて行ってもらいました。みなさんのおかげで夢をみることができました。六十歳にもなって、三万人もの前で歌えることは嬉しさの極みです。また明日から、しっかりと日常を暮らして生きていこうと思います。一日も長く歌っていたいと思います」

東京ドームのライブは、NHKで年末の二日間にわたって放送された。音楽評論家が激賛し、詩人のねじめ正一は「団塊の星」と書き、作家の江國香織は「六十歳、かつてより豊かでのびやかな声」と礼賛した。

とてつもないエネルギーが放たれた沢田研二の還暦ライブは、日本中にジュリーを再発見させることとなった。かつてのファンは子育てを終え、第二の人生を謳歌しようという時期で、そこに同じ青春を生きたジュリーがいたのである。彼女たちは、再びコンサートに足を運ぶようになった。若い世代も注目して、三度目のジュリーの時代が始まるのである。

しかし、彼はひたすら昇っていく時代のスターのままではなかった。

それから一年近くたって、ラジオ番組に出演した沢田は、還暦ライブについて振り返った。

「もしかしたら俺は、八十曲を歌うために今まで歌ってきたんだわ、って。そのために、この二十年間は、売れる売れないで言えば売れなかったんだ。売れないからこそコンサートに専念できたんだと思うと、どこかで護られているなあと思う」（〇九年八月二十一日ニッポン放送「あなたとハッピー！」）

還暦の年の五月、沢田は、四十五作目のアルバム「ROCK'N ROLL MARCH」を、同名のシングルと共にJULIE LABELから同時発売した。〇二年に東芝ＥＭＩから離れ、好きなことをやるために立ち上げた自身のレーベルで自主制作した七枚目の作品だった。加瀬邦彦や森本太郎ら、沢田と縁の深い人が曲を提供した。「今日は一日ジュリー三昧」では、これを最後のアルバムとして作ったものの迷っていると、胸の内を明かす。

「一所懸命一日でも長く歌いたいと思ってるんですけれど、やっぱり限界というものがあるし。そうなった時には、屋台を少しずつ小さくしていくのがいい方法ではないかと思ってたんですが、どうしたもんだろうかといまだに悩んでいます」

アルバム九番目の曲に、憲法九条讃歌の「我が窮状」があった。国の窮状と憲法の窮状を九条にかけた自作の詞で、「ジュリー祭り」では、千人のコーラスを従えて歌った。黄金期に官邸へ招かれても拒んでいたという沢田ではあったが、自らの意志で政治的なことを歌うのははじめてだった。朝日新聞の「ひと」欄にも登場し、耳目を集めた。

〈60歳になったら、言いたいことをコソッと言うのもいいかな、と〉

〈言葉に出さないが9条を守りたいと願っている人たちに、私も同じ願いですよというサインを送りたい〉（〇八年九月十三日朝刊）

曲を書いた大野克夫も、驚いたと語る。

「あれは曲先行で、ややスローバラードを意識して作りました。出来上がった時、タイトルと詞を読んで、びっくりしましたよ。なるほどって。いい作品になりましたね。さすが、沢田研二のアイデアの勝利です」

沢田が最初に参政権を行使したのは、細川内閣を成立させ、三十八年ぶりの非自民政権誕生となった九三年七月の衆議院選である。その前年からスタートさせたトークショーを広島で開いた時にそう話して、長年のファンを驚かせた。

〈選挙のことやごみ捨ての話がジュリーの口から出るとは、思ってもみませんでした〉（國府田公子『沢田研二大研究』）

自身のトークを「スタンダップコメディー」と位置付ける沢田の話しぶりは変幻自在で、ステージでのＭＣもさまざまな話題で客席を沸かせる。だが、レニー・ブルースのように、時に政府や世界情勢を風刺するようになるのは「我が窮状」を世に問うて以降。きっかけは、大江健三郎らが呼びかけ人の「九条の会」からの誘いの手紙だった。賛同したものの、いざ名前が出ると左翼と思われるのではと心配したことを、ファニーズ時代からのファンだという人権派弁護士に笑って告げる。

〈僕なんかはそれこそ60年代終わり頃にみんなが安保反対と言ってたときに、それどころじゃなかった。キャーキャー言われて、そんなこと考えなくていいとも言われたし、安保のことは何にも知らん〉（「月刊　大阪弁護士会」一五年一月号）

一二年のタイガース再結成後、メディアに顔を出さなくなった頃の貴重な対談である。ここで、妻がこの歌を歌うと「石を投げられないか」と心配した、と話している。子どもの頃に両親や祖父母から戦争の話をよく聞いたという沢田は、戦争放棄と主権在民を謳う憲法の下、戦後の男女平等教育を受けた世代だ。リベラルな蜷川府政時代の、自由と反体制を校風とする京都大学のすぐ近くで育った人でもある。

「我が窮状」を歌う沢田を見た心理学者の小倉千加子は、書いている。

〈人は生まれた土地と育った時代によってその価値観を形づくる。メジャーな音楽界にいながら、それでもやはりジュリーは団塊の世代であり、京都の人だったのである〉（「週刊朝日」〇九年一月三十日号）

還暦ライブを区切りとするように、沢田は少しずつ少しずつシフトダウンしていく。六十歳で車の運転をやめ、ある時のトークショーでは「みんな右肩上がりになりたいねんね。平行やと落ちているように思うのは、よくないことだと思う」と話した。

〇九年二月、自分を見つけてくれた内田裕也とジョイントライブを開催。一〇年には、もうひとりの恩人、加瀬邦彦の誘いを受けて「ジュリー　ｗｉｔｈ　ザ・ワイルドワンズ」を結成し、シングル、アルバムを出して全国ツアーに出た。そして瞳みのると三十八年ぶりに再会を果たしてタイガース復活が迫ったその時に、日本はあの大災害に見舞われたのである。

一一年三月十一日、東日本大震災が起こった時、沢田は、栃木県佐野市で「探偵――哀しきチエイサー」の昼の舞台に立っていた。激しい揺れに照明器具がぶつかる音を聞きながら台詞を口にしていたスターは、その夜、停電したホテルにいて頻発する余震を体験することになる。

逡巡の結果だろう、沢田は毎年制作してきたアルバムを〇九年からミニアルバムへとサイズダウンさせていた。一二年三月十一日に発表した「3月8日の雲」は、自身が作詞した四曲が入って、すべてが東日本大震災をテーマにした楽曲。死者への哀悼や反原発の曲が並んだ。

沢田のコンサート会場では、ロビーで脱原発を求める署名活動が行われるようになった。ステージから署名を呼びかけることはなく、スターの態度は終始一貫して「みなさんのお好きに」で、ファンに強いることはない。武道館などそうした活動が許されない場所も少なくなかったが、政治的な発言をするにあたってスポンサーを諦めたこともある。

〈どことも一切しがらみをなくさないと物が言えなくなるというのが僕の主義〉

〈僕はどんどん小さくなっていいねん。発展するだけがあれじゃないし〉（前出「月刊　大阪弁護士会」）

それからは毎年三月十一日にミニアルバムを出して死者を悼み、喪失を歌った。一二年十二月には、反原発を掲げて衆議院選に立候補した山本太郎の応援に駆けつけた。震災から三年の一四年には被災地へ祈りを込めた「三年想いよ」をリリースし、南相馬でライブを開催する。一九年に年一回のリリースをミニアルバムからシングルへと縮小させてからも、沢田の姿勢は変わらなかった。

安保法制、秘密保護法、共謀罪法を強行採決し、モリカケサクラから逃走する政治家や忖度《そんたく》を重ねる官僚、メディアにも舌鋒は向かう。♪嘘で　かわし　重ね　固め　まかり　通す　根腐れ　ｐｏｌｉｔｉｃｉａｎ♪と歌う一九年に発表された「根腐れｐｏｌｉｔｉｃｉａｎ」のように、ロックにのせたジュリーの檄文もある。

〈結局、自分の言葉じゃないと歌えなくなったんですね。古い曲もヒット曲も歌う。でも新しい曲は自分の気持ちを、自分の方法で歌わないと、純度が下がる〉（毎日新聞一二年三月八日朝刊）

六段を使った大きな記事を書いた毎日新聞社の太田阿利佐には、沢田と対峙した時間は強い印象を残した。

「沢田さんは饒舌で、明晰で、話してくださったことをそのまま書けば、記事になりました。時代に対する責任みたいなのがあって、それが憲法や原発への発言につながっているのではないかと感じました。取材中、写真を撮る時も、首に巻いたタオルをとらなかった。もういいんです、いいんです、このままでって」

記者が「『3月8日の雲』のような過激なCDを出してファンが離れていく怖さはないのか」と訊ねると、沢田は「僕のファンは、僕が大きな問題や事件を起こした時にしか離れていかないでしょう」と答えたという。太田はしみじみと言う。

「自信というよりは、ファンへの強い信頼を感じました」

記事は〈還暦を過ぎ、タオルを巻いてても、この人はカッコいい。多分、若い頃よりも〉と締め括られた。

奇しくも沢田のファンへの思いが証明されたのは、一八年十月のドタキャン騒動だった。還暦ライブから小さな波はあっても、再び沢田研二のコンサートには人が詰めかけるようになっていた。平成が終わろうという年、ジュリーは七十歳。トークショーは二十年で終止符を打ち、舞台も前年の「大悪名」で区切りをつけて、この時の沢田は活動をシングル制作とツアーに集中させていた。

七月六日に武道館からスタートした古希ツアー「OLD GUYS ROCK」は、ギターの柴山和彦を相棒にした二人きりのステージで、「還暦前から構想を練って十二年」とMCで語った。その六十六公演あった古希ツアーの最中、さいたまスーパーアリーナの公演が開演三十分前に突如中止となったのである。会場は大混乱となり、翌日、沢田が自宅近くで記者に囲まれ、契約した動員数が守られずに自らキャンセルを決めた、責任は自分にあると陳謝した。

「客席がスカスカの状態でやるのは酷。僕にも意地がある」

十一日前に沢田が暮らす街の横浜アリーナで公演があり、多くのファンがそちらに向かったことが集客に響いたと言われている。メディアが殺到して批判が起こり、大騒ぎになった。だが、観客の九割を占める女性ファンは冷静だった。多くの人はジュリーの元気な姿に胸を撫でおろし、その意志を尊重した。

音楽は記憶装置である。「キャー！」と叫んだその日から時代時代のジュリーを追いかけ、自分の人生を投影しながら日々の活力としてきたのだ。沢田研二への絶対的な愛は、揺るがない。こうしたファンの姿を揶揄する芸人やコメンテーターもいたが、幸福な信頼関係に想像が及ばないのだろう。

騒動後、ステージに立った沢田はファンに頭を垂れ、覚悟を語った。

「僕は旗を掲げました。白旗ではありません。情熱の赤い旗です。旗を揚げてこの齢でも、また一から頑張ろうという気持ちになりました。甘えてしまいましたが、僕はもう一度、あのさいたまスーパーアリーナ、その客席を満杯にするという新しい目標ができたことを嬉しく思っています」

自身がエルヴィス・プレスリーの熱狂的なファンである音楽評論家の湯川れい子には、ジュリー・ファンの気持ちがよくわかる。五十七年前、ビートルズが来日した時、武道館の場内警備の男たちは叫ばずにはいられない女性たちを、「叫ぶな！　立ち上がるな！」と押さえ込んでいた。

「まるで気が狂ってるかのような扱い方でした。あの時にジェンダーの違いを考えざるを得なくて、生涯、キャーッと言う側にいるのが私の存在理由だと決めたんです。男がアイドルに求めるものと、女が求めるものは違う。男がCDを箱買いし、握手券を買う時、そこには所有欲がある。女はそんなものは求めない。生きるための精神と肉体の夢のサプリメントだからです」

デビュー当時からジュリーを見ている湯川は護憲派であり、「紫綬褒章をもらえないよ」と忠告されても反原発を主張してきた一人である。それでも沢田が「我が窮状」を歌った時には、ひどく驚愕した。

「今だから言えるようになられたんですね。最初にお会いした頃から、沢田さんはお金をかければ量産できるようなアイドルではありませんでした。恵まれた容姿と恵まれた声を持っているだけではなくて、頑なほどの意志の強さを感じた。きっと不安を抱えながらも黙々と選択してこられたんでしょう。ひとりの社会人としてあろうとする希有な人です」

炭鉱のカナリアのように時代がおかしくなっていくのがわかるのだろうと、湯川は続けた。

「音楽って社会運動ではなくて、本能であり、感性。このまま行って大丈夫？　この空気はちょっとヤバイよねって。エルヴィスもそうでした。キング牧師が暗殺された時も、社会的な発言を止められながら、『If I Can Dream』を歌った。沢田さんもスティングやマイケルと同様に、時代のカナリアなんです。それだけで本物だと思います」

二〇二〇年、パンデミックが世界を飲み込んだ。沢田研二は、三月にシングル「Help! Help! Help! Help!」をリリースしたものの、予定したツアーの全公演中止を決断。暮れには公式サイトで、感染拡大の収束が見えないとして、チケット購入の窓口であった「澤會」の解散を告知した。CO-

ＣóＬＯの社長は一年前に岸部一徳に委ねていたが、四谷にあった事務所も撤収した。

ジュリーが一年もステージに立たなかったのは、十八歳でデビューして以来はじめてのことであった。その間、スターは事務所の整理をし、引っ越しをし、電話に応対し、公式サイトの文章を考え、次のライブのためにイベンターと直接交渉していた。後に、そうステージで語った。

明けて二一年の春。緊急事態宣言が発令される中で、ソロ活動五十周年のライブツアーの敢行が発表されると、ネット予約に慣れないファンは悲鳴を上げ、子どもや孫に助けを求めた。四月、テレビ時代の映像を集めた七枚組の「沢田研二 TBS PREMIUM COLLECTION」が発売され、大ヒット。五月にスタートしたライブのステージには、赤い旗が一本立っていた。夏には、亡くなった志村けんの代役を務めた映画「キネマの神様」の公開があって、京都市文化功労者に選ばれる。

ジュリー・ムーブメントは、またも大きな波になりつつあった。二二年、沢田は正月ライブで「七福神」と呼ぶバンドを復活させる。二年ぶりに、♪老後の楽しみ我等の楽しみＬＩＶＥ！♪と歌うシングル「ＬＵＣＫＹ／一生懸命」を発表して、七月から三十二公演の「まだまだ一生懸命」ツアーがスタートする。衣裳は早川タケジから離れて、「吊るし」と説明した。ステージを駆け回っても、ジャンプして両足を打ちつけても息は上がらず、声量の衰えもない。公演を重ねる度に赤い旗が揺れて、都市部のチケット入手は宝塚並みの厳しさとなっている。

スターの七十四歳の誕生日には、ジュリーと早川タケジの仕事を俯瞰する『JULIE by TAKEJI HAYAKAWA』が刊行された。二年がかりで二冊組みの贅沢な写真集を完成させた熊谷朋哉は、沢田より二十六歳年下の編集者だ。二人が創り上げた表現を、「戦後日本の到達点のひとつ」と解説する。

「この書籍に収められている表現には、日本が西側資本主義の一国として世界で最も幸せな国だったことが示されていると思います。経済成長があり、消費税も中抜きもない時代、エンターテインメントの役割も大きく、お茶の間にこれだけのグレードのものを叩き込むことができた」

熊谷にとって、沢田とははじめての仕事だった。完成までに、電話やファクスで何度も直接やりとりを交した。

「あんな人が日本に生まれ、あんなふうに音楽に向かい、早川さんと出会われたことは、本当に素晴らしいことです。今、沢田さんは制作も現場もご自身でやられている。これは原点にして最新、一人革命です。ジュリーが元気でいる間は、日本はまだ大丈夫だと思えるじゃないですか」

ツアー初日の七月二十四日、LINE CUBE SHIBUYAのステージに立ったジュリーは、「七十五歳の誕生日に、さいたまスーパーアリーナでライブをやります。今度は絶対やるで！」と宣言した。赤い旗が揺れる。

「僕が唯一自慢できることは、一所懸命考えて一所懸命やってきたこと。熱い声援、支えてくださいましたみなさんの気持ちを裏切らないように、これからも精進する覚悟です」

十一月、沢田が水上勉を演じた映画「土を喰らう十二ヵ月」公開。同時発売の主題歌「いつか君は」は、ジュリーが一九九六年に歌った曲で、色褪せることのない名曲である。

河原町の「田園」でマイクを握った時に、沢田研二の運命は決まった。昭和、平成、令和の半世紀以上を格闘し、自分の身体に刻まれる時間を喜んで受け止めながら、スーパースターは歌い続けてきた。赤い旗の下、これからも歌い続けていくだろう。沢田研二の前に沢田研二はなく、沢田研二の後にも沢田研二はいない。ジュリーのステージを享受できるのは、同じ時代を生きる我々だけである。

（文中敬称略／了）

参考文献一覧

久世光彦『ベスト・オブ・マイ・ラスト・ソング』（二〇〇九年、文春文庫）
阿久悠『夢を食った男たち』（一九九三年、毎日新聞社）
石原信一『ザ・スター　沢田研二』（一九七七年、スポーツニッポン新聞社出版局）
久世光彦『「あの人」のこと』（二〇二〇年、河出書房新社）
沢田研二『我が名は、ジュリー』（一九八五年、中央公論社）
内田裕也『俺は最低な奴さ』（二〇〇九年、白夜書房）
石岡瑛子『風姿花伝　ＥＩＫＯ　ｂｙ　ＥＩＫＯ』（一九八三年、求龍堂）
栗本薫『真夜中の天使』（一九七九年、文藝春秋）
阿野冠『君だけに愛を』（二〇二〇年、集英社文庫）
平安寿子『あなたがパラダイス』（二〇〇七年、朝日新聞社）
瞳みのる『ロング・グッバイのあとで』（二〇一一年、集英社）
萩原健一『ショーケン』（二〇〇八年、講談社）
加橋かつみ『日盛りの街に出て』（一九七六年、婦人生活社）
北島一平・中村俊夫『みんなＧＳ《グループサウンズ》が好きだった』（一九八七年、主婦と生活社）
軍司貞則『ナベプロ帝国の興亡』（一九九二年、文藝春秋）
磯前順一『ザ・タイガース　世界はボクらを待っていた』（二〇一三年、集英社新書）
三宅菊子『セツ学校と不良少年少女たち　セツ・モードセミナー物語』（一九八五年、じゃこめて

い出版）
スーザン・ソンタグ『反解釈』（一九七一年、竹内書店新社）
井上堯之『スパイダースありがとう！』（二〇〇五年、主婦と生活社）
『深夜放送ファン別冊 ＪＵＬＩＥ 沢田研二のすばらしい世界』（一九七三年六月、自由国民社）
山口冨士夫『村八分』（二〇〇五年、Ｋ＆Ｂパブリッシャーズ）
木村英輝『ＭＯＪＯ　ＷＥＳＴ』（二〇〇七年、電子本ピコ第三書館販売）
井上堯之『ミュージシャンをめざすキミへ』（一九七九年、ＣＢＳ・ソニー出版）
蜷川幸雄『千のナイフ、千の目《まなざし》』（一九九三年、紀伊國屋書店）
萩原健一・絓秀実『日本映画［監督・俳優］論』（二〇一〇年、ワニブックスＰＬＵＳ新書）
瀬戸内寂聴・萩原健一『不良のススメ』（二〇〇九年、角川学芸出版）
藤本由香里『少女まんが魂』（二〇〇〇年、白泉社）
大下英治『ショーケン　天才と狂気』（二〇二一年、青志社）
久世光彦『マイ・ラスト・ソング』（一九九五年、文藝春秋）
船山基紀『ヒット曲の料理人　編曲家・船山基紀の時代』（二〇一九年、リットーミュージック）
村上〝ポンタ〟秀一『自暴自伝』（二〇〇六年、文春文庫ＰＬＵＳ）
國府田公子『沢田研二大研究』（二〇一九年、青弓社）
堀あきこ・守如子編『ＢＬの教科書』（二〇二〇年、有斐閣）
岸部シロー『ザ・タイガースと呼ばれた男たち』（一九九〇年、あすか書房）
野地秩嘉『渡辺晋物語』（二〇一〇年、マガジンハウス）
山田修爾『ザ・ベストテン』（二〇〇八年、新潮文庫）

木﨑賢治『プロデュースの基本』（二〇二〇年、集英社インターナショナル新書）
富澤一誠『ぼくらの祭りは終ったのか』（一九八四年、飛鳥新社）
福間良明『「働く青年」と教養の戦後史』（二〇一七年、筑摩選書）
萩原健一『俺の人生どっかおかしい』（一九八四年、ワニブックス）
明星編集部編『「明星」50年　601枚の表紙』（二〇〇二年、集英社新書）
秋山大輔『沢田研二と阿久悠、その時代』（二〇一九年、牧歌舎）
北山修『さすらいびとの子守唄』（一九七八年、角川文庫）
久世光彦『遊びをせんとや生れけむ』（二〇〇九年、文藝春秋）
阿久悠＋和田誠『A面B面』（一九九九年、ちくま文庫）
稲増龍夫『グループサウンズ文化論　なぜビートルズになれなかったのか』（二〇一七年、中央公論新社）

「JUNE」「ALLAN」「週刊明星」「週刊朝日」「週刊文春」「朝日ジャーナル」「anan」「なごみ別冊」「éf」「オブラ」「ミュージック・マガジン」「週刊女性」「明星」「絶体絶命」「クレア」「月刊　大阪弁護士会」「週刊セブンティーン」「週刊平凡」「ユリイカ」「女性自身」「ヤングレディ」「ヤング（1971年～1984年）」「太陽」「週刊TVガイド」「平凡」「平凡パンチ」「スタア」「メイプル」「婦人公論」「クロワッサン」「GORO」「プリンツ21」「スタジオ・ボイス」「週刊プレイボーイ」「文藝春秋」「月刊プレイボーイ」「バラエティ」「non－no」「ROCK'N ROLL NEWSMAKER」「不協和音」「成蹊大学新聞」「朝日新聞」「読売新聞」「日本経済新聞」「毎日新聞」「スポーツニッポン」

連載を終えて――後書きのようなもの

「ジュリーを、うちで連載しませんか」

「週刊文春」の加藤晃彦編集長から、そう声をかけてもらったのは二〇一九年の三月だった。

そもそも加藤さんにジュリーを書きたいと最初に口にしたのは、私であった。この六年前の一三年の春、『安井かずみがいた時代』を出したばかりの時に、出会って間もない同誌のデスクだった加藤さんが、同僚の曽我麻美子さんと共に祝いの席を設けてくださったのである。その時に「誰か書きませんか」と誘われ、書きたい人と挙げた筆頭にジュリーの名前があった。

ライターをしていると、いろいろな人に取材をする。幸いにもインタビューしたいと望めば叶うことが多かったが、ジュリーばかりは難しかった。手を挙げる人が何人もいたり、編集長の占有事項であったりして、なかなかチャンスは巡ってこなかった。ただ一度だけ、本文中にも書いたように、一九九九年の映画「大阪物語」のプロモーションで取材することができた。この時のことは舞い上がりすぎて、あまりよく覚えていない。

それでも、ジュリーには大物と言われる芸能人が放ちがちな威圧感がまったくなかったことと、妻に対する手放しの愛情表明、書いた原稿の確認時に直しがなかったことが、強く印象に残った。Ｈｉｓｓｔｏｒｙではなく、Ｈｅｒｓｔｏｒｙを書いていこうと決めていた私が彼を書いてみたいと本気で願うようになったのはここからであった。今回、二十年越しの思いが叶ったことになる。

同世代の女友だちにジュリーを書くと報告すると、ひとりの例外もなく、みな同じ反応を見せた。

「いいなぁ。ジュリーに会う時は連れていって。録音機のスイッチいれる役で」

ジュリーに会えるとは言っていない。なのに、およそスターに興味のなさそうな友人や、十年以上前からイ・ジョンジェしか目に入らないと豪語していた友人、中学生の頃は学校をサボり塀によじ登ってまでショーケンを追いかけた友人までもが、同じことを言ったのである。

「週刊明星」の編集部にいたこともあるショーケン・ファンを「それはショーケンへの裏切りではないか」とからかうと、彼女はすまして答えたものである。

「それはそれ、これはこれ。やっぱり、ジュリーなんだよね、我々の世代の代表は」

ジュリーとショーケンが地下鉄に乗り込み、二人並んで新宿ゴールデン街を歩く映像がYouTubeに流れていると教えると、以来、彼女の朝は、パソコンでこの映像を見ることから始まるようになった。

友人たちの可憐な反応に、私は、思春期真っ盛りのある夏の日を思い出していた。それは一九六八年、中学二年の昼休みの出来事。いつものようにお弁当を食べたあと、クラスメイトとザ・タイガースの話題に夢中になっていると、隣のクラスから三人連れの同級生がやってきて私たちの前に立ちはだかったのである。そのひとりが言った。

「ジュリーはKさんのものだからね！」

出来の悪い少女漫画のような光景だが、本当の話である。三人組の真ん中にいた白いセーラー服姿のKさんの唇が、当時、発売されたばかりのティーン向けのお洒落リップでピカピカと赤く光っていたことを、覚えている。あの頃、ミニスカートが流行り、七〇年には「ａｎａｎ」が発刊され、入学した高校では制服廃止運動が起こった。日本にもウーマンリブが芽吹こうとしていた。

日本中の女が特別な思いを抱くジュリーを追うことは、時代だけではなく、女性たちをも書いていくことになるだろうと考えた。そこには、ＨｉｓｓｔｏｒｙもＨｅｒｓｔｏｒｙも存在するのである。

それまでも、ジュリーには何度か取材を申し込んでいたがすべて断られており、もう取材は受けないとご本人が公言していた。周辺取材と、ジュリーの地元、京都に通うことから始めた。

私は京都生まれで、父も母も京都の人間、親戚中が京都人であるため、ジュリーと京都には格別の思いがある。知人には、生ジュリーを目撃している人も少なくない。河原町荒神口で米屋を営んでいた叔父の家の並びにあるレストランの主人など、「ジュリーやったら、このあいだも、この前を早足で横切って高校へ行ってはったえ。銀閣寺からここまで歩いてきやはったんちがうか」などと言うのだ。裏が鴨沂高校なのだが、このあいだとはいったいいつの頃なのか。ジュリーの実家そば、京都大学裏にある、全共闘の砦だったスナックの店主も、「ジュリーはうちの町内の子やからねぇ」と自慢気に話していた。

しかし、本丸ははるか遠くにあった。そこへパンデミックで、人と会って話を聞くことさえ難しくなってしまったのである。果たして、書くことができるのだろうか。

遅々として進まない取材を助けてくれたのは、大阪で仕事をしていた頃に仲よくなった和田康子さんだった。かつて渡辺プロダクション関西支社の宣伝担当で、音楽雑誌の編集長だった彼女は今はラジオ番組制作会社の社長で、ジュリーの近くにいた渡辺プロのＯＢ、ＯＧたちと繋いでくれることになる。そこからはタイガースのマネージャーだった森弘明さんが池田道彦さんに引き合わせてくれるなど、重要な証言者に会うことができた。当初は断られた、キーパーソンのおひとりである木﨑賢治さんにも話を聞くことができたのである。

編集部に届くジュリー・ファンの声は大きな励ましとなった。彼女たちには物理的にも随分と助けていただくことになる。五十年以上、タイガースやジュリーのコンサートに通い続けている「美々卯」の副社長、薩摩智恵子さん。薩摩さんとは亡くなった親友を通して出会い、タイガース復活コンサートや、ジュリーの舞台やライブをご一緒し、大量のCDも聴かせてもらった。

長くジュリーのマネージャーであった森本精人さんには当初からお話をうかがい、吉田建さんをはじめ何人もの関係者を紹介いただいたのだが、ファン代表として引き合わせてくれたのは、私と同じ五四年生まれの國府田公子さんだった。國府田さんには、膨大な量の資料を見せてもらうことができた。封を切っていないDVDが何枚もあって、その理由を問うと彼女はにっこり笑ったものだ。

「とりあえず、ジュリーのものはなんでも買います。でも、生で観てますから見直すことはめったにありません」

ファンの馬場《ばんば》隋子さんから「使ってください」と雑誌や新聞の切り抜きを集めたバインダー数冊と、通ったコンサートのチケットの固まりが「週刊文春」の編集部に届いたのは、二一年四月に連載が始まってから間もなくの頃だった。中にはまだ入手できていない貴重な記事が含まれており、そこから読み解けたものは本当に大きかった。

何度も手紙をくださったジュリー・ファンに、高田志麻さんがいる。高田さんの自宅の一室はさながらジュリー博物館のようであるらしく、「この映像、ありませんか」「この雑誌は？」と訊ねれば、大抵はすぐに見つかり、お借りすることができた。「郵便で送って、もしも紛失したら大変だから」と、高田さんは幾度も重いカートを引いて麴町にある文藝春秋まで来てくださったのである。

この取材は私のライター人生の集大成とは言えないが、総決算みたいだ、と感じることがままあった。これまでの仕事で出会った方々に随分と助けられたからである。

京大西部講堂にPYGを立たせ、伝説の比叡山コンサートをプロデュースした木村英輝さんに会わせてくれたのは、二〇〇〇年から追いかけている重信房子の取材で知り合った元全共闘、六九年、東大安田講堂に京大ブントの隊長として籠城して逮捕された方である。ロックについて指南してくれたのは、旧友中島らもの親友で、ミュージシャンでもある作家の鈴木創士さんだった。

亡くなった加瀬邦彦さんには、安井かずみを書いた時に、取材している。ジュリーにも取材を依頼したが写真掲載は承諾してもらえたものの、インタビューはできなかった。その代わりに加瀬さんというわけではなかったのに、加瀬さんは「こういうことは、ジュリーに代わって僕の役目なんだから」と楽し気に、安井さんとジュリーとの交流を聞かせてくださった。三人は青春時代の仲間だったと、そんなふうに話しておられた。

安井かずみの取材では、渡辺美佐さんにお目にかかっている。美佐さんの周囲を払うようなオーラは今も忘れられないが、インタビューの手筈を整えてくださったのは、当時、渡辺音楽出版社長の中島二千六さんだった。中島さんには、今度の取材でも、渡辺晋さんのことや渡辺グループの仕組みなどを教えていただいた。連載では美佐さんの取材は叶わなかったが、長女の渡辺ミキさんが「少しでも母の代わりになれば」と、お話しくださった。

木﨑賢治さんにも、中島さんと同じ十年以上前にお会いしていた。その時は「裏方なので」と、安井かずみを語る証言者としての登場は辞退され、お名前は記していない。今回は、他ならぬジュリーだからと決断してくださったのである。せっかくお話しいただいたのに、誌面に限りがあって、書けなかった話も多くあった。中でも、安井さんや加瀬さんらも含む一行で、ニューヨークだったかロンドンだったかにレコーディングに行った時のエピソードに心躍った。

安井さんも木﨑さんもファッション大好き人間で、仕事の合間に古着屋に出向くと、二人とも買物に夢中になってしまい、ホテルに戻って「なんでこんなの買っちゃったんだろう」と現実に戻るという失敗も多かったようだ。そんな仲間の中でひとりジュリーだけが、ちゃんと着られるお洒落なものを選び、ひとつの間違いもなかったというのである。ディレクターになった頃の木﨑さんが、ジュリーが身につけているジーンズと同じものを買いに行ったという微笑ましい話もうかがった。

タイガースのメンバーの中でただひとり取材できた瞳みのるさんとは、『ロング・グッバイのあとで』を上梓された頃に、著作の話や安井さんの話をうかがっていた。「あの時のご縁もありますから」と瞳さんは、インタビューに応じてくださったのである。

他社の記者や編集者にも、協力を仰いだ。休刊になった「週刊朝日」の渡部薫編集長とは、彼女が「ＡＥＲＡ」の副編集長だった時代に「現代の肖像」でジュリーを書こうと企画し、事務所の固い壁に跳ね返されていた。渡部さんは他誌で書くという私に、自分で集めたYouTubeのジュリー映像と朝日新聞社のジュリー関連の記事を渡してくれた。

長い友人で、集英社の元役員の村田登志江さんは、コロナ禍で社外の人間が入れない同社の資料室への入室をはからい、必要な資料のジャンルに精通した編集者を紹介してくれた。京都新聞の樺山聡さんには、一面識もなかったのに突然電話をかけて京都大学周辺への案内役をお願いした上、ジュリーの高校時代の同窓生まで紹介していただくことになった。某社の某さんは、事あるたびにこんな記事があるはずだと頼むと、自社のデータベースや資料室から探し出し、速攻で届けてくれた。また別の某社の某さんも、電話とメールのやりとりしかないのに人を探して、いつかジュリーの写真集を出したいと集めた社外秘の写真を見せてくださった。

突破口が見つけられないでいる時に、久世朋子さんとお酒を飲む機会を作ってくれたのは、久世光彦の担当編集者でもあった中央公論新社の山田有紀さんである。朋子さんから久世さんの絶対的ジュリー愛をうかがい、これなら書けるかもしれないとようやく切り口となるテーマを見つけることができた。もっとも、第一章として私が考えた「沢田研二とボーイズ・ラブ」というタイトルは、加藤さんによって「沢田研二を愛した男たち」に書き換えられるのではあるが。

国際日本文化研究センターの磯前順一先生には取材をスタートさせる時に講演先を訪ねて、協力を求めた。磯前先生は惜しむことなくご自身の知識と蒐集された資料を分けてくださった。先生の助手でいらした村島健司先生にも、ご協力いただけた。先生と交わすタイガース話やジュリー話は、友人と交わすそれと同様に、仕事を超えてすこぶる楽しいものであった。

取材過程で出会ったスタイリストの中村のんさんには、カメラマンの横木安良夫さんに会わせていただいた。そのため、連載の二章以降、横木さんの作品を扉に使うことができたのである。鋤田正義さん、覚和歌子さんにお話を聞くことができたのも、のんさんの広い交遊関係のおかげであった。

大野克夫さんにも、本当にお世話になった。質問を重ねることになった大野さんのお話は、雑談も含めてとても面白いものだった。少年時代、音楽だけではなく数学の天才でもあった大野さんは、PYGのメンバーたちと麻雀をする時、ひとり、点数計算を任されていたようで、「麻雀の譜の数え方と音階は同じなんですよ」と興味深い話をされるのだ。メールと電話のやりとりに終始してお会いできなかったことが、心残りでならない。

このようにここには書き切れないほど、大勢の方の後押しでおよそ二年にわたる連載を終えることができた。お名前を挙げることができなかった方も含めて、みなさまの誠実な思いに、心からの感謝を申し上げたい。本当にありがとうございました。

連載中の伴走者は、私より四十一歳若く、ジュリーを「ジュリーさん」と呼ぶ「週刊文春」の内藤淳さんである。淳という名前から男性と間違えられることが多い内藤さんは、国会図書館に通い、ネット予約となったはじめてのライブで一列センター席をゲットして、常に書き手に寄り添って支えてくれた。内藤さんと私が連載時にことにこだわったのは、他でもない扉のジュリーであった。いかに美しく、カッコいい写真を載せるか。横木さんが撮ったジュリーはどれも素敵なのだが、素敵な写真ゆえにそれを一頁まるごと使いたいと、記事があふれる中で、内藤さんは誌面取りの折衝が大変だったようだ。エネルギーをチャージしてくれる編集者に出会えたことを幸運に思う。

企画を決めて取材を開始してから、掲載開始までに二年近くがあった。連載終了までは、四年の時間が流れている。その間、ミーティングの時間を作り、励ましと助言をくれた加藤さんは、ジュリーの「追憶」が二曲目のオリコン一位を獲得した一九七四年の生まれで、私とは二十歳違う。加藤さんがいなければ、到底、連載終了までこぎつけられなかったろう。

表紙のイラストは、山口はるみさんが、鋤田正義さん撮影の「水の皮膚」にオマージュを捧げた作品である。あの時代、はるみさんがエアーブラシで描く女たちは意志的で生き生きとして、未来を信じさせてくれた。イラストレーター自身も、安井かずみと同様に日本ではじめてミニスカートをはいたおひとりである。装幀は、文藝春秋デザイン部の番洋樹さん。番さんと、引き続き、はじめて書籍の編集を担当することになった内藤さんと三人ではるみさんに会いに行った。

ブルーとグレーに包まれたはるみさんは、ジュリーへの思い入れを強くお持ちであった。私たちの時代の象徴を描くに、これ以上ふさわしい方はいない。

校正者の方々の丹念な調査のおかげで、本書が完成までたどり着いたことを書き添えておきたい。

重ねてみなさまに、深くお礼を申し上げます。

最終回が掲載されたあと、ショーケン・ファンの友人を通じて、彼女の高校時代の同級生で、元国語教師のジュリー・ファンからこんな質問が届いた。

「『ジュリーがいた』の『た』は、確定・発見の助動詞ですよね？」

確定・発見の助動詞という文法はとうに忘れていたので、一瞬たじろいだ。だが、タイトルを決める時に、スターの過去だけではなく現在までもが含まれているというのは前提だったので、「そうです」と答えた。

我等がジュリーよ、永遠なれ！

二〇二三年春

島﨑今日子

本書は「週刊文春」二〇二一年四月十五日号から二〇二三年一月二十六日号まで掲載した「ジュリーがいた」に、新たな取材と大幅な加筆をしたものです。

島﨑今日子（しまざき・きょうこ）
1954年、京都市生まれ。ノンフィクションライター。
著書に、『森瑤子の帽子』『安井かずみがいた時代』
『この国で女であるということ』『だからここにいる』
などがある。

ジュリーがいた
沢田研二《さわだけんじ》、56年《ねん》の光芒《こうぼう》

2023年6月10日　第1刷発行
2023年7月5日　第3刷発行

著　者　島﨑今日子《しまざききょうこ》
発行者　大松芳男
発行所　株式会社 文藝春秋
〒102-8008 東京都千代田区紀尾井町3-23
電　話　03-3265-1211
印　刷　図書印刷株式会社
製　本　図書印刷株式会社
組　版　株式会社明昌堂

ISBN 978-4-16-391708-5　Printed in Japan